Christof Landmesser /
Andreas Klein (Hg.)

Offenbarung –
verstehen oder erleben?

Hermeneutische Theologie
in der Diskussion

Neukirchener Theologie

Dieses Buch wurde auf FSC-zertifiziertem Papier gedruckt.
FSC (Forest Stewardship Council) ist eine nichtstaatliche,
gemeinnützige Organisation, die sich für eine ökologische und
sozialverantwortliche Nutzung der Wälder unserer Erde einsetzt.

Bibliografische Information der Deutschen Nationalbibliothek

Die Deutsche Nationalbibliothek verzeichnet diese Publikation in der Deutschen
Nationalbibliografie; detaillierte bibliografische Daten sind im Internet über
http://dnb.d-nb.de abrufbar.

© 2012
Neukirchener Verlagsgesellschaft mbH, Neukirchen-Vluyn
Alle Rechte vorbehalten
Umschlaggestaltung: Andreas Sonnhüter, Düsseldorf
Lektorat: Ekkehard Starke
DTP: Andreas Klein, Wien
Gesamtherstellung: Hubert & Co., Göttingen
Printed in Germany
ISBN 978-3-7887-2567-9
www.neukirchener-verlage.de

Vorwort

Offenbarung ist ein Grundbegriff der jüdisch-christlichen Tradition. Nach den biblischen Texten wird den Menschen durch ein Enthüllungsgeschehen von Gott der Zugang zum Leben eröffnet. Im christlichen Glauben werden die Jesusgeschichte und das Christusgeschehen als das heilvolle Handeln Gottes an den Menschen erschlossen. Damit ist nicht ein bloßer intellektueller Akt gemeint. Mit der Offenbarung stellt sich für die Glaubenden eine personale Gewissheit ein, die in dem Offenbarungsgeschehen ihren Grund hat und ihr Weltverständnis bestimmt. Im Christusglauben wird Jesus Christus selbst als die Offenbarung Gottes in der Welt wahrgenommen und verstanden. Bereits die neutestamentlichen Texte und die gesamte christliche Tradition beschreiben und interpretieren dieses Offenbarungsgeschehen. Die Deutung der Offenbarung geschieht auf vielfältige Weise. Der Umgang mit Offenbarung ist also nicht selbstverständlich, er muss vielmehr erörtert, erklärt und zur Sprache gebracht werden. Damit verliert Offenbarung aber ihre Unmittelbarkeit und wird zum Gegenstand von strittigen Interpretationen. Diese Einsicht mindert die Offenbarung nicht in ihrer Bedeutung für die Glaubenden, sie lässt vielmehr deutlich werden, dass auch von Offenbarung immer nur in einer vorläufigen, an unsere Sprache gebundenen Weise geredet werden kann.
In der Gegenwart scheint die Selbstverständlichkeit im Umgang mit Offenbarung fraglich geworden zu sein. Offenbarung wird als ein Grundbegriff des Glaubens und der Theologie durchaus auch bestritten. Wiederum werden Offenbarungsansprüche behauptet, die anderen Glaubenden nicht zugänglich sind. Im Raum von Theologie und Kirche stellt sich die Frage, wie überhaupt mit Offenbarungsansprüchen umzugehen ist und welches die Kriterien für eine sinnvolle Rede von Offenbarung sind.
Mit dieser komplexen Frage hat sich die 13. Jahrestagung der Rudolf-Bultmann-Gesellschaft für Hermeneutische Theologie beschäftigt, die vom 28. Februar bis 2. März 2011 in der Evangelischen Tagungsstätte Hofgeismar stattfand. Das Verständnis von Offenbarung wurde in verschiedenen Disziplinen der Theologie erörtert. Der biblische Bezug war ebenso bedeutsam wie die systematische Ausformung des Offenbarungsbegriffs. Die Strittigkeit des Offenbarungsverständnisses wur-

de zudem im Feld von Gottesdienst und Homiletik dargestellt. Ebenso wurde darüber nachgedacht, in welchem Bezug zum Offenbarungsgeschehen das kirchenleitende Handeln stehen kann. Und ebenso wurde gefragt, welchen Sinn die philosophische Rede von einer Offenbarung außerhalb der Religion haben kann.

Das im christlichen Glauben eröffnete Geschehen kann mit seinen Deutungen nicht erschöpfend dargestellt werden. Dieses Offenbarungsgeschehen drängt aber von seinem Wesen her darauf, in der je eigenen Gegenwart der Glaubenden interpretiert und ausgelegt zu werden. Auf diesem Wege trägt die erlebte Offenbarung zu einem Selbst-, Welt- und Gottesverständnis bei. Die in diesem Band gesammelten Beiträge diskutieren solche zur Sprache gebrachte Offenbarung in ihrem Anspruch und mit ihren Grenzen. Es wird deutlich, dass auch die dem Christusglauben zugrunde liegende Offenbarung stets der aktuellen Interpretation bedarf und zu keiner Zeit ausgeschöpft sein wird. Genau deshalb bedarf es des immer neuen und aktuelle Nachdenkens über Offenbarung.

Herzlich danken wir dem Neukirchener Verlag für die bewährte und verlässliche Zusammenarbeit bei der Erstellung dieses Bandes.

Tübingen und Wien, im Oktober 2011   Christof Landmesser
Andreas Klein

Inhalt

Vorwort V

Inhalt VII

Christof Landmesser/Andreas Klein
Zur Einführung
Offenbarung in der Diskussion 1

Matthias Petzoldt
Offenbarung erleben und zu verstehen suchen
Zum theologischen Diskurs um das Prinzip Offenbarung im
Kontext der hermeneutischen Diskussion 15

Christoph Kähler
Sine vi humana, sed verbo?
Verantwortung und Verbindlichkeit evangelischer
Kirchenleitung 41

Emil Angehrn
Der entgegenkommende Sinn
Offenbarung und Wahrheitsgeschehen 59

Jochen Cornelius-Bundschuh
Verstehen oder Erleben: Predigt als Offenbarung?
Überlegungen zu einer homiletischen Hermeneutik 77

Christoph Bultmann
Wie Regen und Schnee: Offenbarung im Alten Testament
Überlegungen im Anschluss an Jer 9 und Jes 55 97

Udo Schnelle
Offenbarung und/oder Erkenntnis der Vernunft?
Zur exegetischen und hermeneutischen Begründung von
Glaubenswelten 119

Die Autoren 139

Christof Landmesser
Andreas Klein

Zur Einführung
Offenbarung in der Diskussion

I   Offenbarung als Erschließungsgeschehen – erleben und verstehen

Der christliche Glaube und die christliche Religion haben ihren Ursprung im Geschehen von Offenbarung. Das zumindest ist der Anspruch der biblischen Texte, die von den Anfängen des Christusglaubens erzählen. So berichtet Paulus, wie Gott selbst ihm seinen Sohn, also Jesus Christus, geoffenbart habe, damit er, Paulus, diesen unter den Heiden verkündige (Gal 1,15f). Das Johannesevangelium wird mit einem fulminanten Prolog eröffnet, in dem das Eintreten des präexistenten Logos in die Schöpfung Gottes hymnisch besungen wird. Auch das ist nichts anderes als ein Offenbarungsgeschehen (Joh 1,1-18). Mit solcher Offenbarung ist für den Menschen wesentlich das Heil eröffnet. Von Paulus wird dieses zusammengefasst in dem Begriff der durch das Christusgeschehen erschlossenen Gerechtigkeit, die im Glauben zugänglich ist und die zudem in einer Lebensgewissheit erfahrbar wird, wodurch sich das Selbstverständnis der Glaubenden und ihr Lebensvollzug – so der Anspruch des Paulus – auch tatsächlich ändern. Im Prolog des Johannesevangeliums ist von der Heilsfülle die Rede, der Logos bringt die Herrlichkeit des einziggeborenen Gottessohnes in der Welt zur Anschauung (Joh 1,14). Und auch der Gottesglaube des Alten Israel nimmt seinen Ausgang in der Selbstoffenbarung Jahwes (Ex 3,14), er bleibt bezogen auf die Gabe der Sinai-Tora, und auch die Worte Jahwes an die Propheten sind Ausdruck von Offenbarungsgeschehen. – Offenbarung ist tatsächlich eine Grundkategorie biblischen Erzählens und Denkens und ebenso der christlichen Tradition.
Was als Offenbarung behauptet wird, ist freilich nicht selbstverständlich, sondern offensichtlich immer strittig. Dies gilt nicht nur für die biblische Welt, diese Beobachtung lässt sich vielmehr durch die ganze christliche Tradition verfolgen. Dies wahrzunehmen ist wichtig, wird

damit doch schon angedeutet, dass die sich im Diskurs, im Gespräch, in der intersubjektiven Kommunikation behauptete Offenbarung als das Resultat von perspektivischen Deutungen herausstellt. Das macht Offenbarung nicht weniger bedeutsam, es ist vielmehr ihr grundsätzlicher und nicht zu überschreitender Status im Gespräch dessen, der die Offenbarung erfahren hat und der diese mit anderen Menschen teilen will. Sofern Offenbarung für das Gottes-, Selbst- und Weltverständnis relevant sein soll, muss sie also zur Diskussion gestellt werden. So hat jede Offenbarung, die nicht nur der Selbstvergewisserung dienen soll, einen diskursiven Charakter, der näher erläutert werden muss. Wer Geoffenbartes mitteilen will, muss dieses mit seiner gesamten Weltsicht und Wirklichkeitsdeutung in einen Zusammenhang bringen, soll sein Verstehen von Welt, Gott und Mensch nicht auseinanderbrechen. Soll eine Offenbarung nicht nur für das einzelne Subjekt, dem das Erschließungsgeschehen zuteil wurde, sondern auch für andere Menschen relevant werden, dann eignet diesem also ein mindestens doppelter Charakter. Die Offenbarung mag als unmittelbar erfahren und erlebt worden sein, eine wie auch immer zu beschreibende direkte und die Kontinuität des Lebens durchbrechende Gottesbegegnung wird gerade in den biblischen Texten immer wieder erzählt. Der geoffenbarte Inhalt muss dann aber auch in Sprache gefasst, nachvollziehbar kommuniziert und erläutert werden. Das gilt für diejenigen, denen die Offenbarung zuteil wurde, wie für die Menschen, denen diese mitgeteilt werden soll. Der bloße Verweis auf eine Offenbarung ohne den entsprechenden Diskurs hat im Gespräch mit anderen, denen diese nicht unmittelbar zuteil wurde, keine ihre Welt tatsächlich für ein eigenes Verstehen eröffnende Funktion. Die bloße Akzeptanz ohne Argumentation, ohne Diskurs, ohne sprachliche Vermittlung wäre das Resultat eines Aktes der Autorität. Eine Vermittlung des Offenbarungsgeschehens, das anderen zuteil wurde, kann ohne ein nachvollziehbares Sprachgeschehen nicht das Selbst-, Welt- und Gottesverständnis derer, denen das Offenbarungsgeschehen nicht unmittelbar zuteil wurde, in einer solchen Weise prägen, dass ein tatsächliches Verstehen das Resultat wäre. Ohne Diskurs bliebe ihnen die Offenbarung etwas Fremdes. Wird eine Offenbarung nicht in einer solchen Weise in Sprache gefasst, dass sie ein nachvollziehbares Verstehen der Welt eröffnet, dann drängt sich rasch der Verdacht des Missbrauchs einer behaupteten Offenbarung auf.

Eine Offenbarung hat also diesen doppelten Charakter des unmittelbaren Erlebens und des sprachlich vermittelten Verstehens, und das sowohl für diejenigen, denen die Offenbarung unmittelbar zuteil wird, wie auch mit Blick auf diejenigen, denen die Offenbarung als etwas für sie Relevantes mitgeteilt werden soll.

Das Subjekt der Offenbarung ist in der biblischen und in der gesamten christlichen Tradition Gott selbst. Auch das ist zunächst der Anspruch derer, die von einer Offenbarung erzählen. Auch diese Behauptung muss im Diskurs eingelöst werden, sie muss plausibel und verständlich gemacht werden. Dies ist insbesondere dann erforderlich, wenn sich widersprechende Offenbarungsansprüche geltend gemacht werden, wie dies etwa in der Korrespondenz des Paulus mit den galatischen Gemeinden erkennbar wird (Gal 1,6-9). Paulus behauptet nicht nur die ihm zuteil gewordene Offenbarung, er erläutert sie auch und bringt sie in ein für die Glaubenden in den galatischen Gemeinden nachvollziehbares Gespräch. Wiederum gilt dies in jedem Fall dann, wenn die erzählte und beanspruchte Offenbarung für andere Menschen von Bedeutung werden soll, denen die Offenbarung nicht unmittelbar zuteil wurde.

Das Gesamtgeschehen von Offenbarung hat ein zunächst passives, dann aber auch ein durchaus aktives Moment. Sie ereignet sich unberechenbar und unvorhersehbar, sie muss aber interpretiert werden, wenn sie tatsächlich für das Welt-, Selbst- und Gottesverständnis eine Rolle spielen soll. Beide Momente gehören zusammen. Der Ursprung des je eigenen Glaubens kann als ein Offenbarungsgeschehen verstanden werden. Der Christusglaube im Sinne der neutestamentlichen Ursprungstexte der christlichen Tradition ist von Gott den glaubenden Menschen zugeeignet. Das Johannesevangelium spricht metaphorisch von einer Neugeburt oder von einer Geburt von oben (Joh 3,3.7). Der Christusglaube bedeutet nichts weniger als eine von Gott verschaffte heilvolle, die ganze Existenz umfassende Orientierung auf das von Gott geschaffene und gewollte Leben. Solche Offenbarung eröffnet das Leben. Soll dies aber auch wirksam geschehen, dann muss der Gegenstand der Offenbarung beschrieben, gedeutet und in ein Verhältnis mit der Welterfahrung insgesamt gesetzt werden. Hier hat das aktive Moment des Offenbarungsgeschehens seinen Ort. So sind bereits die neutestamentlichen Texte als Erzählungen und theologische Deutung des Christusgeschehens als eines Offenbarungsgeschehens zu verstehen. Sie bleiben auf die erlebte Jesusgeschichte bezogen, die nun aber bearbeitet und theologisch ausgewertet wird. Das geschieht in den unterschiedlichen Texten nicht in einheitlicher Weise. Je nach dem geschichtlichen Kontext der Autoren, die ihre Texte an ganz unterschiedliche Orte und an Menschen verschiedenster Herkunft adressieren, wird diese Interpretation gestaltet. Sie ist an glaubende Menschen gerichtet, die selbst in ihrem Christusglauben, der in einem wie auch immer näher zu beschreibenden Offenbarungsgeschehen gründet, angesprochen werden sollen. Erleben und Verstehen stellen sich so als ineinander verwoben dar. Der Christusglaube ist verankert in einem Erleben, das dem einzelnen glaubenden Menschen eben diesen Christusglauben zugänglich macht und ihm Glaubensgewissheit verschafft. Insofern dieser Christusglaube das je eigene Selbst-, Welt- und Gottesverständnis prägen soll, drängt er darauf, für den Glaubenden und für andere verständlich und nachvollziehbar, also gesprächsfähig zu werden.

Die Interpretation der Offenbarung wird also zur Diskussion gestellt. Das gilt bereits für die neutestamentlichen Texte, in denen die Jesusgeschichte und das Christusgeschehen mit unterschiedlichen Akzenten dargestellt werden. Die erlebte oder die erfahrene Offenbarung kann nicht ohne eine solche Deutung bleiben. Das bedeutet aber auch, dass Offenbarung in dem Moment, in welchem sie interpretiert wird, den Bedingungen der menschlichen Kommunikation und den Möglichkeiten und Grenzen der Sprache unterliegt. Bei aller Gewissheit der einzelnen glaubenden Menschen, die sich von einer Offenbarung erfasst wissen, ist ihre der Kommunikation zugängliche Deutung der Offenbarung sprachabhängig, endlich und dem Widerspruch ausgesetzt. Das mindert die Offenbarung nicht, dieser Sachverhalt ist aber unhintergehbar. Das hat Konsequenzen für die mit der gedeuteten Offenbarung verbundenen Ansprüche. Ein Diskurs über die Inhalte der Offenbarung wird so möglich, die gedeutete Offenbarung kann auch bestritten, und sie muss plausibel und nachvollziehbar dargestellt werden. Aber nur im strittigen Diskurs können die Inhalte der gedeuteten Offenbarung das Verständnis von Wirklichkeit tatsächlich erweitern.

Offenbarung beschreibt das Ausgangsgeschehen für den Glauben. Eine behauptete Offenbarung und ihre Inhalte können nicht einfach autoritativ gesetzt werden. Im Raum des christlichen Glaubens gilt das für die Kirche wie für die theologische Wissenschaft. So ist Offenbarung wohl Gegenstand der kirchlichen wie der wissenschaftlichen Diskurse. Da sie dort aber immer und nur im Modus der Interpretation präsent ist, kann sie nicht als unbestrittene Autorität vorausgesetzt werden. Das ist kein Mangel, sondern das Wesen der Offenbarung im Kontext menschlicher Kommunikation. Die sprachliche und damit endliche Verfasstheit der interpretierten Erfahrung reduziert allerdings nicht die durch Offenbarung im Glauben verschaffte Gewissheit. Die Rede über und von Offenbarung ist davon aber zu unterscheiden. Der mit der Offenbarung gesetzte Gottes- und Christusbezug bleibt für den Glaubenden unbestreitbar und auch unaufgebbar, die sprachliche Entfaltung der damit verbundenen Glaubensinhalte muss aber immer wieder in Frage gestellt und in verschiedenen Kontexten unterschiedlich beschrieben werden.

Offenbarung kann also niemals ohne den Diskurs und ohne sprachlich vermitteltes Verstehen sein. Eine Offenbarung ohne Verstehen, die sich ausschließlich auf ein Erleben bezöge, bliebe unbestimmt und willkürlich. Sie bliebe allenfalls dem einzelnen Subjekt zugänglich und für die intersubjektive Kommunikation letztlich uninteressant.

Die Offenbarung, die als Ausgangsgeschehen für den christlichen Glauben vorauszusetzen ist, drängt auf ein Verstehen. Damit ist die Dimension des Erlebens gerade nicht ausgeschlossen, sondern in ihrer eigenen Bedeutung angemessen gefasst. Der christliche Gottesdienst nimmt im Zusammenspiel von Liturgie und Predigt, Lesung und Gebet, gemeinschaftlicher Anbetung und dem Hören des Evangeliums die verschiedenen Dimensionen auf und bildet diese ab. So wird durch die Offenbarung Wirklichkeit gesetzt und zugleich interpretiert, die Welt wird durch Neues verändert und zugleich verstanden.

II Zu diesem Buch

In seinem Eröffnungsbeitrag geht *Matthias Petzoldt* dem Offenbarungsbegriff eingehender nach. Wird in einem ersten Abschnitt die theologische Diskussion im Blick auf das Offenbarungsverständnis und seine prinzipientheologische Funktion nachgezeichnet, so wendet sich der zweite Teil diesbezüglichen hermeneutischen Fragestellungen zu. Abschließend zieht der Beitrag ein Resümee mit eigener Positionierung vor dem Hintergrund der Themenstellung des Gesamtbandes.

Ein erster theoriegeschichtlicher Überblick über die Rezeption des Offenbarungsbegriffs, insbesondere in der protestantischen Theologie, ergibt, dass »Offenbarung« erst im Zuge der Neuzeit seine charakteristische begründslogische Funktion erhält, und zwar als Gegenstück zu der Einsicht, dass Vernunft den Glauben nicht begründen kann. Einen gewissen Höhepunkt erfährt diese Entwicklung in der Theologie der Dialektischen Theologie, insbesondere bei Karl Barth. Die Zentralperspektive liegt dabei darin, dass Gott nicht *etwas*, sondern *sich selbst* offenbart. Diese Entwicklung hat ihre Vorläufer in der protestantischen Theologie, während die römisch-katholische Theologie die Wende zur Idee der Selbstoffenbarung im Unterschied zur instruktionstheoretischen Vorstellung von Offenbarung erst deutlich verzögert einleitet – und auch dort weiterhin am Modell von Natur und Gnade orientiert bleibt.

Die Revitalisierung kulturprotestantischer Ansätze im 20. Jahrhunderten eröffnete eine grundsätzliche Kritik an der Begründungsfunktion des Offenbarungsbegriffs, da hierdurch die Theologie in einem »subjektivistischen Zirkel«[1] der Selbstimmunisierung gefangen gehalten werde. Alternativ dazu wird die Indirektheit von Offenbarung in erfahrungsbezogenen Konzeptionen, die von spezifischen Erschließungsereignissen ausgehen, betont. Diese sind jedoch nicht notwendig an religiöse Erlebnisse gebunden, es wird aber stets der passive Charakter solcher Erschließungserfahrungen mit ihren Gewissheitsfundierungen privilegiert. Das religiöse Spezifikum liege darin, dass in dieser Erschließungsfunktion Inhalt und Urheber identisch sind und es somit zu einer Gewissheit über die alle Welt begründende Macht kommt. In einem weiteren Schritt setzt sich Petzoldt mit Ingolf U. Dalferths semiotischer Perspektive auseinander, in der nicht das Erleben im

---

[1] S. u. S. 19.

Erschließungsgeschehen religiös ist, sondern das Erlebte lediglich religiös gedeutet wird. Sodann stellt Petzoldt die Entwicklung des zunehmenden Auseinandertretens zwischen Offenbarung und Heiliger Schrift aufgrund moderner Bibelexegese dar, was zu einem erhöhten hermeneutischen Problembewusstsein im Blick auf die Rede von Offenbarung in der Moderne führte. Offenbarung ist nicht deckungsgleich mit dem biblischen Wort, bleibt aber auf dieses bezogen. Die im 20. Jahrhundert längere Zeit dominierende Hermeneutik wurde mittlerweile durch andere Konzeptionen zunehmend zurückgedrängt. Erst in letzter Zeit zeigt sich – und zwar in unterschiedlichsten Wissensbereichen – ein neuerliches Interesse, wodurch die zuvor hermeneutikkritischen Positionen ihrerseits die Hermeneutik bereichern. Zunehmend wird das Moment des Erlebens als konstitutiv betrachtet und in unterschiedliche (hermeneutische) Konzepte integriert.

Abschließend formuliert Petzoldt in zehn Thesen seine eigene Positionierung in der aktuellen Diskurslage. Dabei optiert Petzoldt für eine stärkere Betonung des Erlebnischarakters hinsichtlich des Offenbarungsbegriffs anhand der Sprachthematik, insbesondere der Sprechakttheorie. Dabei steht vor allem der Aspekt der Begegnung und Beziehungsstiftung im Mittelpunkt; exemplarisch dargestellt im Auftreten und Reden Jesu mit ihrer lebensstiftenden und heilschaffenden Wirkung. Gelingende Sprechakte stellen aber keinen Automatismus dar. Die bleibende Differenz zwischen Zeichen und Bezeichnetem führt schon im Neuen Testament und darüber hinaus in der Verkündigung zu unterschiedlichen Verständnisbemühungen hinsichtlich der Person Jesu. Dabei erhält insgesamt das christliche Reden von Gott durch Person und Werk Jesu Christi seine spezifische Ausgestaltung. Indem sich dem Einzelnen Jesus als der Christus erschließt, impliziert Offenbarung stets eine Erlebnis- und eine Vertrauensgestalt, ohne dass beide synchron ineinandergreifen müssen. Petzoldt resümiert: »Der Begriff Offenbarung kennzeichnet [...] in der Tat das Begründungsprinzip theologischer Erkenntnis. Aber im Aufzeigen des Zusammenhangs, wie der christliche Glaube seinen Grund im Wirken dieser Person hat [...] und wie ihm daraus mittels der Reflexionen seine spezifischen Orientierungen und Erkenntnisse erwachsen, öffnet sich der Weg, die spezifische Rationalität des christlichen Sprachspiels [...] aufzufinden«[2], wozu gerade das Erleben einen integralen Bestandteil darstellt.

Der Beitrag von *Christoph Kähler* beschäftigt sich mit Prozessen struktureller Veränderung im Kontext von Kirchenleitungen, wobei auch deren Theologizität explizit erörtert wird. Dabei spielen Fragen nach der Ausübung von Macht ebenso eine Rolle wie die Markierung der Differenz zu nichtkirchlichen Leitungsinstanzen. Hier rekurriert

---

[2] S. u. S. 40.

Kähler zunächst auf CA XXVIII, wobei dem Text auch deutliche Schwächen attestiert werden. Dass es gewisser Ordnungsinstanzen bedarf, ist weitgehend unstrittig, nicht jedoch, inwiefern diese konkret dem Evangelium von der freien Gnade Gottes entsprechen. Das »sine vi humana, sed verbo« wird man aufgrund dessen, dass stets weltliche Macht in Anspruch genommen wird, nicht uneingeschränkt bejahen können. Weltliche Machtinstrumentarien unterscheiden Kirchenleitungen nicht von anderen entsprechenden Institutionen. Dennoch ist danach zu trachten, anliegende Streitfälle ohne solche zu befrieden, wobei Frieden als zentrales Ziel kirchlicher Leitungsfunktionen fungiert. Dies bedarf jedoch häufig eines geschulten Fingerspitzengefühls. Gemeint ist damit aber keineswegs, um des Friedens willen drängende theologische Fragen zu übergehen. Kähler optiert jedoch eindringlich dafür, »dass sich Kirche [nicht] ohne theologische Fachkenntnisse leiten«[3] lässt. Er betrachtet kirchenleitende Entscheidungsfunktionen als »res mixtae«, »die oft genug geistliche und weltliche Leitung in einem sind«[4].

Kähler fragt weiter, ob nicht Synoden die differentia specifica zu anderen Leitungsgremien darstellen. In Auseinandersetzung mit Überlegungen von Gustav Heinemann, die nach der Vergleichbarkeit zwischen Parlament und Synode fragen und markante Spezifika protestantischer Synoden skizzieren, sieht Kähler diese gerade aus eigenen langjährigen Leitungserfahrungen und aufgrund grundsätzlicher theologischer Erörterungen differenzierter, kritischer und weniger idealisierend. Die Kirche ist stets eine Versammlung begnadeter Sünder und mithin von ihrer Idealgestalt zu unterscheiden. Das Sündersein schlägt auch in kirchlichen Leitungsgremien durch. Es gilt: »Vieles in der kirchlichen Organisation, was hier und jetzt zu entscheiden ist, bleibt eine Frage der Zweckmäßigkeit und damit eine Ermessensfrage, die oft genug so keine biblische Begründung erfahren kann.«[5]

Die offensichtlichste Differenz zu staatlichen Leitungsfunktionen besteht aber weiterhin darin, dass die Kirche keine physische Macht auszuüben hat. Das Gewaltmonopol bleibt in der Hand des Staates. Nichtsdestoweniger bedienen sich auch kirchliche Entscheidungsinstanzen in vielerlei Weise der Ausübung von Macht, mit allen damit zusammenhängenden Versuchungen und Gefahren. Insofern sei dringend darauf zu insistieren, dass Macht kontrollierbar und überprüfbar ist – und auch entzogen werden kann. Das Recht in der Kirche und im Staat hat aber immer auch darauf abzuzielen, die Schwächeren zu schützen, wodurch es selbst eine Form der Nächstenliebe darstellt.

---

[3] S. u. S. 46.
[4] S. u. S. 46.
[5] S. u. S. 52.

Abschließend nimmt Kähler ein Modell von Wilfried Härle auf, in welchem die vier Grundsysteme der Gesellschaft – nämlich Religion, Politik, Wirtschaft und Wissenschaft – mit ihren je eigenen Systemfunktionen zu differenzieren sind, zugleich jedoch die einzelnen Systeme die jeweils anderen in ihrem eigenen Funktionsbereich als Bestandteil enthalten. Mit keiner Durchsetzungsfunktion ist es jedoch erreichbar, dass etwas so in die Gegenwart hinein spricht, dass es als Evangelium vernommen wird.

Emil Angehrn erörtert die nicht-theologische Bedeutung des Offenbarungsbegriff. Dabei geht Angehrn davon aus, »dass die mit dem Begriff [sc. Offenbarung] artikulierte Gedankenfigur in der Philosophie eine erhebliche Bedeutung besitzt«[6]. Schon Hegel sieht in der Offenbarung einerseits das zentrale Moment der Beziehung des Menschen zum Absoluten und andererseits die ontologische Grundstruktur des Geistes überhaupt. Der Geist ist seiner »wesentlichen Natur nach Selbstmanifestation«[7]. Überhaupt ist Wirkliches durch dessen Entfaltung und Verwirklichung konstituiert. In diesem Wahrheitsgeschehen verschränken sich Selbstmanifestation, Sichoffenbaren und Inhalt des Offenbarens. Diese Struktur ist ganz generell ein »Merkmal des Natürlichen«[8]. Das Natürliche hat seine Bestimmung in sich selbst, es öffnet sich und bringt sich selbst zur Erscheinung. Es geht eben nicht primär um Herstellung oder Hervorbringung (als Produkt), sondern um sich mitteilende Ausdrucksformen des Lebens überhaupt. Analoges gilt auch für die Kunst, die sich selbst der Partizipation an einem Ursprungsgeschehen verdankt und sich in ihr darstellt und vollendet.

Inwiefern passt aber das menschliche Verhalten und Verstehenwollen zur Welt und gibt es hier ein Entsprechungsverhältnis? Die Wirklichkeit kommt gemäß dem breiten Strom der Philosophie dem Menschen und seinem Erkennenwollen entgegen, womit eine systematische Erkenntnis von ihr möglich wird. Unterstellt wird dabei ein fundamentales Entsprechungsverhältnis. Freilich gibt es prominente Gegenpositionen, die eine solche grundlegende Entsprechung bestreiten. »Hier ist die Welt nicht von Bedeutungen durchsetzt, die wir in unserer Sprache aus der Tiefe der Dinge zu heben und zur Artikulation zu bringen hätten.«[9] Angehrn seinerseits schließt sich der erstgenannten Fraktion an. Die Welt öffnet und offenbart sich dem Menschen, sie wendet sich ihm zu, und sie spricht zu ihm. Mehr noch: Sie fordert den Menschen heraus und legt ihm die Pflicht auf, »den Logos der Dinge in seiner Rede zur Sprache zu bringen und auszulegen«[10], eine durchaus natur-

---

[6] S. u. S. 59.
[7] S. u. S. 60.
[8] S. u. S. 61.
[9] S. u. S. 66.
[10] S. u. S. 66.

rechtsethische Formulierung. Entsprechend gälte auch eine »Vorbildfunktion der Sichtbarkeit für die Verstehbarkeit«[11]. Diese Überlegungen finden in der Phänomenologie, auch dargestellt an Malerei und Dichtung, ihre Fortführung. Man kann natürlich fragen, inwieweit diese Bestimmung auch jüngere Formen von Malerei und Dichtung umfassen, die ihrerseits auf Verfremdung und Fremdheit abstellen. Aber auch aktuelle konstruktivistische Ansätze werden dadurch von vornherein durch ein unterstelltes Adäquationsverhältnis ausgeschaltet. Die Grundthese wird weiter im Gedanken des Sichgebens der Dinge expliziert. Das zu Erkennende begründet selbst sein Erkennbarsein und sein Erkanntwerden. Den Dingen komme selbst eine Art von Sprache zu, so dass sie den Menschen im Sich-Zeigen ansprechen, sie uns damit aber auch etwas zu sagen haben und wir uns von ihnen etwas sagen lassen. Hier kommt auch der Gedanke der Natur als eines lesbaren Buches zum Tragen. Seine Entsprechung findet dies im unhintergehbaren Sinnbedürfnis des Menschen, wodurch sich dann aber – so die Überlegung – insgesamt eine Sinnhaftigkeit der Wirklichkeit qua Sprache einstellt. Sinn ist nicht gemachter, sondern »empfangener, gegebener Sinn«[12].

Dem empfangenen Sinn entspricht auf der Seite des Menschen das Antworten. Dabei ist auch hier die Tätigkeit des Menschen jeweils ein Zweites, welchem ein Empfangen vorausgeht. In dieser Denkströmung lassen sich unterschiedliche Konzepte unterscheiden, wobei jeweils das Vorausgehende primär bleibt. Im Anschließen an vorgängigen Sinn wird dabei jedoch stets auch eine Neuschaffung vorgenommen, insofern nicht einfach Aufgenommenes wiederholt wird. Jede Interpretation ist somit ein neues Sehen und Verstehen. Dementsprechend ist auch jede Übersetzung ein antwortendes Neuschreiben. Mit jeder Übersetzung und Interpretation ist dann auch eine Verantwortung für das antwortende Neuschreiben und Neusagen verbunden. Der dialogische und responsorische Charakter kennzeichnet unseren gesamten Weltumgang und unser Weltverhältnis und findet ihren eminenten Ausdruck in der menschlichen Sprache. Insgesamt jedenfalls erweist sich die Nähe zwischen philosophischem und theologischem Offenbarungsbegriff, wenngleich der theologische noch stärker den Adressaten und dessen Sprechen und Darstellen im Blick hat.

In seinem Beitrag geht *Jochen Cornelius-Bundschuh* anhand von vier homiletischen Ansätzen der Frage nach, wie sich unter gegenwärtigen veränderten Bedingungen zumindest Grundlinien einer homiletischen Hermeneutik erkennen lassen. Die vier Faktoren Bibeltext, Situation, die Hörenden und die Person des Predigers / der Predigerin bilden dabei den Rahmen und variieren in den Konzeptionen jeweils in der

---

[11] S. u. S. 66.
[12] S. u. S. 71.

Gewichtung. Insgesamt tritt jedoch der Wirkungsbezug deutlich in den Vordergrund.

Wilhelm Gräb geht es in seinem Ansatz zentral um die religiöse Deutung von Wirklichkeit, wobei der Mensch – einigermaßen unabhängig von dogmatischen Voraussetzungen (Entsubstantialisierung dogmatischer Gehalte) – zu einer eigenständigen und gesteigerten religiösen Selbstdeutung finden soll. Dabei erscheint eine eigene religiöse Wirklichkeit nicht zwingend. Eine hermeneutische Regel für die religiöse Sinnarbeit des Menschen bereitzustellen sei *die* Norm für eine christliche Predigt. Dabei eröffnet der biblische Text eine Sinnwelt und kann so zur Selbstdeutung des Subjekts beitragen. Ein stark pragmatischer Zugang insbesondere im Blick auf die Hörenden und ihren Umgang mit Sinnangeboten ist auch für Gräb nicht zu übersehen. Dabei spielen Lebensdienlichkeit und Freiheit die zentralen Rollen. Für Cornelius-Bundschuh ist dieser Umgang durchaus symptomatisch für aktuelle Unsicherheiten und gesteigerten Evidenzbezug in der Homiletik.

Manfred Josuttis hingegen orientiert sich am Gesichtspunkt der Predigt als Verkündigung eines offenen Geheimnisses, wobei gerade eine besondere Weise des Verstehens gemeint ist, die dem Wort Gottes als Geheimnis gerecht zu werden versucht. Dies sieht Josuttis in der gegenwärtigen Exegese notorisch vernachlässigt. Ein Geheimnis zu verstehen bedeutet aber auch, die Unheimlichkeiten und Unergründlichkeiten stehen lassen zu können und somit die Macht, die darin steckt, zu respektieren. Die rechte Einstellung gegenüber dem Geheimnis ist die Ehrfurcht. Man kann den Texten zutrauen, dass sie für die Durchsetzung ihrer Wahrheit selbst sorgen. Interessant ist, dass bei Josuttis die Hörenden mitsamt ihrer Lebenswelt zurücktreten, während der Text eine zentrale Stellung einnimmt, kann doch das aus ihnen sprechende Geheimnis schlichtweg alle Menschen ergreifen. Aber auch die liturgische Einbettung der Predigt ist von erheblicher Bedeutung, und so kommt auch bei Josuttis insgesamt dem Erleben, nämlich als »›Vergegenwärtigung‹ im Geheimnis«[13], fundamentale Relevanz zu.

In besonderer Weise wird die »Produktion von Präsenz« und die »Materialität der Wahrnehmung« in der Dramaturgischen Homiletik[14], exemplarisch dargestellt an Martin Nicol und Alexander Deeg, hervorgehoben. Biblische Texte und ihre Sinnbezüge müssen in der Inszenierung erlebbar werden. Hierbei werden neuere rhetorische, ästhetische und rezeptionsästhetische Ansätze integriert, die insgesamt eine performative Wende inaugurieren. Die Fremdheit der Texte soll dabei gewahrt bleiben und so Erlebnismöglichkeiten für Wichtiges und Veränderndes eröffnet werden. Verstehen wird dem Erleben unterge-

---

[13] S. u. S. 87.
[14] S. u. S. 78.

ordnet, auch eine neue Verzauberung der Welt ist im Blick. Präsenzeffekte führen zu neuen Sinneffekten. »Es geht um Leiblichkeit, Sinnlichkeit, Emotionalität, um die Materialität des Textes, um das Wort als mündliches Geschrei.«[15]
Abschließend wird auf Christoph Bizer rekurriert, der Predigtarbeit als geistliche Praxis und Arbeit an einem heiligen Text begreift, wobei jedoch auch die materielle Gestalt der Aufführung ihren zentralen Platz hat. Zeitlichkeit, die dem Text Zeit lässt, sich zur Geltung zu bringen, ist ebenso von Bedeutung wie der Respekt vor dem heiligen Text und der jeweils entsprechende Ort, vornehmlich der Kirchenraum und damit der Gottesdienst als ganzer. Dabei müsse sich der Predigende selbst jeweils dem Text zur Verfügung stellen und in eine Beziehung zu diesem eintreten. Die Predigtarbeit als solche mit ihren unterschiedlichen Gestaltungselementen gewinnt bei Bizer eminente Bedeutung, sie muss aber aufgeklärt und modern erfolgen.
Cornelius-Bundschuh beschließt diesen Durchgang mit fünf eigenen Überlegungen zu einer *homiletischen Hermeneutik*, die an die dargestellten Konzeptionen anschließen: Zunächst braucht sie *wissenschaftliche Exegese*. Sodann bedarf es einer *Hermeneutik des Fremden*, die bei allen vier zentralen Bedingungen der Homiletik ansetzt und das jeweils Andere nicht zu vereinnahmen sucht. Des Weiteren muss die *doxologische Differenz* gewahrt bleiben, in welcher das offene Geheimnis, welches in der Verkündigung gepredigt wird, sich selbst zur Geltung bringen darf und muss. Ferner wird das *Ende* in der Weise gelobt, dass dann, wenn die Predigt ihr Ziel erreicht, ein Fest angestimmt wird. Schließlich ist eine homiletische Hermeneutik *soziale Hermeneutik*, insofern die Arbeit an der Predigt in ihren unterschiedlichen Teilen stets ein sozialer Vorgang ist und die Gemeinde als Ganze miteinzubeziehen hat.
Christoph Bultmann stellt seinem Beitrag das von Lessing an Reimarus gerichtete Diktum als Fragehorizont voraus, was denn eine Offenbarung sei, die nichts offenbart. Inwiefern also kann von einer gehaltvollen Offenbarung insbesondere im Alten Testament die Rede sein, die über das hinausweist, was auch mit dem Licht der Vernunft zugänglich gemacht werden könnte? Auf diese Fragestellung hin untersucht Bultmann einige zentrale alttestamentliche Stellen, vor allem im Zusammenhang mit Jer 9 und Jes 55. Insgesamt zeichnet sich dabei kein eindeutiges Ergebnis ab, so dass die Frage nach dem bei alttestamentlichen Offenbarungen über die Vernunft Hinausweisenden weitgehend offen bleiben muss. In einem abschließenden Abschnitt benennt Bultmann aber doch ein paar Charakteristika, die dem alttestamentlichen Offenbarungsbegriff eine bestimmte Profilierung verleihen. Zusammenfassend formuliert Bultmann: »Das Gottesbild des barm-

---

[15] S. u. S. 90.

herzigen und vergebenden Gottes, und das Gottesbild des auf diesem Fundament, aber nicht im Widerspruch zu ethischen Forderungen Weisung gebenden Gottes sind die zentralen Aspekte dessen, was man bei einer solchen Analyse Offenbarung im Alten Testament nennen könnte.«[16] Auf die Frage, wo nun aber ein solches Gottesbild seinen Ursprung hat, verweist Bultmann auf den Mut, Aussagen über Gott dergestalt zu treffen, dass sie nicht bei Gottes Zorn und Wut und Groll stehen bleiben, sondern eben auf seine Vergebung und Güte abstellen.[17] Der Offenbarung sind zwar ethische Grenzen gesetzt, gleichwohl liegen diese Schranken schon in der Offenbarung selbst. Schließlich wendet sich Bultmann gegen den traditionellen Verhältnisbestimmungsversuch zwischen Altem und Neuen Testament, wonach das Alte Testament erst aufgrund seiner neutestamentlichen Rezeption den Maßstab ihrer Deutung erhielte. Demgegenüber optiert Bultmann, »das Neue Testament als einen Fall einer weiteren, und mit dem Bezug auf Jesus Christus sehr spezifischen Auslegung des Gottesbildes der Offenbarung im Alten Testament« zu lesen«[18].

Der vorliegende Band wird beschlossen durch einen Aufsatz von *Udo Schnelle*, der sich noch einmal kritisch mit dem Offenbarungsbegriff, wie er insbesondere in der Dialektischen Theologie Verwendung fand, auseinandersetzt. Dabei wird nach der lebensweltlichen Rückbindung eines steilen Offenbarungsbegriffes gefragt und ebenso auf aktuelle – auch philosophische – Entwicklungen Bezug genommen und damit noch einmal das Verhältnis von Glauben und Vernunft erörtert. Die moderne Autonomie lasse sich jedenfalls nicht durch vermeintlich vorzuordnende Offenbarungsbehauptungen unterwandern. Schnelle beharrt nachdrücklich darauf, dass es sich bei der Rede von Offenbarung stets um Zuschreibungen handelt: Es sind stets *wir*, die Offenbarung behaupten. Die vermeintliche Externität bleibt an die Internität von Zuschreibungsoperationen gekoppelt und damit von diesen dependent.

In einem ersten Abschnitt geht Schnelle dem Offenbarungsbegriff im Neuen Testament nach. Dieses bietet aber keine einheitliche Systematisierung, und die Kommunikation zwischen Gott und Mensch in unterschiedlichen Medien ist den Autoren selbstverständlich. Die besondere Konturierung des mit dem Begriff der Offenbarung Umschriebenen zeichnet Schnelle an Paulus und Johannes nach, wobei besonders die johanneische Theologie in ihrer diesbezüglichen Geschlossenheit hervorzuheben ist. »Das Besondere des johanneischen Offenbarungsverständnisses«, so Schnelle, »liegt darin, dass es Raum

---

[16] S. u. S. 115.
[17] Vgl. u. S. 115.
[18] S. u. S. 117.

für Erkenntnis, intellektuelle Vollzüge, lebensgeschichtliche Erfahrung und Partizipation lässt«[19].
In einem weiteren Abschnitt fokussiert Schnelle auf die richtige Zuordnung von Glauben und Verstehen bzw. Erkennen. Nur eine solche Korrelierung überzeugt, die letztlich dem menschlichen Erkennen und Denken nicht einen nachgeordneten Rang zuweist. Dabei müsse der konstruktionale Charakter jeglicher Behauptung stets mitberücksichtigt bleiben. Als Schnittstelle, an der sich Offenbarung, Erfahrung, Deutung, Glaube und Denken treffen, könnte der Begriff des »religiösen Bewusstseins«[20] dienen. Dieses religiöse Bewusstsein integriert sich als bestimmte Form des Selbst- und Weltdeutens als einer anthropologischen Grundkonstante. Dabei wird auf einen weiter gefassten Religionsbegriff im Unterschied zu einem enggeführten Offenbarungsbegriff abgestellt und die moderne Pluralität an kulturellen und religiösen Äußerungsformen positiv gewürdigt. Für Schnelle ergeben sich bei dieser Konzentration jedoch wie bei einem starken Offenbarungsbegriff Probleme, die er selbst durch Rekurs auf den Deutungs- und Sinnbegriff zu umgehen sucht. Dabei bleiben der deutende Selbst- und Weltumgang, damit aber auch religiöse Deutungsformen, zentral und auf den Sinnbegriff in seiner lebensweltlichen Verortung bezogen. Der Transzendenzbezug ist diesem Modell keineswegs äußerlich, da menschliches Leben immer schon durch unhintergehbare Transzendierungsvorgänge gekennzeichnet ist, die sie als anthropologische Grundmuster ausweisen. Transzendieren ist bereits ein integraler Bestandteil von Erfahrung überhaupt. Religiöse Deutungsformen unterscheiden sich jedoch dahingehend von anderen, als sich der Mensch »von einer über ihn selbst hinausgehenden Wirklichkeit angesprochen und ergriffen fühlt«[21], und basieren insofern, wie andere personale Gewissheitsgeschehnisse, auf Vertrauen. Der Grund, warum Menschen überhaupt eine solche Deutung vornehmen, sieht Schnelle darin, dass sie eben vom Menschen als hilfreich, einleuchtend und gut charakterisiert werden, und zwar im Blick auf die zentralen menschlichen Grunderfahrungen.
Inhaltlich kann Gott, wovon bereits die biblische Überlieferung zeugt, nur als Liebe gedacht und verstanden werden, womit in religionsgeschichtlicher Hinsicht »nichts weniger als ein neues Gottes-Modell in die Geistesgeschichte eingeführt«[22] wird. Gott als Liebe denken ist jedoch nicht abstrakt zu verstehen, sondern findet gerade in Leben und Geschick Jesu Christi seinen eminentesten Ausdruck, so dass Jesus Christus selbst in einzigartiger Weise das Modell von Gott als Liebe

---

[19] S. u. S. 126.
[20] S. u. S. 126.
[21] S. u. S. 130.
[22] S. u. S. 132.

verkörpert und er somit als authentische Auslegung des einen Gottes verstanden wird. Damit ist nun aber auch der Offenbarungsgedanke getroffen, da sich diese Offenbarung Gottes in Jesus Christus »nicht erdenken, sondern nur erschließen lässt«[23]. Da sich diese wiederum nur in Deutungen vollzieht, ist auch kein Gegensatz zwischen Offenbarung und Vernunft zu konstatieren. Das Besondere der christlichen Selbst- und Weltdeutung liegt sodann darin, dass der Mensch sein eigentliches Sein extern konstituiert glaubt, als Gabe und als Schöpfung durch Gott. Abschließend findet Schnelle im Geistbegriff eine weitere Schnittstelle zwischen Glaube und Vernunft, da gerade der befreiende Geist Gottes in die eigene Verantwortung, auch hinsichtlich der eigenen Deutungsoperationen, stellt.

---

[23] S. u. S. 134.

Matthias Petzoldt

Offenbarung erleben und zu verstehen suchen
Zum theologischen Diskurs um das Prinzip Offenbarung im Kontext der hermeneutischen Diskussion

Dieser Beitrag[1] steht bis zu einem gewissen Grad unter der Aufgabe, in die Thematik der Tagung einzuführen. Soweit das in gebotener Kürze möglich ist, möchte ich mich dieser Aufgabe stellen. Wie schon der Untertitel anzeigt, setzt der erste Teil mit der theologischen Diskussion um das Offenbarungsverständnis und seine prinzipientheologische Funktion ein. Der zweite Teil versucht in aller Kürze einen Überblick über die hermeneutische Debatte zu geben. Bei den Übersichten komme ich jeweils am Ende auf die im Tagungsthema formulierte Alternative von »verstehen oder erleben« zu sprechen. Mit dieser Problemstellung kehrt dann der letzte Teil wieder zum Offenbarungsthema zurück. Denn meine Ausführungen verfolgen nicht nur das Ziel, in Diskussionslagen einzuführen, sondern in den Debatten auch Position zu beziehen. Der dritte Teil wird also unter dem Obertitel stehen: Offenbarung erleben und zu verstehen suchen.

I Zum theologischen Diskurs um das Prinzip Offenbarung

Bekanntlich tritt erst in der Neuzeit der Offenbarungsbegriff seine theologische Karriere an. Zunehmend avanciert er zum alleinigen Begründungsprinzip theologischer Erkenntnis. Je weniger die Überzeugung hält, dass die neuzeitlich beschworene Vernunft den Glauben begründen könne, umso mehr stützt sich theologische Erkenntnis auf Offenbarung.
In der evangelischen Theologie ist vom 19. Jahrhundert an bis in die Mitte des 20. Jahrhunderts hinein ein starkes Gefälle zur Fokussierung

---

[1] Bei der Überarbeitung für den Druck wurde der Vortragsstil weitgehend beibehalten.

auf Offenbarung als Begründungsprinzip zu beobachten. Die Entwicklung setzt bei Friedrich Schleiermacher (1768-1834) ein. In seiner Glaubenslehre bezeichnet er Offenbarung als die aus früheren Zusammenhängen nicht ableitbare und auf »göttliche Causalität« zurückgeführte »Ursprünglichkeit« jener »Thatsache«, welche »einer religiösen Gemeinschaft zum Grunde« liegt.[2] Das Ursprungsgeschehen, das dem Christentum zu Grunde liegt, sieht Schleiermacher in dem Totaleindruck, der von der Person des Jesus von Nazareth und von der Urbildwirkung seines Gottesbewusstseins ausgeht. Diese offenbarungstheologischen Überlegungen sind bei Schleiermacher noch in eine subjektanalytische Religionsphilosophie eingebettet, welche Gott als im schlechthinnigen Abhängigkeitsgefühl des unmittelbaren Selbstbewusstseins mitgesetzt zu verstehen bringt. Demgegenüber will Albrecht Ritschl (1822-1889) in der zweiten Hälfte des 19. Jahrhunderts noch viel konsequenter Offenbarungstheologe sein und Metaphysik jedweder Art aus der Theologie heraushalten. Um die Jahrhundertwende und am Anfang des 20. Jahrhunderts konzentriert der Ritschl-Schüler Wilhelm Herrmann (1846-1922) Gottes Offenbarung immer enger christologisch auf den Verkehr des Einzelnen mit Gott durch das innere Leben Jesu. Der Herrmann-Schüler Karl Barth (1886-1968) führt die christologische Konzentrierung fort, nun aber nicht mehr aus dem Blickwinkel des religiösen Subjekts, sondern sozusagen aus der Perspektive Gottes selbst. Diesen Blickwinkel kann nach Barth der gläubige Mensch einnehmen, weil ihn Gott selbst durch seine Offenbarung in Jesus Christus dem Menschen eröffnet hat. Und durch das Wirken des Heiligen Geistes sorgt Gott auch selbst dafür, dass die Offenbarung des Sohnes beim Menschen Glauben findet. Gott als Offenbarer, als Offenbarung und als Offenbarsein – diese Dreiheit verweist nicht nur auf den dreieinigen Gott. Sondern der dreieinige Gott ist die Grundlage der Glaubenserkenntnis. Aus dieser Einsicht zieht Barth die Konsequenz, die Trinitätslehre schon in den Prolegomena der Dogmatik abzuhandeln.[3] Denn in den Einleitungsparagraphen hat eine Dogmatik Rechenschaft darüber abzulegen, aus welchen Grundlagen sie ihre Erkenntnisse schöpft: nach Barth aus der Offenbarung des dreieinigen Gottes selbst.
Die Rede von der Selbstoffenbarung Gottes – das heißt: Gott offenbart nicht etwas, sondern sich selbst – ist zu jener Zeit nicht neu. Schon Hegel hat diesen Begriff gebraucht, wenn er im Rahmen seiner speku-

---

[2] *Friedrich Daniel Ernst Schleiermacher,* Der christliche Glaube nach den Grundsätzen der Evangelischen Kirche im Zusammenhange dargestellt. Zweite Auflage (1830/31), in: *ders.,* Kritische Gesamtausgabe, Erste Abteilung, Schriften und Entwürfe. Teilband 1, hrsg. v. *Rolf Schäfer,* Berlin 2003, 90 (§ 10 Zusatz).
[3] *Karl Barth,* Kirchliche Dogmatik I/1 [künftig abgek. KD], München 1932, 2. Kap.

lativen Dialektik die Selbstbewegung des absoluten Geistes religionsphilosophisch rekonstruiert. Schaut man noch weiter zurück, kann man gar bei Martin Luther in der Auslegung des Credo im Großen Katechismus auf die Rede von der Selbsthingabe Gottes stoßen.[4] Doch hat solche Begrifflichkeit bei ihm noch nichts mit der modernen Begründungsproblematik theologischer Erkenntnis zu tun. In der evangelischen Theologie geht diese im 19. Jahrhundert einsetzende Entwicklung zur immer strengeren Ausrichtung auf das Offenbarungsprinzip einher mit der inhaltlichen Kennzeichnung von Offenbarung als Selbstoffenbarung, Selbsterschließung, Selbstmitteilung Gottes. Bevor die Entwicklung in der evangelischen Theologie weiter verfolgt wird, sei ein Blick zur katholischen Seite geworfen. In dieser Frage vollzieht die römisch-katholische Kirche in ihrer Theologie jene Fokussierung auf das Verständnis von Offenbarung als Selbstoffenbarung Gottes im Großen und Ganzen gesehen mit reichlichem Zeitverzug nach. Noch in der zweiten Hälfte des 19. Jahrhunderts wird in der Neuscholastik die harmonische Verhältnisbestimmung von Vernunft und Offenbarung im Sinne des thomistischen Prinzips von Natur und Gnade wiederbelebt. Das I. Vatikanische Konzil kann erklären: »[…] cum recta ratio fidei fundamenta demonstret«: »denn die rechte Vernunft beweist [›demonstriert‹ – M.P.] die Fundamente des Glaubens«.[5] Mit dem II. Vatikanischen Konzil setzt aber ein Sinneswandel ein. Aus der neu gewonnenen Sichtweise heraus wird die Entwicklung im Offenbarungsverständnis beschrieben als ein Wechsel vom instruktionstheoretischen zum kommunikationstheoretisch-partizipativen Offenbarungsbegriff. So lautet rückblickend die fachbegriffliche Einschätzung.[6] Darunter versteht man: Noch am Ausgang des 19. Jahrhunderts bis zur Mitte des 20. Jahrhunderts dominierte das Verständnis von Offenbarung als Mitteilung übernatürlicher Erkenntnisse, als Instruktion übernatürlicher Satzwahrheiten. Später setzte sich ein Verständnis

---

[4] Zum 1. Artikel: »Denn da sehen wir, wie sich der Vater uns gegeben hat sampt allen Kreaturen und aufs allerreichlichste in diesem Leben versorget, ohn daß er uns sonst auch mit unaussprechlichen, ewigen Gutern durch seinen Sohn und heiligen Geist überschüttet […]« (BSELK 650). Zum 2. Artikel: »Hie lernen wir die andere Person der Gottheit kennen, daß wir sehen, was wir über den vorigen zeitlichen Guter von Gott haben, nämlich wie er sich ganz und gar ausgeschüttet hat und nichts behalten, das er uns nicht gegeben habe« (BSELK 651). Zum 3. Artikel: »[…] durch diese Erkenntnis kriegen wir Lust und Liebe zu allen Gepoten Gottes, weil wir hie sehen, wie sich Gott ganz und gar mit allem, das er hat und vermag, uns gibt zu Hülfe und Steuer, die zehen Gepot zu halten: der Vater alle Kreaturen, Christus alle sein Werk, der heilige Geist alle seine Gaben« (BSELK 661).
[5] DH 3019.
[6] Vgl. z. B. *Max Seckler*, Der Begriff der Offenbarung, in: *Walter Kern/Hermann J. Pottmeyer/Max Seckler* (Hg.), Handbuch der Fundamentaltheologie Bd. 2, Tübingen/Basel ²2000, 41-61, bes.: 45-48.

durch von Offenbarung als Selbstmitteilung (Kommunikation) und Anteilgeben (Partizipation) Gottes. Jenen Wandel hat Peter Eicher mit einer ausführlichen und vielbeachteten Studie nachgezeichnet.[7] Inhaltlich kann die neue Sichtweise freilich sehr unterschiedliche Gestalt annehmen. Besondere Aufmerksamkeit und Breitenwirkung hat Karl Rahners (1904-1984) Unterscheidung von transzendentaler und kategorialer Offenbarung erfahren.[8] Mit dieser Differenzierung versucht er die klassische Verhältnisbestimmung von Natur und Gnade umzusprechen. Dabei ist die Begrifflichkeit vornehmlich von seiner Kant- und von seiner Heidegger-Rezeption geprägt. Mit dem Terminus der transzendentalen Offenbarung zielt Rahner darauf ab, dass der Mensch in seiner Existenz immer schon von Gott ergriffen ist (›übernatürliches Existenzial‹). Darin zeige sich, dass sich Gott in seiner Gnade dem Menschen immer schon zugewandt hat, ganz gleich ob dieser sich dessen bewusst ist und ob er sich zum Christentum bekennt oder ob er anderen oder gar keiner Religion angehört (›implizites Christentum‹[9]). Dass eine Beziehung zwischen Gott und Mensch besteht, ist also nicht durch ein Hinausgreifen menschlicher Vernunft auf Gott hin gegeben (so die alte Denkweise, vgl. die Gottesbeweise), sondern durch das Sich-selbst-Mitteilen Gottes jeder menschlichen Existenz (›transzendentale Offenbarung‹). Im Unterschied dazu handelt es sich bei der ›kategorialen Offenbarung‹ Gottes in Jesus Christus um die Offenbarung seiner Gnade im eminenten Sinne. In ihrem Licht wird deutlich, dass in dem Transzendieren, wie es jeder menschlichen Existenz eigen ist (z. B. im Fragen über sich hinaus usw.), Gottes Gnade den Menschen immer schon eingeholt hat.

Karl Rahners Ansatz stellt das prominenteste Beispiel für den Wandel im Offenbarungsverständnis katholischer Theologie dar. Daneben gibt es viele andere Wortmeldungen[10], die sich ihrerseits auch kritisch von Rahners Verständnis abgrenzen.[11]

---

[7] *Peter Eicher*, Offenbarung. Prinzip neuzeitlicher Theologie, München 1977.
[8] *Karl Rahner*, Bemerkungen zum Begriff der Offenbarung, in: *Johannes Bernard* (Hg.), Offenbarung. Phänomen – Begriff – Dimension, Leipzig 1983, 143-153; *ders.*, Grundkurs des Glaubens. Einführung in den Begriff des Christentums, Freiburg i.Br. ^{5}1989, bes. 143-177.
[9] *Karl Rahner*, Die anonymen Christen, in: *ders.*, Schriften der Theologie Bd. VI, Einsiedeln u. a. 1965, 545-554; *ders.*, Anonymes Christentum und Missionsauftrag der Kirche, in: *ders.*, Schriften zur Theologie Bd. IX, Einsiedeln u. a. 1970, 498-515.
[10] Zur Weiterentwicklung gerade im Hinblick auf das Offenbarungsverständnis im Kontext des interreligiösen Dialogs vgl. *Klaus von Stosch*, Offenbarung, Paderborn 2010.
[11] Vgl. z. B. *Hansjürgen Verweyen*, Gottes letztes Wort. Grundriß der Fundamentaltheologie, Regensburg ^{4}2002; *Thomas Fößel*, Gott – Begriff und Geheimnis. Hansjürgen Verweyens Fundamentaltheologie und die ihr inhärente Kritik an der Philosophie und Theologie Karl Rahners, Innsbruck/Wien 2004.

In der evangelischen Theologie wird mit dem Neuaufleben des Kulturprotestantismus der Versuch einer grundsätzlichen Umorientierung im Begründungsproblem der Theologie vorgenommen. Die Kritik gegenüber Karl Barth und der Wort-Gottes-Theologie im Ganzen lautet, dass Offenbarung nicht den Fundierungsrahmen für die Theologie darstellen könne. Denn eine Begründung theologischer Erkenntnis auf Offenbarung und Glaube halte die Theologie in einem subjektivistischen Zirkel gefangen. Ein solcher Standpunkt immunisiere sich mittels dogmatischer Setzung und ziehe sich zugleich auf einen Standpunkt der Kirchlichkeit zurück, der ihre Interessensbindung entlarve.
Auch Wolfhart Pannenberg stimmt in diese Kritik ein. Doch hat er seinerseits das Offenbarungsprinzip thematisiert: Offenbarung als Universalgeschichte.[12] Zwar wird deren Gesamtsinn erst am Ende der Geschichte zu überschauen sein. Dennoch ist dieser schon durch die offenbare Geschichtstat Gottes in der Auferweckung Jesu antizipatorisch erkennbar. An ihr zeige sich in der Überwindung des Todes der Sinn der Geschichte. Diesem geschichtstheologischen Offenbarungsverständnis steht die Einsicht voran: »Die Selbstoffenbarung Gottes hat sich nach den biblischen Zeugnissen nicht direkt, etwa in der Weise einer Theophanie, sondern indirekt, durch Gottes Geschichtstaten, vollzogen.«[13] Pannenberg stellt sich mit seiner Konzeption in die Reihe des theologischen Nachdenkens über das Offenbarungsverständnis als Selbstoffenbarung, aber mit dem Problembewusstsein, dass immer nur von einer indirekten Offenbarung Gottes die Rede sein kann: über die Vermittlung der Universalgeschichte.
In weiteren Konzeptionen wird die Indirektheit der Selbstoffenbarung Gottes an anderen Medien festgemacht. Bei Rudolf Bultmann und in seiner Schule rücken sprachliche Vermittlungen in den Fokus: bei Bultmann selbst das biblische Kerygma und seine Verkündigung, diese Sichtweise aufnehmend bei Ernst Fuchs, Gerhard Ebeling und auch bei Eberhard Jüngel in unterschiedlicher Schattierung die Thematisierung des Sprachgeschehens von Wort und Glaube. Auch erfahrungstheologische Überlegungen gewinnen hier Gewicht.[14]

---

[12] Vgl. *Wolfhart Pannenberg*, Dogmatische Thesen zur Lehre von der Offenbarung, in: *ders.* (Hg.), Offenbarung als Geschichte, KuD Beiheft 1961, 91-114; *ders.*, Systematische Theologie Bd. 1, Göttingen 1988, 207-281.
[13] *Wolfhart Pannenberg*, Dogmatische Thesen (s. Anm. 12), 91 (1. These).
[14] Vgl. z. B. die nahezu gleichzeitige Einsicht in die »Erfahrung mit der Erfahrung« bei *Gerhard Ebeling*, Die Klage über das Erfahrungsdefizit in der Theologie als Frage nach ihrer Sache, in: *ders.*, Wort und Glauben Bd. 3, Tübingen 1975, 3-28; *Eberhard Jüngel*, Unterwegs zur Sache. Theologische Bemerkungen, München 1972, 8; *ders.*, Gott als Geheimnis der Welt. Zur Begründung der Theologie des Gekreuzigten im Streit zwischen Theismus und Atheismus, Tübingen ^{5}1986, 40f. u.ö.

Einen erfahrungstheologischen Schub erhält die Diskussion um den Offenbarungsbegriff nachhaltig aus dem angelsächsischen Raum mit den viel beachteten Untersuchungen von Ian Ramsey[15] zur disclosure situation (Erschließungsgeschehen) als einem Erleben, das den Erfahrungszusammenhang des alltäglichen Lebens in der Weise unterbricht, dass etwas Unerwartetes und Überraschendes ins Bewusstsein tritt.[16] Mehrere Theologen im deutschsprachigen Raum greifen diesen Aspekt auf und zeigen, dass derartige Erschließungsvorgänge keineswegs nur im religiösen Erfahrungsbereich, sondern auch im Alltag eine Rolle spielen. So gehört auch der Terminus »Offenbarung« zum umgangssprachlichen Gebrauch für die Kennzeichnung von Situationen, in denen Menschen ›ein Licht aufgeht‹, ›es wie Schuppen von den Augen fällt‹. Offenbarung wird erklärt als »Erschließungsgeschehen«, in welchem sich einem Menschen »die Wirklichkeit neu und anders zeigt«.[17]

Besonders Schule macht in diesem Zusammenhang die umfangreiche phänomenologische Studie von Eilert Herms zum Offenbarungsbegriff.[18] In der Diskussion über ihre Ausführungen schält sich die Überzeugung heraus, dass zu Offenbarungen als solchen grundlegenden Erschließungserlebnissen mindestens fünf Aspekte gehören[19]: (1) Sie haben einen Autor oder Urheber. (2) Immer geht es um eine bestimmte Situation, in der etwas offenbar wird. (3) Ein solches Erschließungserlebnis hat einen Inhalt oder Gehalt, (4) und zwar für eine Person als den Empfänger der Offenbarung, (5) und es entwickelt darüber hinaus bei dem Empfänger eine Wirkung. Nach Herms' Sicht ist das Markante an diesen Erschließungsvorgängen, dass sie von den Personen passiv erlebt werden. Hier werden Gewissheiten im Menschen begründet. »Was wir als passiv für uns erschlossen erleben, das erleben wir als den unbezweifelbaren, schlechthin gültigen Grund und Gegenstand aller unserer eigenen Aktivitäten.«[20] Als Schlussfolgerung zieht er daraus die Einsicht: »Als ›Offenbarung‹ bezeichnen wir umgangs-

---

[15] Vgl. *Ian T. Ramsey*, Religious Language. An Empirical Placing of Theological Phrases, London 1957.
[16] A. a. O., 11-54.
[17] *Eilert Herms*, Offenbarung (1985), in: *ders.*, Offenbarung und Glaube. Zur Bildung des christlichen Lebens, Tübingen 1992, 168-220; hier: 176.
[18] A. a. O. Zur Diskussion um Herms' Konzept vgl. *Rainer Goltz*, Das Werden der Gewissheit. Eine Untersuchung zum protestantischen Verständnis von Offenbarung als Grund des Glaubens im Anschluss an die Theologien von Barth, Ebeling und Herms, TKH 7, Leipzig 2008.
[19] Vgl. die Rezeption der Hermsschen Überlegungen bei *Christoph Schwöbel*, Offenbarung und Erfahrung – Glaube und Lebenserfahrung. Systematisch-theologische Überlegungen zu ihrer Verhältnisbestimmung, in: MJTh Bd. III: Lebenserfahrung, Marburg 1990, 68-122; und *Wilfried Härle*, Dogmatik, Berlin ³2007, 81-89.
[20] *Eilert Herms*, Offenbarung (s. Anm. 17), 179.

sprachlich [...] das Zustandekommen des Wirklichkeitsbezuges von welthaftem Personsein, wie es sich in all denjenigen Erschließungsvorgängen vollzieht, in die sich Personen schlechthin passiv einbezogen erleben.«[21]
Wenn also Offenbarungen gar nicht nur ein religiöses Phänomen darstellen, muss sich dennoch bestimmen lassen, was religiöse Offenbarungen aus der Vielheit alltäglicher Offenbarungen heraushebt. Herms erklärt: »Wir nennen nur diejenigen passiv erlebten Erschließungsvorgänge eine religiöse Offenbarung, *deren Inhalt die alle Welt begründende und zusammenhaltende Macht ist, der alle menschliche Macht in der Welt sich verdankt.*«[22] »Aus der inhaltlichen Eigenart von religiöser Offenbarung ergeben sich zwei Konsequenzen: Zunächst ihre eigentümlich fundamentale *Wirkung*.« Sie schafft die Grundlage für »genau diejenigen Gewissheiten«, »aus denen das handlungsbestimmende Selbst- und Wirklichkeitsverständnis einer Person besteht.«[23] »Darüber hinaus ergibt sich aus dem eigentümlichen Inhalt der religiösen Offenbarung eine Konsequenz für das Verständnis ihres *Urhebers*: Es läßt sich einsehen, daß Erschließungsvorgänge *insoweit* ihre Empfänger mit Gewißheit erfüllen, als sich in ihnen ›die Sache selbst‹ zeigt. Daß *sich* aber in einem Erschließungsvorgang die Sache selbst zeigt, kann nur heißen, daß hier *Inhalt und Urheber identisch* sind. Dies vorausgesetzt, gilt also: Religiöse Offenbarung kann ihren Empfänger nur unter der Bedingung gewiß machen, dass ihm ihr Inhalt – die Ursprungsmacht – auch als ihr Urheber erscheint.«[24]
Herms versucht nachzuweisen, dass sich diese Kennzeichen religiöser Offenbarung auf unterschiedliche Religionen beziehen lassen, auf die Gestalt des Zarathustra in der persischen Religion, auf die Gestalt des Mose und eben auch auf Jesus von Nazareth im Zusammenhang der biblischen Christus-Verkündigung. Freilich sieht Herms dann das theologische Reflektieren auf die christlich verstandene Offenbarung vor die Notwendigkeit gestellt, ihren Inhalt als »allen anderen überlegen und insofern [als – M.P.] ›absolut‹« zu erweisen.[25]
Mit solcher Zielstellung steht er quer z. B. zu den pluralistischen Religionstheologien, die auch gern mit dem Offenbarungsbegriff argumentieren, aber dies in einer Weise tun, dass die unterschiedlichen Offenbarungen in den Religionen als in gleicher Gültigkeit vorgestellt werden.[26] Für die Übersicht, die mit dem ersten Teil dieses Beitrags

---

[21] A. a. O., 182.
[22] A. a. O., 180.
[23] A. a. O., 181.
[24] Ebd.
[25] A. a. O., 217.
[26] Vgl. z. B. *Perry Schmidt-Leukel*, Eine christliche und pluralistische Theologie der Religionen, Gütersloh 2005.

gegeben werden soll, ist aber die Beobachtung wichtiger, dass auch die phänomenologische Konzeption von Eilert Herms in der Traditionslinie steht, Offenbarung als Selbstoffenbarung Gottes zu begreifen. Herms erklärt weiter: Sind in der religiösen Offenbarung Urheber und Inhalt identisch, dann läuft im christlichen Offenbarungsverständnis diese Identität darauf hinaus, dass sich in dem von Jesus Christus gekennzeichneten Inhalt Gott selbst erschließen lässt.[27]
Der Abschluss des ersten Teils lenkt die Aufmerksamkeit auf Ingolf Ulrich Dalferths Theologie. Sie weist manche Berührungspunkte mit dem soeben skizzierten phänomenologischen Offenbarungsverständnis auf. Dennoch formuliert er einen grundsätzlichen semiotischen Einwand gegen diese Auffassung. »So richtig die Betonung eines unverfügbaren Ereignisses ist, das dieses Erleben auslöst, so alltagssprachlich vage und theologisch unklar ist es, das für sich genommen als ›Offenbarung‹ zu bezeichnen. Der Charakter eines ›Erschließungserlebnisses‹ in diesem Sinn eignet keineswegs nur religiösem, sondern auch ästhetischem Erleben, ja im weitesten Sinn jedem Erfahrungsakt, so dass ›Offenbarung‹ und ›Erfahrung‹ koextensiv zu werden drohen. […] Nicht das Erleben ist religiös, sondern das Erleben bzw. das Erlebte wird religiös verstanden und gedeutet. […] Und das heißt: Nicht das, was erlebt wird, ist religiös, sondern wie es verstanden und gedeutet wird. […] ›Offenbarung‹ ist damit im Entscheidenden nicht das, *was* erlebt wird, sondern, *wie* etwas erlebt wird«, und »[…] wie das, was erlebt wird, verstanden wird bzw. werden muss, damit es zu Recht ›Offenbarung‹ genannt werden kann. Das aber kann man nicht ohne Rekurs auf eine kontingente religiöse Interpretationstradition beantworten. Der Begriff ›Offenbarung‹ muss deshalb in entscheidender Hinsicht als Interpretament, nicht als Bezeichnung des Gegenstand[es] der Interpretation verstanden werden. Es ist ein Interpretament, das deutlich macht, dass in bestimmten Phänomenen *mehr* gesehen wird, als diese von sich aus zeigen: dass sie Zeichen der verborgenen Anwesenheit Gottes sind.«[28] »Die Differenz zwischen Zeichen und Bezeichnetem wird dabei nicht aufgehoben.«[29]

---

[27] Bei Herms führt diese Einsicht zu der Konsequenz: Im Erschließungsgeschehen tut sich im Menschen, also im Offenbarungsempfänger, der Inhalt als die Sache selbst auf und führt damit auch die erschließende Wirkung – die Erlösung – herbei. Die Geistwirkung ist ein inhärentes Moment der christlich verstandenen Offenbarung. Die dreieinige Gott teilt sich im Medium der geschöpflichen Welt als Grund und Autor der Schöpfung, Versöhnung und Erlösung alles Geschaffenen mit und schafft damit die Bedingung, dass Menschen in ihrem Verhältnis zu Gott, zur Welt und zu sich selbst dem vorgängigen Verhältnis Gottes zu seiner Schöpfung entsprechen können; vgl. *Christoph Schwöbel*, Offenbarung und Erfahrung (s. Anm. 19), 72.
[28] *Ingolf U. Dalferth*, Radikale Theologie, Leipzig 2010, 71f.
[29] A. a. O., 74.

Der Überblick über den Diskurs zum Offenbarungsprinzip ist bei der gegenwärtigen Diskussionslage angekommen. Die eben zitierte Kritik hat Dalferth in seinem 2010 erschienen Buch »Radikale Theologie« formuliert.[30] Allerdings kommt dieser Einwurf nicht überraschend. Er ergibt sich aus der schon häufig von ihm thematisierten semiotischen Differenz zwischen Zeichen und Bezeichnetem. Offenbarung führt also den Empfänger nicht direkt vor Gott, wie die theologische Rezeption des Husserlschen »zu den Sachen selbst« leicht missverstanden werden könnte. Auch als Selbstoffenbarung Gottes verstanden bleibt sie immer eine indirekte. Solches Angewiesensein auf Vermittlung hatte Pannenberg am Medium der Universalgeschichte thematisiert, Bultmann und seine Schüler an dem aus dem biblischen Kerygma hervorgegangenen Sprachgeschehen und Dalferth an der semiotischen Differenz. Diese Indirektheit nötigt gerade das Verstehen heraus, Klarheit darüber zu gewinnen, worin sich Gott als seine Selbstoffenbarung den Menschen erschließt.

»Offenbarung – verstehen oder erleben?« So formuliert das Tagungsthema eine Alternative. Der kurze Durchlauf durch die Diskussionsszenerie dürfte gezeigt haben, dass der Erlebnisaspekt von Offenbarung zwar zur Geltung zu bringen versucht wird, doch scheint der Mehrzahl der Wortmeldungen stärker an den Verstehensbemühungen gelegen zu sein.

II Zur hermeneutischen Diskussion

Die altprotestantische Dogmatik hatte in ihrer Schriftlehre eine Identifikation von Heiliger Schrift und göttlicher Offenbarung vorgenommen. David Hollaz schreibt: »Die göttliche Offenbarung ist in den Schriften der Propheten und Apostel enthalten und uns, die wir sie lesen, vermittelt. Daher ist das absolut erste allumfassende Prinzip der Theologie: ›Was Gott offenbart hat, das ist unfehlbar wahr.‹ Das relative und für die gegenwärtige Zeit erste Prinzip der Theologie: ›Was die heilige Schrift lehrt, das ist unfehlbar gewiß.‹«[31] Diese Sätze stammen aus seiner Dogmatik von 1725. Zu jener Zeit kommt schon

---

[30] S. Anm. 28.
[31] So übersetzt *Emanuel Hirsch*, Hilfsbuch zum Studium der Dogmatik, Berlin/Leipzig 1951, 310, *David Hollaz*, Examinis theologici acroamatici univers. Theologiam thet. Polem. Compleciontis, Rostock und Leipzig 1725, 67: »Theologia Christiana nititur principio cognoscendi certissimo, nempe revelatione divina, (a) & quidem, pro hodierno Ecclesiae statu, Revelatione divina mediata scriptis Prophetarum & Apostolorum comprehensa. (b) Unde principium Theologiae complexum absolute primum est: Quicquid Deus revelavit, infallibiliter verum est. Principium ejusdem secundum quid & pro tempore praesenti primum est: Quicquid sacra Scriptura docet, infallibilter cerum est.«

die historische Kritik in Gang, die zusammen mit naturwissenschaftlichen Erkenntnissen kritisch an die Bibel herangeht und zunehmend die Behauptung von Irrtumsfreiheit und Unfehlbarkeit biblischer Sätze in ihren geschichtsbezogenen und naturbezogenen Aussagen erschüttert.
Je mehr es aussichtslos erscheint, die Auffassung von einer verbalinspirierten Schrift zu vertreten, desto nachhaltiger wächst das hermeneutische Problembewusstsein. Steht noch im 20. Jahrhundert Karl Barth dem hermeneutischen Geschäft kritisch gegenüber, so kann er doch differenzieren: »die Bibel ist nicht selbst und an sich Gottes geschehene Offenbarung, sondern indem sie Gottes Wort wird, bezeugt sie Gottes geschehene Offenbarung und ist sie Gottes geschehene Offenbarung in der Gestalt der Bezeugung.«[32]
Anders dagegen zur gleichen Zeit Rudolf Bultmann: Das biblische Kerygma hat selber offenbarende Dignität, und zwar so, dass »das Neue Testament selbst [...] als Offenbarung gehört wird«. Mit solcher Erklärung wird die altprotestantische Identifikation von göttlicher Offenbarung und biblischem Schriftwort nicht wiederholt. Ganz im Gegenteil geht ja der Neutestamentler Bultmann mit den eigenen Forschungen zu seiner Zeit in der Ausarbeitung der Methodik historisch-kritischer Bibelexegese voran und entwickelt zugleich sein umfassendes Konzept von Entmythologisierung und existentialer Interpretation. Darüber gelangt er zu einer doppelten Einsicht. »Die erste Reihe macht deutlich: Offenbarung ist nicht Aufklärung, Wissensmitteilung, sondern ein Geschehen; die zweite Reihe macht ebenso deutlich: das Offenbarungsgeschehen ist nicht ein außerhalb unser sich vollziehender kosmischer Vorgang, von dem das Wort nur die Mitteilung brächte (so daß es nichts anderes als ein Mythos wäre). Die Offenbarung muß also ein uns unmittelbar betreffendes, an uns selbst sich vollziehendes Geschehen sein, und das Wort, das Faktum des Verkündigtwerdens, gehört selbst zu ihr. Die Predigt ist selbst Offenbarung und redet nicht nur von ihr. [...] Indem die Predigt etwas mitteilt, redet sie zugleich an; sie wendet sich an das Gewissen des Hörers, und wer sich nicht angeredet sein lässt, versteht auch das Mitgeteilte nicht.«[33]
Mit Bultmanns Ansatz und mit dem seiner Schüler, in Sonderheit Ernst Fuchs und Gerhard Ebeling, weitet sich die theologische Hermeneutik aus zur hermeneutischen Theologie. Diese Entwicklung ist eng verknüpft mit einer maßgeblich durch die Namen Martin Heidegger und Hans Georg Gadamer gekennzeichneten Ausweitung der philosophischen Hermeneutik zur Daseinsauslegung und universalen Hermeneutik. Man kann sagen: In der zweiten Hälfte des 20. Jahrhunderts befin-

---

[32] Barth, KD I/1, 114.
[33] *Rudolf Bultmann*, Der Begriff der Offenbarung im Neuen Testament, in: *ders.*, Glauben und Verstehen III, Tübingen 1960, 1-34; hier: 21-22.

det sich das hermeneutische Problembewusstsein auf einem Höhepunkt. Dann aber wandelt sich die Szenerie. Vor wenigen Jahrzehnten schien es gar so, als wäre schon das Ende der Hermeneutik eingeläutet worden.»Strukturalismus, Dekonstruktivismus, die Ideologiekritik der Frankfurter Schule (›Kritische Theorie‹) und die linguistisch angeleitete analytische Philosophie haben in den 70er Jahren gegen die bisherige Hermeneutik den Vorwurf methodischer Defizite und unaufgeklärter ideologischer Implikationen erhoben«, fasst rückblickend ein Forschungsbericht zusammen.[34] 1994 erneuerte Hans Albert aus der Perspektive des Kritischen Rationalismus seine Vorwürfe gegen die Hermeneutik[35], dass sie mit ihrem Verzicht auf logische Überprüfbarkeit ihrer Behauptungen sich gegen Kritik immunisiere und darüber ihren Wissenschaftsanspruch verliere. Von der Literaturwissenschaft herkommend veröffentlichte 1988 Jochen Hörisch kritische Essays zur Hermeneutik[36], die dann Axel Horstmann[37] als einen »Frontalangriff auf Hermeneutik und Hermeneutiker, auf ihre angebliche ›Wut des Verstehens‹ und die ›hermeneutische Geschäftigkeit‹« apostrophierte. Und auf dem Terrain der Theologie klang 1986 die Lagebeurteilung in der Theologischen Realenzyklopädie folgendermaßen: »Insgesamt ist die Bedeutung und Diskussion von Hermeneutik in der Theologie, wo sie doch einmal ihr wichtigstes Aufgabenfeld gefunden hatte, gering geworden bzw. verstummt.«[38] Hermeneutik war in der Theologie und über sie hinaus in Misskredit geraten. Ein maßgeblicher Kritikpunkt auf dem theologischen Diskursfeld bündelte sich in dem Vorwurf, dass die Konzepte theologischer Hermeneutik gar zu eng mit der Wort-Gottes-Theologie des 20. Jahrhunderts verknüpft gewesen seien. Ganz gleich welche ihrer Schulen unter Kritik gerieten, immer schien theologische Hermeneutik unter dem Verdacht der vormodernen Aneignung eines autoritativen Wortes zu stehen. In kritischer Abgrenzung dazu nahm die Theologie um Wolfhart Pannenberg – wie schon zu sehen war – eine Wendung zur Universalgeschichte. Bei Falk Wagner wurde (zumindest für lange Zeit) Hermeneutik durch spekulative Logik ersetzt. Und der oben

---

[34] *Christof Gestrich/Till Hüttenberger*, Zur Einführung: Theologie und Hermeneutik ums Jahr 2000, BThZ 16 (1999), 148-156; hier: 149.
[35] *Hans Albert*, Kritik der reinen Hermeneutik. Der Antirealismus und das Problem des Verstehens, Tübingen 1994; vgl. *ders.*, Traktat über kritische Vernunft, Tübingen 1968.
[36] *Jochen Hörisch*, Die Wut des Verstehens. Zur Kritik der Hermeneutik, Frankfurt a.M. 1988.
[37] *Axel Horstmann*, Positionen des Verstehens – Hermeneutik zwischen Wissenschaft und Lebenspraxis, in: Handbuch der Kulturwissenschaften Bd. 2, hrsg. v. *F. Jaeger/J. Straub*, Stuttgart 2004, 341-363 (Lit.), hier: 352.
[38] *Claus von Bormann*, Art. Hermeneutik I. Philosophisch-theologisch, in: TRE 15, Berlin/New York 1986, 108-137; hier: 130.

beschriebene Wechsel von der Offenbarung zur Religion als Begründungsrahmen der Theologie trat mit Distanzierungsbestrebungen zur hermeneutischen Ausrichtung der Theologie auf.
Dennoch ist es in den letzten Jahren bei solcher Abwendung von Hermeneutik nicht geblieben. An den Schulen und Strömungen, die zunächst kritisch gegen Hermeneutik aufgetreten sind, wurden doch wieder hermeneutische Intentionen sichtbar: Die Sprachanalyse angelsächsischen Zuschnitts hält in das Methodeninstrumentarium der hermeneutischen Arbeit Einzug. Die Kommunikationstheorie von Jürgen Habermas, die auch im sog. linguistic turn verwurzelt ist, tritt zwar sozialwissenschaftlich mit einer wirksamen Ideologiekritik an der Gadamerschen Hermeneutik auf, erweitert aber ihrerseits faktisch das konzeptionelle Spektrum von Hermeneutik.[39] Und in der Theologie wurde z. B. der universalgeschichtliche Ansatz der Pannenbergschen Theologie selbst als ein hermeneutisches Konzept wirksam.
Wie vielseitig die konzeptionellen Aufbrüche der letzten Jahrzehnte waren, möchte ich jetzt nur an der Nennung von Trends verdeutlichen. Um den Ruf »Zurück zum Text« scharen sich in den letzten Jahrzehnten außerhalb und innerhalb der Theologie viele unterschiedliche Entwürfe: von Ricœur bis zur Rezeptionsästhetik. Mit den Schlagworten vom iconic turn und der multimedialen Wende verbinden sich neue hermeneutische Fragestellungen und Ansätze. Das sind Entwicklungen, welche die Bultmann-Gesellschaft durch ihre Tagungen mitverfolgt hat.[40]
Des Weiteren sind in der letzten Zeit eine Fülle von Untersuchungen erschienen, die unter dem Stichwort ›Kulturhermeneutik‹ zusammengefasst werden können und die zum Teil unter diesem Begriff auch ausdrücklich thematisiert werden. Im Trend eines umfassenderen cultural turn[41] zeigt sich solches kulturhermeneutisches Interesse weit gestreut unter den Wissenschaftsdisziplinen. Es taucht unter anderem

---

[39] Für die Philosophie vgl. z. B. *Karl-Otto Apel*, Die Erklären/Verstehen-Kontroverse in transzendental-pragmatischer Sicht, Frankfurt a.M. 1979; *ders.*, Szientismus oder transzendentale Hermeneutik? Zur Frage nach dem Subjekt der Zeicheninterpretation in der Semiotik des Pragmatismus, in: *Rüdiger Bubner u. a.* (Hg.), Hermeneutik und Dialektik. Aufsätze I, Tübingen 1970, 105-144; *ders.*, Art. Hermeneutik, in: Wörterbuch der Erziehung, hg. v. *Christoph Wulf*, München/Zürich ⁶1984, 277-282; *Jürgen Habermas*, Der Universalitätsanspruch der Hermeneutik, in: *ders.* (Hg.), Hermeneutik und Ideologiekritik, Frankfurt a.M. 1971, 120-159.
[40] Vgl. z. B. *Ulrich H.J. Körtner* (Hg.), Hermeneutik und Ästhetik. Die Theologie des Wortes im multimedialen Zeitalter, Neukirchen-Vluyn 2001.
[41] Vgl. *David Chaney*, The Cultural Turn. Scene-Setting Essays on Contemporary Cultural History, London/New York 1994.

in der Ethnologie (Kulturanthropologie[42]) auf, in der Literaturwissenschaft, in der Philosophie und in den Medienwissenschaften; es reicht bis hinein in die Diskussionen um naturwissenschaftliche Forschung und technische Entwicklung und hat auch in der Theologie seine Spuren hinterlassen. Sosehr hier natürlich die Interpretation von Texten eine Rolle spielt, zeichnet sich nach meiner Beobachtung im Vergleich zur erwähnten Rückbewegung zum Text in der Kulturhermeneutik wieder eine Gegenbewegung ab: hin zur Ausweitung der hermeneutischen Fragestellung. Auf dem Gebiet der Theologie werden unter dem Begriff »Kulturhermeneutik« recht unterschiedliche Ziele verfolgt. Stellvertretend seien jetzt nur die Namen Wilhelm Gräb und Klaus Tanner genannt. Konzeptionell gehören beide in den schon mehrmals erwähnten Paradigmenwechsel von der Offenbarung zur Religion als Begründungsrahmen der Theologie. Sie sind aber zugleich Beispiele dafür, wie jenes Umdenken, das gerade in der evangelischen Theologie die Absetzbewegung von der Wort-Gottes-Theologie mit antihermeneutischen Akzenten versah, nun über den cultural turn die hermeneutischen Fragestellungen für sich entdeckt und wieder einholt.[43]

Zur Abrundung des Bildes von der Diskussionslage auf dem Feld der Hermeneutik gehört der Hinweis darauf, dass es neben allen Neuaufbrüchen auch Weiterentwicklungen gibt, welche die Anliegen der klassischen Konzepte aus dem 20. Jahrhundert bei aller Offenheit für neue Problemstellungen fortzuführen suchen. Hier ist der Ort, auch die Rudolf-Bultmann-Gesellschaft für Hermeneutische Theologie zu erwähnen. Blickt man auf die Mitglieder, die sich in ihr zusammengefunden haben, so sind hier die unterschiedlichsten Ansätze versammelt. Sie vereint aber das Anliegen, das hermeneutische Problembewusstsein der Theologie Rudolf Bultmanns und das seiner Schüler wach zu halten und in Fragen, die sich neu stellen, einzubringen.

Über die Bultmann-Gesellschaft hinaus möchte ich wieder auf Ingolf Ulrich Dalferth zurückkommen. In dem schon erwähnten Buch »Radikale Theologie« liefert er eine umfassende Darstellung der hermeneutischen Ansätze in der Philosophie und Theologie des 20. Jahrhunderts. Sich selbst stellt er in die von Fuchs, Ebeling und Jüngel markierte Traditionslinie des Denkmodells von Sprache als Wortgeschehen und prüft diese Konzeptionen; darüber hinaus führt er eine kritische Auseinandersetzung mit vielen anderen Entwürfen. Den eigenen Akzent setzt er darin, dass er für die theologische Hermeneutik einen

---

[42] Gemeint ist die empirische Kulturanthropologie amerikanischer Provenienz (cultural anthropology), die von der philosophischen Anthropologie, wie sie sich besonders in Deutschland entwickelt hat, zu unterscheiden ist.
[43] Als Überblick zu dieser Entwicklung vgl. *Matthias Petzoldt*, Kulturhermeneutik als theologische Aufgabenstellung, in: *Tobias Claudy/Michael Roth* (Hg.), Freizeit als Thema theologischer Gegenwartsdeutung, TKH 1, Leipzig 2005, 11-52.

radikalen Perspektivenwechsel einfordert. Um zu erläutern, was er damit meint, legt es sich nahe, an den oben zitierten Gedankengang anzuknüpfen. Dort hatte er für das Verständnis von Offenbarung die unumgehbare Differenz zwischen Zeichen und Bezeichnetem angemahnt. Daraus folgt für Dalferth: »Werden Phänomene als *Zeichen für Gottes Gegenwart* erlebt (gesehen, gehört, geschmeckt, gefühlt), dann geben sie *mehr* zu verstehen, als sie von sich aus zeigen. Diese andere Sicht-, Erlebens- und Verstehensweise setzt einen radikalen Standpunktwechsel voraus, ohne den es keine ›Gotteserfahrung‹ gibt. Radikal ist dieser Standpunktwechsel in zweifachem Sinn: Man sieht *mehr* in Phänomenen, wenn man sie als Zeichen für Gottes Gegenwart sieht, und das geht nur, wenn man auch *sich selbst* anders, nämlich als Ort der abwesenden Anwesenheit Gott[es] sieht. Doch *dass* man sie und sich so sieht, kann man nicht selbst bewerkstelligen, sondern ist den Glaubenden zufolge allein Gott selbst zu verdanken, zu dessen Zeichen Phänomene und zu dessen Präsenzort Menschen dadurch werden, dass Gott selbst sich verstehbar vergegenwärtigt. Nur wo Gott selbst sich durch Gott für jemanden als Gott verständlich macht, kommt es zu dem Standpunktwechsel, der Phänomene als Zeichen für Gott und Gott anhand dieser Phänomene zu verstehen erlaubt.«[44]

Dalferth weist selber darauf hin, wie sehr seine Argumentation die Denklinie Barthscher Offenbarungstheologie fortzusetzen sucht. Das zeigt sich auch darin, dass er seine Überlegungen sogleich in trinitarische Rede überführt.[45] Und ebenso gehört dazu, wie Dalferth durchgängig in diesem Buch und ebenso in anderen Veröffentlichungen aus seiner Hand auf dem Hintergrund eines Verständnisses vom radikalen Wechsel vom Unglauben zum Glauben auch nur zwischen Glauben und Unglauben unterscheiden kann.[46] Ganz im Sinne Barthscher Abwehr gegen alle anthropologische, psychologische oder sonstige Verifikation theologischer Rede erklärt Dalferth: »Die Differenz zwischen Glaube und Unglaube tritt nicht auf der Ebene der Phänomene […] in Erscheinung.«[47] Vielmehr handle es sich um eine Einschätzung aus der Perspektive des sich selbst offenbarenden Gottes. So einsichtig diese Erklärung aus soteriologischem Blickwinkel ist, insofern sich Glaube immer Gott verdankt, weil er von ihm eröffnet wurde, ist doch Glaube im menschlichen Erleben immer auch mit Unglaube, Kleinglaube, Glaubenszweifel, Nichtglaube, Glaubensstärkung, Glaubensmut, Glaubensfreiheit usw. verbunden. Wenn Dalferth schreibt: »Jeder

---

[44] *Ingolf U. Dalferth*, Radikale Theologie (s. Anm. 28), 269-270.
[45] A. a. O., 270f.
[46] A. a. O., 60-62. Vgl. z. B. auch *Ingolf U. Dalferth*, Glaubensvernunft oder Vernunftglauben? Anmerkungen zur Vernunftkritik des Glaubens, in: *Friedrich Schweitzer* (Hg.), Kommunikation über Grenzen, Veröffentlichungen der WGTh 33, Gütersloh 2009, 612-627.
[47] *Ingolf U. Dalferth*, Radikale Theologie (s. Anm. 28), 221.

lebt faktisch im Unglauben oder im Glauben«[48], dann scheint mir diese – aus einem radikalen Perspektivwechsel abgeleitete – Einschätzung doch weit weg vom erlebten Glauben zu sein. Außerdem lässt die Alternativsetzung von Glaube oder Unglaube eine kognitive Engführung im Verständnis von Glaube vermuten, sosehr Dalferth sicherlich eine solche Kritik als ein Missverständnis seines Anliegens abweisen würde. Im Endeffekt meine ich: Der beschworene radikale Perspektivenwechsel droht in eine hermeneutische Sterilität zu geraten.

An dem Überblick dürfte deutlich geworden sein, wie sehr die hermeneutische Diskussionslage der letzten Jahrzehnte von vielen unterschiedlichen Trends gekennzeichnet ist. Unter den pluralen Wortmeldungen taucht freilich oft das ästhetische Moment als ein Thema der Hermeneutik auf. Zielt man dabei darauf ab, das Erleben dem Verstehen zur Seite oder gar gegenüber zu stellen, kann das viele Gründe haben. Zum Beispiel kann sich darin eine mediale Horizonterweiterung der Hermeneutik niederschlagen, die herkömmlich vom Umgang mit Sprache und Text gekennzeichnet ist, nun aber auf das Bild, auch auf architektonische Strukturen und dann vor allem auf elektronische Medien ausgeweitet wird. Gelegentlich wird auch das Plädoyer für eine Ästhetik des Erlebens mit einer Kritik an der kognitiven Überbewertung des Verstehens verbunden. Wo solche Kritik gar mit einer Ansage vom Ende der Hermeneutik einhergeht, würde ich die aufgeregte Attitüde nicht überbewerten. Wie zu sehen war, ist schon öfter ein Ende der Hermeneutik angesagt worden. Es hat sich aber gezeigt, dass eine derartige Diagnose doch immer von einem Verstehensinteresse geleitet ist und in irgendeiner Form dann auch wieder in einen hermeneutischen Ansatz mündet.

III Offenbarung erleben und zu verstehen suchen

Wie angekündigt werde ich abschließend versuchen, in der Gemengelage der Diskussionsstränge die eigene Position unter der Problemstellung des Tagungsthemas »Offenbarung – verstehen oder erleben?« zu bestimmen. Meine Erläuterungen baue ich in zehn mehr thetisch formulierten Gedankenschritten auf.

1. Aus meiner Kritik an Dalferths Konzeption dürfte deutlich geworden sein, dass mir bei aller Einsicht in die Notwendigkeit des Verstehens zugleich an dem Moment des Erlebens liegt. Sicherlich hat dieses Interesse auch eine ästhetische Dimension. Mein Augenmerk richtet sich aber nicht auf eine Wahrnehmung von Wirklichkeit, welche durch neue Medien neben dem herkömmlichen Medium der Sprache erwei-

---

[48] A. a. O., 222.

tert ist. Vielmehr gilt meine Aufmerksamkeit weiterhin der Sprache. Mein Anliegen will ich zunächst mit einem Hinweis auf die Tradition verdeutlichen, an die ich anknüpfe. Mir geht es um das, was Bultmann mit dem schon zitierten Satz im Auge hatte: »Die Offenbarung muß also ein uns unmittelbar betreffendes, an uns selbst sich vollziehendes Geschehen sein, und das Wort, das Faktum des Verkündigtwerdens, gehört selbst zu ihr. Die Predigt ist selbst Offenbarung und redet nicht nur von ihr. [...] Indem die Predigt etwas mitteilt, redet sie zugleich an«.[49] Dass Offenbarung als das uns unmittelbar betreffende und an uns gerichtete Geschehen erlebt wird, darauf kommt es mir an. Wie kann man das zum Verstehen bringen?

2. Zunächst ein erstes kurzes erklärendes Wort zu dem hierbei angezielten Verstehen. Alle menschlichen Verstehensversuche im Umfeld von Gottes Offenbarung sind nicht in der Lage, das Geheimnis, das hierbei immer wieder zu Recht angesprochen wird, zu lüften oder zu erklären. Menschliche Verstehensversuche sind eben als menschliche – von Grund auf – überfordert, wenn sie Gottes Wirklichkeit zu erklären suchen. Ebenso entzieht es sich unserem Verstehen, warum sich Gott den Menschen zuwendet und warum er sich diesem und jenem und so auch uns zugewandt hat. Soweit aber Gott durch Offenbarung in die dem menschlichen Verstehen zugängliche Wirklichkeit eintritt, ist nun auch menschliches Verstehensbemühen auf dem Plan. Solches Verstehensbemühen kennzeichnet geradezu die Aufgabe der Theologie. Freilich ist dies – um mit Anselm von Canterbury zu reden – ein aus dem Glauben erwachsendes und auf Plausibilisierung des Glaubens gerichtetes Verstehensbemühen: »fides quaerens intellectum«.[50] Diese erste kurze Erläuterung zum Verstehen im Offenbarungsgeschehen wird weiterer Ergänzungen bedürfen.

3. Rückt nun in meinen Überlegungen das Medium Sprache in den Blick, so muss man sich im Anschluss an die Sprechakttheorie[51] klar machen, dass mit Sprache nicht nur Wirklichkeit beschrieben, sondern auch geschaffen wird. Wenn ich z. B. sage »Ich gratuliere Dir«, informiere ich eine Person nicht nur von meiner Gratulation, sondern sie geschieht mit diesem Sprechakt; und darin vollzieht sich zwischen uns

---

[49] *Rudolf Bultmann*, Der Begriff der Offenbarung im Neuen Testament (s. Anm. 33), 21-22.

[50] *Anselm von Canterbury*, Proslogion. Untersuchungen, Lateinisch-deutsche Ausgabe, Stuttgart/Bad Cannstatt ³1995, 70.

[51] Vgl. *John L. Austin*, Zur Theorie der Sprechakte (How to do things with Words), bearb. von *E. v. Savigny*, Stuttgart ²1989; *John R. Searle*, Sprechakte. Ein sprachphilosophischer Essay, Frankfurt a.M. ⁶1994; *ders.*, Ausdruck und Bedeutung. Untersuchungen zur Sprechakttheorie, Frankfurt a.M. ³1993. – Zur theologischen Rezeption der Sprechakttheorie im Kontext von Textlinguistik und Philosophie vgl. z. B. *Karin Schöpflin u. a.*, Art. Sprechakt/Sprachakttheorie, in: *Oda Wischmeyer* (Hg.), Lexikon der Bibelhermeneutik, Berlin 2009, 564-567.

beiden eine kommunikative Wirklichkeit, zu der es nicht gekommen wäre, wenn ich mir vorgenommen hätte: Dem gratuliere ich nicht. Wenn in einem feierlichen Akt eine Person in ein Amt berufen wird, dann unterrichtet der Berufungsakt nicht nur darüber, sondern er vollzieht die Berufung: Er schafft diese neue Wirklichkeit. Wenn ein Vertrag geschlossen wird, gibt der Vertrag nicht nur darüber Auskunft, sondern mit dem Vertragsabschluss gelten auch die neuen Verbindlichkeiten, die vereinbart worden sind. Wenn Partner sich gegenseitig das Ja-Wort geben, informieren sie sich nicht nur über ihre gegenseitige Absicht, sondern mit ihrem Ja wird die Ehe geschlossen. Wenn ich zu einer Person sage »Ich vergebe dir«, informiert dieser Satz nicht nur über meine Vergebungsbereitschaft, sondern zwischen uns beiden wird damit Vergebung Wirklichkeit.
Der Philosoph John L. Austin hat diese sprachlichen Äußerungen Performative genannt.[52] Und mit weiteren analytischen Differenzierungen hat er diesbezüglich die Eigenart des illokutiven Sprechaktes herausgearbeitet.[53] Sprache schafft Wirklichkeit. Das ist keine Wirklichkeit wie das Wachsen des Getreides auf dem Feld oder das Gefrieren von Wasser bei 0 Grad Celsius. Wie anfällig im Unterschied dazu die durch menschliche Kommunikation konstituierte Wirklichkeit sein kann, lässt sich schnell an dem Performativ »Ich verspreche dir« verdeutlichen. Und dennoch ist bei aller Verschiedenheit zur natürlichen Wirklichkeit auch die durch Sprache geschaffene eine Realität. Sie ist eine Wirklichkeit, die erlebt wird und die weit mehr unser Leben bestimmt als die eben genannten Beispiele aus der Natur.
Auch handelt es sich dabei keineswegs nur um Wirklichkeit, die angenehm und freudig erlebt wird. »Ich hasse dich«; solch ein Satz informiert nicht nur über die Einstellung des Sprechenden zu einer anderen Person, sondern kann auch viel Unheil anrichten. Oder ein Richterspruch verurteilt den Angeklagten zu zehn Jahren Haft. Für den Verurteilten kann dieser Satz zu einer schrecklichen Wirklichkeit werden.
Weiter hat Austin darauf aufmerksam gemacht, dass die wenigsten Performative explizit ergehen, also mit dem Gebrauch explizit performativer Verben und in der Anredeform, wie die meisten der bisherigen Beispiele es zeigten. An der Gartentür ist ein Schild angebracht mit der Aufschrift »Der Hund beißt«. Explizit – in seiner Lokution – ist dies kein Performativ, sondern ein Konstativ. Aber implizit – in seiner Illokution – bedeutet der Satz eine Warnung. Und die Perlokution besteht darin, dass der Satz mich davon abgehalten hat, durch die Gartentür zu gehen. Die meisten Performative ergehen implizit. Noch

---

[52] *John L. Austin*: Performative und konstatierende Äußerung, in: *Rüdiger Bubner* (Hg.), Sprache und Analysis. Texte zur englischen Philosophie der Gegenwart, Göttingen 1968, 40-153.
[53] *John L. Austin*, Zur Theorie der Sprechakte (s. Anm. 51).

ein Beispiel dafür: Am Abend erzählt der Vater am Bett seiner kleinen Tochter eine Geschichte und gibt ihr einen Gute-Nacht-Kuss. Da braucht der Vater gar nicht explizit den Performativ auszusprechen: »Ich hab dich lieb«. Dennoch erleben beide die Vater und Tochter umfassende Wirklichkeit des Vertrauens.

Eine letzte Information zur Analyse performativer Sprache: Austin ist der Frage nachgegangen, unter welchen Bedingungen die Performative als solche auch gelingen und glücken. Es handelt sich dabei um sehr unterschiedliche Sprechakte: etwa um wenig institutionalisierte Sprachkonventionen wie eine Gratulation, die dadurch funktioniert, dass sie von Kindesbeinen an eingeübt worden ist, und im Gegensatz dazu um hoch institutionalisierte Sprechakte wie das Richterurteil in einem Gerichtsprozess, welches nach einem festen Regelwerk zustande kommt. So unterschiedlich die Sprechakte auch sind, Austin sieht ihr Gelingen von sechs Regeln abhängig.[54] Im Moment interessieren die ersten beiden. Sie halten fest, dass die Wirklichkeit, welche die Performative schaffen, nur dann eintritt, wenn die dazu nötigen Voraussetzungen erfüllt sind; wenn die dazu kompetenten Personen vorhanden sind und das übliche konventionale Verfahren mit den dazu bestimmten Wörtern (A.1) unter passenden Umständen (A.2) ausführen; dass beispielsweise nicht der Verteidiger des Angeklagten das Urteil fällt, sondern die dazu kompetente Person: der Richter, usw.

Der Exkurs zur Sprechakttheorie soll die nachfolgenden Erläuterungen vorbereiten. Vor allem gilt es, zwei Einsichten festzuhalten. Zum einen soll deutlich werden, wie sehr unser Leben von Wirklichkeiten bestimmt und gestaltet wird, die durch sprachliche Kommunikation entstehen. Zum anderen möchte ich aufzeigen, wie grundlegend für menschliche Begegnungen die Sprache in ihrer Oralität ist. Bei der Vielfalt der durch Sprache geschaffenen Wirklichkeit kommt es mir jetzt nicht so sehr auf solche Beispiele an, wo etwa Geschäftspartner miteinander einen Kaufvertrag abschließen. Natürlich begegnen sich bei dieser Gelegenheit auch die betreffenden Personen. Aber es

---

[54] A. a. O., 37: »A.1 Es muß ein übliches konventionales Verfahren mit einem bestimmten konventionalen Ergebnis geben; zum Verfahren gehört, daß bestimmte Personen unter bestimmten Umständen bestimmte Wörter äußern.
A.2 Die betroffenen Personen und Umstände müssen im gegebenen Fall für die Berufung auf das besondere Verfahren passen, auf welches man sich beruft.
B.1 Alle Beteiligten müssen das Verfahren korrekt
B.2 und vollständig durchführen.
Γ.1 Wenn, wie oft, das Verfahren für Leute gedacht ist, die bestimmte Meinungen oder Gefühle haben, oder wenn es der Festlegung eines der Teilnehmer auf ein bestimmtes späteres Verhalten dient, dann muß, wer am Verfahren teilnimmt und sich so darauf beruft, diese Meinungen und Gefühle wirklich haben, und die Teilnehmer müssen die Absicht haben, sich so und nicht anders zu verhalten.
Γ.2 und sie müssen sich dann auch so verhalten.«

braucht gar nicht lange Zeit zu vergehen, da können sie sich nicht mehr recht erinnern, mit wem sie es bei diesem Vertrag zu tun hatten. Sie müssen dann schon nach der Unterschrift unter dem Vertrag schauen, wenn sie wissen wollen, wer das war. Solche Beispiele meine ich nicht. Sondern mir geht es vielmehr um die Begegnungen, die als lebensbestimmend erlebt werden. Und hier ist es meine Erfahrung, auf der die These aufbaut: Sprache ist vornehmlich als gesprochene elementares Medium der Begegnung.[55] Natürlich wissen wir davon, wie heutzutage über die Texte des elektronischen Chattens auch lebensbestimmende Begegnungen entstehen können; oder wie früher aus einem Briefverkehr solche Wirkungen hervorgehen konnten. Aber schauen wir genauer hin, sind der Brief von gestern und der Chat heute zerdehnte Sprechakte, die an dem Muster des mündlichen Gesprächs angelehnt sind. Und das Telefon von einst wie das elektronische Skypen heute zeigen, wie sehr wir Menschen darauf ausgerichtet sind, uns im mündlichen Wort zu begegnen.

4. Im christlichen Sinne hat Offenbarung mit dem Christus-Wirken Jesu zu tun. Zum Thema wird an dieser Stelle sein Heil-Wirken an Menschen seiner Zeit durch sein Reden, sein Handeln und Verhalten und durch sein Geschick. So vielseitig das Wirken des Jesus von Nazareth war, ist doch dabei sein Handeln durch Sprache entscheidend. Diese Feststellung zielt jedoch gar nicht so sehr darauf ab, dass Jesu sonstige Handlungen und sein Verhalten wie auch das Geschick seiner Passion einschließlich des Kreuzestodes durch Sprache erst Deutung erhalten. Vielmehr geht es um sein Sprachhandeln, durch das es zu lebensbestimmenden Begegnungen mit seinen Zeitgenossen kommt und darin Heil schafft. Menschen werden von seiner Anrede getroffen, zum Beispiel erfahren sie Vergebung, die er ihnen zusprach; oder sie werden über sein heilendes Wort gesund; oder sie werden selig durch seine Zusage der Gottesherrschaft; oder sie werden über die Begegnung mit Jesus von Nazareth an ihrem Tisch glücklich. Vieles andere ließe sich an Beispielen anfügen. Und wie sicherlich schon deutlich wurde, geht es keineswegs nur um ein Sprachhandeln Jesu in expliziten Performativen. Genauso haben wir bei den impliziten Performativen mit der heilschaffenden Wirkung zu rechnen. Denken wir an die Gleichnisse Jesu. Sie reden nicht nur von und über die Gottesherrschaft. Sondern sie sprechen den Zuhörern die Gottesherrschaft zu.

Noch folgende Anmerkung sei hinzugefügt: Dass in der angezeigten Weise die Sprechakte Jesu gelangen und Menschen aus der Begegnung mit ihm heilschaffende Wirklichkeit erlebten, ist kein Automatismus gewesen. Wir wissen, dass Jesus auch viel Ablehnung erfahren

---

[55] Vgl. *Matthias Petzoldt*, Die Theologie des Wortes im Zeitalter der neuen Medien, in: *Ulrich H.J. Körtner* (Hg.): Hermeneutik und Ästhetik (s. Anm. 40), 57-97, bes. 82-85.

hat. Andere wieder werden achtlos oder gleichgültig an ihm vorübergegangen sein. Der Sachverhalt, dass einigen das Wirken Jesu zur lebensbestimmenden Begegnung wurde und anderen dagegen nicht, kann nicht aufgeklärt werden: weder exegetisch noch sprechakttheoretisch. Aber auch grundsätzlich nicht, weil dies alle menschlichen Verstehensmöglichkeiten übersteigt.

5. Die Evangelien stellen den irdischen Jesus in seinen Sprachhandlungen als den dazu autorisierten Sprecher vor, z. B. als den Kyrios und Gottessohn. Diese Kompetenz steht für die neutestamentliche Überlieferung fest. So klar, wie seine Autorität in der Zeichnung der Evangelien aussieht, stellt dies freilich eine rückwärtige Einzeichnung dar. Das Bild der Evangelien von Jesus setzt also den Glauben an seine autorisierte Sprecherrolle voraus. Insoweit würde dann dieses Jesusbild auch mit den Austinschen Regeln zum Gelingen der Sprechakte übereinstimmen; denn diese Regeln setzen zum Gelingen der Performative die dazu kompetente Person voraus.[56] Wie aber können die Sprachhandlungen Jesu nach der Sprechakttheorie verstanden werden, wenn die A-Regeln auf die Rolle Jesu als Sprecher seiner impliziten und expliziten Performative nicht zutreffen?[57]

Diese Frage weist in geschichtlicher Hinsicht zurück auf den Entwicklungsprozess, da im Reden und Handeln des irdischen Jesus seine Kompetenz erst offensichtlich werden und sich durchsetzen musste. So offen das Problem auch ist, wieweit dazu Exegeten Aussagen machen können, stets wird man darauf stoßen, dass die Kompetenz Jesu für sein Reden und Handeln zu seinen Lebzeiten umstritten war. Die Vollmacht des irdischen Jesus stand nicht als eine Vorbedingung für das Gelingen seiner Sprechakte und Handlungen fest. In den expliziten oder impliziten Performativen wie »(Wahrlich) ich (aber) sage euch«, »Selig sind ...« und vielen anderen – mögen sie nun in dieser oder anderer Form auf den historischen Jesus zurückgehen – war die Befugnis Jesu zu solcher Rede ein Geschehen, dass sich zwischen dem Ansprechenden und den Angesprochenen im Vollzug der Sprachhandlungen erst ergab.[58] Fazit: Die Kompetenz Jesu konstituierte sich *im* Glücken der Sprechakte, d. h. *im* Vollzug der in den Sprechakten sich konstituierenden Wirklichkeit. Denen, die von seiner Anrede getroffen wurden (die die Vergebung erfuhren, welche er ihnen zusprach; die über sein heilendes Wort gesund wurden; die durch seine Zusage der

---

[56] Vgl. die A-Regeln, s. Anm. 54.
[57] Ausführlich dazu *Matthias Petzoldt*, Offenbarung – in sprechakttheoretischer Perspektive, in: *Friedhelm Krüger* (Hg.), Gottes Offenbarung in der Welt, FS Horst Georg Pöhlmann, Gütersloh 1998, 129-148.
[58] Es mag dabei sehr unterschiedlich zugegangen sein: ob die Kompetenz Jesu für seine Sprechakte den Angesprochenen im Vollzug einer oder erst im Laufe mehrerer Sprachhandlungen, im Kontext mit Taten und Verhalten Jesu, oder auch gar nicht überzeugend war.

Gottesherrschaft selig waren; die über die Begegnung mit Jesus von Nazareth an ihrem Tisch glücklich wurden), denen wurden erst dadurch die Augen für die Autorität des Sprechers dieser Sprachhandlung (Evangelium) geöffnet, denen *offenbarte* sich die Einzigartigkeit dieser Person. Nachfolgende Verstehensversuche solchen Betroffenseins deuten die erlebte Einzigartigkeit Jesu mit christologischen Hoheitstiteln bis hin zur dogmatischen Aussage von der Gottheit Jesu. Reflexionsurteile sind das, die über das Erlebte nachdenkend dieses zu verstehen suchen. Die nachvollziehend reflexive Einsicht in die spezifische Kompetenz Jesu für seine Sprachhandlungen ist eine Einsicht aus der Erschließungserfahrung des Evangeliums, des Heils dieser Sprechakte.

Machen wir uns allerdings klar: Die Sprachhandlungen Jesu konnten auch ganz anders verstanden werden, so dass sie kein Widerfahrnis der Begegnung auslösten. Seine expliziten wie impliziten Performative konnten auch missverstanden werden. Wie strittig Jesu Reden waren, scheint in den Evangelien immer wieder durch. Hier bestätigt sich auch für meine Überlegungen die Einsicht Dalferths in die Unhintergehbarkeit der semiotischen Differenz zwischen Zeichen und Bezeichnetem bei Offenbarung.

6. Faktisch ist schon davon die Rede gewesen, dass jenes Ursprungsgeschehen bereits damals bei den davon betroffenen Menschen immer auch individuelle Gestalt annahm. Die Begegnung mit ihm hat in den Menschen Vertrauen geweckt: Vertrauen – Glaube auf seiner personalen Grundebene (in der Sprachstruktur »ich glaube dir«). Offenbarung ist in dieser individuellen Hinsicht das erlebte Widerfahrnis: Jesus wird in seiner Christuswirkung zum Grund des Glaubens. In dem performativen Geschehen des Zuspruchs hat Jesus von Nazareth Heil geschaffen. Glaube auf seiner personalen Grundebene *ist* Heil – und nicht nur Glaube *an* das Heil. Es ist die Wirklichkeit des Vertrauens zwischen Jesus von Nazareth und seinen Zeitgenossen, in denen er Glauben geweckt hatte. Glaube als das Vertrauen ist auf der personalen Grundebene nicht nur eine subjektive Einstellung des Glaubenden, sondern vor allem ein Kommunikationsgeschehen und darin eine Wirklichkeit, welche die an diesem Vertrauen teilhabenden Personen umgreift.

Fragt man an dieser Stelle nach dem Verhältnis von Glauben und Wissen, so ist Wissen in dieses Vertrauen immer involviert. Das Verhältnis des Vertrauens zum Wissen spielt aber auf der personalen Grundebene des Glaubens keine maßgebliche Rolle.

Wenn der Glaube ins Nachdenken über das geweckte Vertrauen kommt, gelangt er zu Reflexionen über den Glauben, die vornehmlich in der sprachlichen Struktur von »ich glaube, dass ...« und »ich glaube an ...« Ausdruck finden. Auf den Reflexionsebenen des Glaubens kommt es zur Bildung der schon erwähnten christologischen Titel. Hier, auf den Reflexionsebenen, nimmt der Glaube mit seinen gewon-

nenen Einsichten nun allerdings Formen des Wissens an und gelangt ins Verhältnis zu sonstigem Wissen.
Noch anzumerken ist, dass sich mit den christologischen Hoheitstiteln das glaubende Verstehen bereits in nachösterlicher Zeit bewegt. Vor Ostern vollziehen sich die Einsichten der Verstehensversuche mehr in prozessualer Form, etwa in Nachfolge und in impliziter Christologie.
7. Ostern stellt vor allem darin den entscheidenden Einschnitt dar, dass sich das vorbehaltlose Anerkennungsgeschehen Jesu nach seinem Tod und trotz seines Todes fortsetzt. Diejenigen, denen einst durch die Begegnung mit Jesus die Augen für seine Christus-Bedeutung aufgingen, erleben die Osterereignisse als die Befreiung seiner lebendigen Gegenwart. Und sie tragen die Heil schaffenden Performative (in expliziter wie impliziter Form) weiter.
Die einst mit Jesus Gleichzeitigen werden nun – mit Austins Sprechakttheorie formuliert – zu den kompetenten Sprechern der heilwirkenden Sprechakte. Nunmehr sind sie es, die im Namen Jesu Christi auf die Menschen zugehen und seine vorbehaltlose Anerkennung weitertragen. In ihrem Sprachhandeln verweisen sie immer auf Christus als den, von dem letztlich die heilschaffenden Performative ausgehen. Dazu greifen sie möglichst auf Worte zurück, die als einst von ihm gesprochen gelten und als solche überliefert werden. So kommt es im nunmehr christlichen Sprachgeschehen zu immer neuen Begegnungen mit Menschen, in denen Christus-Glaube = Christusvertrauen geweckt wird und darin bleibend Christus zum Grund des Glaubens auch der Späteren wird. Es kommt zu einem Überlieferungsprozess, von dem wir wissen, dass er nicht nur ein mündlicher geblieben ist, sondern auch Textform angenommen hat. Diese Überlieferung im Ganzen – mündlich *und* schriftlich – ist nicht nur und nicht in erster Linie eine Speicherung von Wissenswertem (das ist sie freilich auch), sondern in der Hauptsache ist sie die Fortsetzung des performativen Anerkennungsgeschehens Jesu, welches nunmehr immer zugleich als Christus-Deutung ergeht. Erleben und Versuche, das Erlebte zu verstehen und zu deuten, greifen ineinander. Durch diesen Fortgang der Heil schaffenden Performative erleben Spätere – bis zu uns heute und über uns hinaus – das Widerfahrnis der Begegnung mit der Person Jesu Christi. Zur Offenbarung im christlichen Sinne gehört also auch das Sprachgeschehen, insofern dadurch Jesus Christus immer neuen Menschen zum Grund ihres Glaubens wird und das in ihnen geweckte Christus-Vertrauen befestigt.
8. Das im Sprachgebrauch der Menschheit vieldeutige Wort Gott erhält im Zusammenhang mit dem heilschaffenden Wirken Jesu Christi seinen christlichen Sinn. Im Licht der erlebten Begegnung mit seiner Person öffnet sich für die zum Christus-Glauben gekommenen Menschen der Blick für das Transzendierende seines Wirkens, welches das Menschenmögliche und Weltmögliche überschreitet. Es durchbricht und übersteigt menschliche Wirklichkeitserfahrung. Doch zugleich ist

das Transzendente in unserer immanenten Wirklichkeit verhaftet und trägt die Züge des geschichtlichen Wirkens Jesu. In diesem Transzendierenden wird eine Wirklichkeit sichtbar, die christliche Verstehensbemühungen mit dem Wort Gott zu erfassen suchen, wie es schon Jesus selbst gebraucht hatte, wenn er von Gott sprach und wenn er zu Gott sprach.

Christliches Reden von Gott erhält aus dem Zusammenhang mit dem Wirken der Person Jesu Christi seinen spezifischen christlichen Sinn. Es bringt zum einen zum Ausdruck, dass es in dem Christus-Wirken des Jesus von Nazareth Gott-Bedeutung erkennt. Zum anderen trägt es der Notwendigkeit Rechnung, dass gerade an dem Wirken Jesu deutlich wird, Gott von der Person Jesu auch zu unterschieden. Und schließlich benennt es das Zum-Glauben-Kommen und Im-Glauben-Bleiben als ein spezifisches Wirken Gottes. Das Nachdenken gelangt zu der Deutung, dass in der grundlegenden Christus-Begegnung Gott als dreieiniger dem Menschen gegenwärtig wird (»Selbstoffenbarung Gottes«).

Zu vielen weiteren Einsichten kommt das Nachdenken des Glaubens auf seinen Reflexionsebenen. Nur zwei Punkte seien noch genannt: zum einen die Gewissheit, dass Gott, insoweit er von dem Wirken Jesu Christi unterschieden werden muss, schon in der Geschichte des Volkes, dem Jesus entstammt, gewirkt hat[59]; zum anderen die Einsicht, dass der Glaubende sein Leben Gott verdankt und solche Einsicht auf den ganzen Kosmos verlängert, dass also das ganze Universum sich Gott als seinem Schöpfer verdankt, usw. usf. Immer handelt es sich um Einsichten, die der christliche Glaube im Nachdenken des Widerfahrnisses der Christusbegegnung auf seinen Reflexionsebenen gewinnt.

9. Wird im christlichen Sinne Offenbarung thematisiert, geht es um ein Geschehen, in dem und durch das Jesus Christus zum Grund des Glaubens wird. Dieses Geschehen hat eine geschichtliche Seite: das Ursprungsgeschehen und das daraus erwachsene Sprachgeschehen in dem Heil schaffenden Wirken Jesu Christi: des Jesus von Nazareth und des gegenwärtigen Christus. Und dieses Geschehen hat eine personale Seite: In und durch die Begegnung mit Jesus Christus wird in der angesprochenen Person Christusvertrauen, d. h. Glauben begrün-

---

[59] Im Licht der Gott-Bedeutung Jesu Christi kann nun sogar ein Verstehen der Heil schaffenden Performative der hebräischen Bibel für Menschen von heute möglich werden. Christliches Lesen des Alten Testaments erfolgt auf diese Weise von Jesus Christus her, nicht aber als Hineinlesen seiner Person und seines Wirkens in die hebräische Bibel. So ist es möglich, das Alte Testament zu lesen und seine Heil schaffenden Performative in den Prozess des Anerkennungsgeschehens Jesu einzubeziehen.

det. Es wird Vertrauen geweckt; und in aller seiner Angefochtenheit wird das Vertrauen immer wieder befestigt.[60]

Bleiben wir noch beim Offenbarungsgeschehen auf der personalen Seite. Hier gehören Erleben und Verstehen zusammen: das Erleben der vertrauensbildenden Begegnung und das Verstehen, dass es sich dabei um eine Begegnung mit dem Gott Jesu Christi handelt. Was diese Zusammengehörigkeit angeht, so wird keineswegs behauptet, dass Erleben und Verstehen synchron ineinandergreifen. Nicht selten hinkt das Verstehen der Begegnung hinterher, so dass erst rückblickend die Augen dafür aufgehen: Hier hatte ich es mit Christus zu tun. Es kann sich aber auch umgekehrt verhalten: In einem christlich geprägten Umfeld entsteht in einer Person ein Erwartungshorizont für Gottesbegegnungen; und was die betreffende Person erlebt, versteht sie in diesem Erwartungskontext. Ganz gleich also, wie Erleben und Verstehen im Einzelfall zusammengehen, die Notwendigkeit der Zusammengehörigkeit verweist aber noch einmal in grundsätzlicher Weise auf den Zusammenhang und zugleich auf die Differenz von Zeichen und Bezeichnetem. Wenn zu Lebzeiten Jesu Menschen seine Tischgemeinschaften erlebten, dann mussten sie das nicht automatisch als Begegnung mit Gott verstehen. Vielmehr konnte das, was sie da erlebten, auch sehr anders gedeutet und z. B. auch verunglimpft werden. Und wenn wir heute das Herrenmahl feiern, feiern wir darin seine Gegenwart im Mahl; dennoch bleibt zugleich der gegenwärtige Christus von den Zeichen der Mahlfeier unterschieden.

Im Hinblick auf das Verstehen, das notwendig zum Erleben gehört, muss gesagt werden: Das Verstehen verdankt sich Vorgaben und ist zugleich Aufgabe. Vorgabe des Verstehens ist zuallererst das Wirken Gottes selbst, das mir die Augen, Ohren sowie Verstand und Herz zum rechten Verstehen öffnet; eine maßgebliche Vorgabe ist die Überlieferung, die ja zum Sprachgeschehen selbst gehört und Deutungsvorgaben bereithält. Vorgaben sind auch die Traditionen, die Vorverständnisse für das Verstehen bereitstellen. Freilich ist nicht zu verschweigen, dass solche Traditionen dem Verstehen auch im Wege stehen können. Vorgaben können Mitmenschen sein, die meinem Verstehen auf die Sprünge helfen. Verstehen ist aber immer zugleich Aufgabe. Damit meine ich nicht eine von außen gestellte Aufgabe, sondern die im Glauben selbst angelegte Notwendigkeit, die auf der personalen Grundebene erlebte Begegnung auf den Reflexionsebenen des Glaubens nachdenkend zu verstehen. Fides quaerens intellectum. Solche Verstehensbemühungen werden freilich immer nur Verstehensversuche bleiben.

---

[60] Gegen Dalferths erfahrungsfremde Kennzeichnung der Alternative von Glaube und Unglaube.

10. Beim Thema Offenbarung sind mehrere Male die Grenzen des Verstehens in den Blick gekommen. Stoßen wir hier auf das klassische Spannungsverhältnis zwischen Offenbarung und Vernunft, welches einst in der Neuzeit der Theologie den Anstoß gegeben hatte, die Begründung für die Glaubenserkenntnis allein in der Offenbarung zu suchen? Die erwähnten Grenzmarkierungen des Verstehens von Offenbarung haben nur entfernt mit jenem Konflikt zu tun. Denn inzwischen ist ein tiefgreifender Wandel eingetreten. Die eine, allgemeine und unendliche Vernunft, wie sie über Jahrtausende hinweg ontologisch als ein den ganzen Kosmos durchwaltendes Vermögen und Prinzip unterstellt und verehrt, von der Aufklärung als alle Menschen verbindende Grundvoraussetzung für Verständigung und Fortschritt gefeiert und auf dem Höhepunkt des deutschen Idealismus verabsolutiert werden konnte, ist von einer Pluralität von Rationalitäten (Bereichs-, System-, Paradigmenrationalitäten[61], Grammatiken von Sprachspielen[62], kultureller frameworks[63] usw.) abgelöst worden.[64] Von der einen Vernunft als inhaltlicher Größe sind Standards einer Verfahrensrationalität übrig geblieben, an denen die vielen Rationalitäten, so verschieden sie auch sind, Anteil haben, so dass sie – wie z. B. an dem Satz vom ausgeschlossenen Dritten als logisches Grundprinzip – eine Basis haben, durch die eine Verständigung über alle Unterschiede hinweg möglich ist.[65]
Im Licht dieses Wandels kann nach der Grammatik des Sprachspiels Offenbarung in der Umgangssprache gesucht werden. Die phänomenologische Erklärung Eilert Herms' und anderer von Offenbarung als Erschließungsgeschehen kann analytisch als Antwortversuch auf diese Frage gelesen werden. Und das mit diesem Beitrag vorgelegte Konzept zum Verstehen des christlich-theologischen Sprachspiels Offenbarung stellt einen Versuch dar, die Rationalität christlicher Rede von Offenbarung als Erschließungsgeschehen des Widerfahrnisses der Begegnung mit Jesus als Christus aufzuzeigen. Aus solcher Perspektive kommen Offenbarung und Vernunft nicht mehr als einander konkurrierende oder komplementäre oder sich ergänzende inhaltliche Größen in Stellung. Vielmehr erweist sich die Rationalität der maßgeblich perso-

---

[61] Vgl. z. B. *Karl-Otto Apel/Matthias Kettner* (Hg.), Die eine Vernunft und die vielen Rationalitäten, Frankfurt a.M. 1996.
[62] Vgl. *Ludwig Wittgenstein*, Philosophische Untersuchungen, in: Werkausgabe Bd. 1, Frankfurt a.M. 2007.
[63] Gemeint sind kulturelle »Rahmen«, welche die moralischen Orientierungen prägen; vgl. *Charles Taylor*, Quellen des Selbst. Die Entstehung der neuzeitlichen Identität, Frankfurt a.M. (1994) ³1999, bes. Teil I, 15-204.
[64] *Matthias Petzoldt*, Art. Rationalität II. Religionsphilosophisch und III. Fundamentaltheologisch, in: RGG⁴ Bd. 7 (2004), 55-57.
[65] *Wolfgang Welsch*, Vernunft. Die zeitgenössische Vernunftkritik und das Konzept der transversalen Vernunft, Frankfurt a.M. 1995.

nal und prozessual begriffenen Offenbarung als eine reflexive Rekonstruktion des Geschehens erfolgter Begegnung im Sinne eines Verstehens des Überwundenwordenseins. Der Begriff Offenbarung kennzeichnet damit in der Tat das Begründungsprinzip theologischer Erkenntnis. Aber im Aufzeigen des Zusammenhangs, wie der christliche Glaube seinen Grund im Wirken dieser Person hat (s. 3.9.) und wie ihm daraus mittels der Reflexionen seine spezifischen Orientierungen und Erkenntnisse erwachsen, öffnet sich der Weg, die spezifische Rationalität des christlichen Sprachspiels (das sich in Frömmigkeits- und Konfessionskulturen weiter ausdifferenziert) aufzufinden.

Auch den Begegnungen unter Mitmenschen ist es eigen, dass ihr Glücken sich trotz aller Erklärungsversuche nicht restlos aufklären lässt. Wo sich Personen einander begegnen und sie dies als ›Offenbarung‹ erleben, macht es gerade die Grammatik dieser umgangssprachlichen Rede aus, dass über dem Geschehen ein Geheimnis bleibt. ›Offenbarung‹ im christlichen Sinne bezieht die Rationalität jenes Sprachspiels auf die Erklärungsbemühungen der erlebten Begegnung mit der Person Jesu als Christus. Wie alle menschlichen Verstehensversuche und Rationalitäten, so hat auch die Grammatik christlicher Rede von Offenbarung ihre Erklärungsgrenzen. Und selbst für die Standards der Verfahrensrationalität Vernunft gilt, dass sie menschliches Stückwerk bleiben.

Christoph Kähler

Sine vi humana, sed verbo?
Verantwortung und Verbindlichkeit evangelischer
Kirchenleitung[1]

I Verbindlichkeit?

Ich beginne mit einer Beratererfahrung, die ich nicht gemacht habe, die mir aber glaubwürdig berichtet worden ist.
Eine Beratergruppe wurde gleichzeitig in einer evangelischen Landeskirche und in einer katholischen Diözese tätig. Die Klarnamen der betroffenen Kirchen muss ich – aus bekannten Gründen – vorenthalten. Beide Kirchengebiete standen unter einem erheblichen Anpassungsdruck, weil Finanzen, Strukturen und verfügbares Personal nicht übereinstimmten und darum nicht mehr in bisheriger Weise weitergeführt werden konnten und durften.
In einer dieser Kirchen wurde eine Vollversammlung der hauptamtlichen Geistlichen einberufen. Sie hörten eine »Blut, Schweiß und Tränen«-Rede, die schwierige Prozesse voraussagte. Aber der Schlusssatz des leitenden Geistlichen lautete: »Zusammen schaffen wir das.« Darauf wurden in der notwendigen längeren Frist Konzept und Umsetzung beraten, beschlossen und durchgeführt. Die Schmerzen und Proteste hielten sich, so weit mir bekannt ist, in erträglichen Grenzen.
In der anderen Kirche nahm das den Auftrag gebende Gremium die gründlich erarbeiteten und mit Liebe zur eigenen Konfession (!) vorgetragenen Beratervorschläge dankend entgegen, verwies auf das nächste zu befassende Kollegium, dieses setzte wiederum einen Ausschuss ein.

---

[1] In diesem Vortrag vor der Bultmann-Gesellschaft für Hermeneutische Theologie 2011 nehme ich Überlegungen wieder auf, die ich aus aktuellem Grunde in meinem Bischofsbericht vor der Landessynode vom November 2007 »Verantwortung und Verbindlichkeit. Evangelische Entscheidungsfindung« vorgetragen habe. Er ist im Internet unter http://www.ekmd.de/attachment/aa234c91bdabf36adbf 227d333e5305b/5867dcd6eb8b1e6fcd00edaed346c71e/Bischofsbericht+HS-2007. pdf abrufbar.

»… und wenn sie nicht gestorben sind, dann geben die Verantwortlichen noch heute die Aufgabe an das nächste Gremium weiter.«
Die Beratungskosten wurden natürlich ordnungsgemäß bezahlt, ein Ergebnis der Beratungsprozesse ist nicht bekannt geworden. Tratschke pflegte zu fragen: »Wer war's?« Ich beschränke mich auf die Frage: Welche Konfession kennzeichnete den ersten Bischof? Er war katholisch.
Die Frustration, die mit den Erfahrungen der zweiten Art verbunden ist, kenne ich nur zu gut. Evangelische Kirchen stehen regelmäßig in der Gefahr, die Verantwortung so weit zu teilen und Transparenz schaffen zu wollen, dass am Ende wenig bis gar nichts herauskommt und niemand mehr erkennbar ist, der für das Scheitern notwendiger Vorhaben die Verantwortung übernimmt. Der Leidensdruck muss schon überaus groß sein, um zu vernünftigen Veränderungen zu kommen.
Allerdings sind die Beharrungskräfte vor Ort oft groß genug, dass Kirchenschließungen im großen Stil – wie in manchen katholischen Diözesen – selbst in den winzigen östlichen Kirchengemeinden nicht durchgesetzt werden können – und auch nicht müssen. Im Zweifel findet sich an dem Tag, an dem über dem ruinösen Kirchengebäude die weiße Flagge durch die Kirchenleitung aufgezogen werden soll, der Förderkreis zusammen, der trotz der geringen Zahl von weit unter 100 Gemeindegliedern das jahrhundertealte Zentrum des Dorfes erhalten will. Denn der evangelische Gemeindekirchenrat ist sehr oft die treibende und mitentscheidende Kraft für die Bewahrung der örtlichen Substanz.
Meine eigenen Leitungserfahrungen beziehen sich auf mehrere unterschiedliche synodale Mandate seit 1984, die Leitung einer kirchlichen Hochschule, einer Universität als Prorektor, einer Landeskirche und auf ihr Aufgehen in einer größeren Einheit. Dazu kommen Kammern, Kommissionen und Ausschüsse sowie Aufsichts- und Verwaltungsräte, die mehr oder weniger Einfluss auf die Geschicke großer Institutionen nahmen.
Darum reizte mich die Aufgabe, einmal wieder aus einem gewissen Abstand heraus kirchenleitende Tätigkeit theologisch zu befragen:
Was tun wir eigentlich, wenn wir als Menschen leiten – einen Wissenschaftsbetrieb, einen diakonischen Betrieb, eine Kirche? Welche Verantwortung laden wir auf uns, wenn wir die unzweifelhaft vorhandene Macht gebrauchen oder im Unverbindlich-Unklaren bleiben? Und vor allem: Was unterscheidet geistliche Leitung von der Leitung einer Universität, eines Ministeriums oder eines anderen Betriebes? Noch schärfer gefragt: Kann sich die Leitung einer Kirche von der einer anderen öffentlich-rechtlich verfassten Institution grundsätzlich unterscheiden?

II Ausgangspunkte

II.1 Artikel XXVIII der Confessio Augustana

Ein erster Antwortversuch ergibt sich mit dem Hinweis auf Artikel »Von der Bischofen Gewalt«, aus dem das Themenstichwort sine vi humana, sed verbo entnommen ist:
> »Deshalb ist das bischöfliche Amt nach göttlichem Recht, das Evangelium zu predigen, Sünde zu vergeben, Lehre zu urteilen, und die Lehre, die dem Evangelium entgegen steht, zu verwerfen, und die Gottlosen, deren gottloses Wesen offenbar ist, aus der christlichen Gemeinde auszuschließen, ohne menschliche Gewalt, sondern allein durch Gottes Wort.«

Die Herausforderung liegt auf der Hand:
Einerseits geht dieser Artikel von der Zwei-Regimenten-Lehre aus, die scharf zwischen menschlicher Regierungsgewalt mit ihren Polizeibefugnissen und der »Gewalt der Schlussel oder der Bischofen« trennt. Die überaus berechtigte Tendenz zielt darauf, die Vermischung weltlicher und geistlicher Macht und die ekklesiale Suprematie gegenüber den weltlichen Herrschern zu beenden. Wo Bischöfe eine eigene weltliche Herrschaft ausüben, wird sie zwar nicht verboten, aber auf den Kaiser als Quelle solcher Befugnisse zurückgeführt und begrifflich scharf von der Kirchenleitung getrennt. Allein von CA XXVIII her geurteilt, müsste sich Verantwortung und Verbindlichkeit in der Kirche, die auf das Evangelium hört, anders vollziehen als im weltlichen Bereich.

Doch ist im Text eine deutliche Schwäche gerade dort auszumachen, wo sich die Frage nach den Entscheidungen innerhalb der Kirchen stellt. Wie beschaffen sind denn die konkrete Instanz, das spezifische Verfahren und die weltlich-sichtbaren Folgen der negativen Lehrbewertung oder des Ausschlusses aus der christlichen Gemeinde, zumindest aber aus dem ordinierten Amt? Das evangelische Kirchenrecht hat bekanntlich einige Mühe, sich aus der Schrift zu begründen, und legt Wert darauf, sich gerade nicht aus einem gegebenen ius divinum abzuleiten.

Aber ohne klare Ordnung und Regeln, die für alle, also auch für die Kirchenleitung gelten, gäbe es nur Willkür; eine Willkür, zu der Theologen leichter neigen, weil sie gern die einzelne Person würdigen und dabei zum berechtigten Ärger der Juristen die Gleichbehandlung im nächsten und übernächsten Fall vergessen. Aber ohne Instanz, Verfahren und Sanktionen funktionieren weder Institutionen noch Organisationen dauerhaft.

An der Botschaft von der freien Gnade Gottes ist zu prüfen, ob ihr die Regeln widersprechen oder – soweit möglich – entsprechen. Eine unmittelbare Ableitung des Rechts, an das sich Kirchenleitungen um der Gleichbehandlung gleicher Fälle willen zu halten haben, aus dem Evangelium kann und wird nicht gelingen. Immerhin lassen Matthäus in Mt 18 und Paulus in I Kor 6 erkennen, dass Kirchenleitung und Kirchenzucht immer dann notwendig und unabweisbar werden, wenn Dritte zu schützen sind, es also nicht um eine reine Zweierbeziehung zwischen zwei Streitenden geht, in der Vergebungs- und Leidensbereitschaft herrschen sollen.[2]

Ich gebe dafür ein Beispiel aus meiner Praxis. Eine ordinierte Person meiner Landeskirche äußerte in einer begrenzten Öffentlichkeit grundsätzliche Zweifel an der Sinnhaftigkeit der Trinitätslehre und wollte die Credoformulierungen der Christologie auf einen – den wahren Menschen Jesus von Nazareth beschreibenden – Minimalkonsens zurückführen. Wenn diese Thesen in der Gemeinde bekannt und – natürlich auch ad personam – diskutiert worden wären, hätte es zwischen beiden Seiten, der betreffenden Person und der durchaus geprägten Gemeinde, erheblichen Streit, vor allem aber heftige Verletzungen gegeben. Eine zu veröffentlichende Entscheidung der Kirchenleitung wäre dann unvermeidbar gewesen, in der Person und Sache schwer auseinanderzuhalten gewesen wären. Da die Angemessenheit der christlichen Predigt, d. h. der ihr zugrunde liegenden Lehre, in Frage stand, musste ich diesen Menschen gemäß meiner bischöflichen Pflicht zu einem Lehrgespräch – unter vier Augen – einladen. Dieses habe ich mit der harten Frage eröffnet, ob in diesem Fall ein Lehrzuchtverfahren angestrebt werde. Als die Frage – zu meiner großen Freude! – verneint wurde, haben wir dann gemeinsam ein Vorgehen und Formulierungen verabredet, die ein solches Verfahren vermieden. Es lief letztlich auf die schriftliche Versicherung dieser Person hinaus, die inkriminierte öffentliche Äußerung sei ein rein hypothetischer Gedanke, der versuchsweise in einen bestimmten Diskurs eingebracht worden sei, aber nicht ihre Predigt und Lehre in ihrem kirchlichen Dienst bestimme. So weit war es gut gegangen. Warum?

Dieses Gespräch enthielt in längeren Passagen zwar eine fundamentaltheologische Debatte über Sinn, Zweck und Grenze altkirchlicher Bekenntnisse und ihrer heutigen Interpretation und Verwendung unter akademisch gebildeten Theologen. Es wurde darin auf gleicher Augenhöhe geführt. Rudolf Bultmanns Dringen auf Interpretation statt Auswahl und Abstrich kam zu seinem guten Recht. Aber der Nach-

---

2   Vgl. dazu *Christoph Kähler*, Kirchenleitung und Kirchenzucht nach Matthäus 18, in: *Karl Kertelge/Traugott Holtz/Claus-Peter März* (Hg.), Christus bezeugen, FS Wolfgang Trilling, Leipzig 1989, 136-145; *ders.*, Recht und Gerechtigkeit im Neuen Testament. Gemeindewirklichkeit und metaphorischer Anspruch im Matthäusevangelium, in: *Joachim Mehlhausen* (Hg.), Recht – Macht – Gerechtigkeit, VWGTh 14, Gütersloh 1998, 337-354.

druck zur Einigung resultierte doch eindeutig aus dem drohenden Lehrzuchtverfahren, das im schlimmsten Fall zur Entfernung aus dem Amt und zu entsprechenden erheblichen finanziellen Einbußen hätte führen können. Das wären übrigens im Ernstfall vergleichbare Konsequenzen gewesen, die auch im staatlichen Beamtenrecht für gravierende Verstöße gegen die gebotene Loyalität von Staatsdienern gelten.

Sine vi humana, sed verbo? Einerseits nein, denn die rechtsförmigen Instrumente der Macht lagen auf dem Tisch und haben die schnelle Einigung mit Sicherheit befördert. Andererseits ja, denn das Vier-Augen-Gespräch war zunächst ein theologisches und zugleich seelsorgerliches Gespräch, dessen Einigung dann in einem Briefwechsel seinen Niederschlag fand.

Die Weisheit dieser Bestimmung aus dem Lehrzuchtverfahren erwies sich im konkreten Fall und trug, wie es das Recht soll, zum Frieden in Gemeinde und Landeskirche bei. Denn so sehr ich eine allgemeine wissenschaftliche Auseinandersetzung um Christologie und Trinitätslehre für dringlich halte, so sehr wäre eine einzelne Gemeinde überfordert, diese selbstständig zu leisten. Auch der Persönlichkeit selbst, ihrer Familie und ihrer »gedeihlichen« Arbeit vor Ort, hätte eine solche längerfristige Auseinandersetzung erheblich geschadet, ohne die theologisch notwendigen Klärungen für mögliche interreligiöse Dialoge wesentlich voranzutreiben.

Zurück zu CA XXVIII: Christopher Spehr[3] hat kürzlich die Wandlungen dargestellt, wie sich Luther die institutionelle kirchliche Entscheidungsfindung im Laufe der Zeit vorgestellt hat. Zunächst hoffte er seit 1518 auf Veränderungen in der Kirche durch Konzilien bzw. Synoden. Dann aber äußerte er 1523 programmatisch, »dass eine christliche Versammlung oder Gemeinde Recht und Macht habe, alle Lehre zu beurteilen und Lehrer zu berufen, ein- und abzusetzen«[4]. Diese Einschätzung beruhte auf der bei Luther zunehmenden Betonung der Schrift als Grundlage für kirchenleitende Urteile und Entscheidungen, die mit ihrer Hilfe auch eine einzelne Gemeinde fällen könne. Das stellt bis heute eine der theologischen Grundlagen für die Kirchenleitung vor Ort dar, die im gegenwärtigen abgestuften System der presbyterialen, synodalen, kollegialen und episkopalen Leitung faktisch aller evangelischen Landeskirchen zu finden ist.[5] Da Konzilien bzw. Syno-

---

[3] *Christopher Spehr*, Synode als Kirchenleitung. Reformatorische Grundentscheidungen und ihre Bedeutung für die aktuelle Diskussion, Kirche und Recht 2011, 13-23. Zum Ganzen vgl. *Christopher Spehr*, Luther und das Konzil. Zur Entwicklung eines zentralen Themas in der Reformationszeit, Beiträge zur historischen Theologie 153, Tübingen 2010.
[4] WA 11, 408-415.
[5] *Hans Michael Heinig*, Geistlich leiten – aus kirchenrechtlicher Perspektive betrachtet, Kirche und Recht 2011, 1-12, referiert die Klage Siegfried Grundmanns von 1964, dass der Terminus »Kirchenleitung« so verwirrend vielfältig gebraucht

den irren können (wer wollte dem mit unseren Erfahrungen widersprechen?), stützte er sich bereits 1524 und in den folgenden Jahren auf das ursprünglich bischöfliche Instrument der Visitationen, während Synoden und Konzilien eher nur im Rahmen des Reiches als Instrument der Reformation gedacht wurden.
Die aus Juristen und Theologen zusammengesetzten Kommissionen wurden damit zu Vorläufern der späteren lutherischen Konsistorien, die das bevorzugte Instrument des Kirchenregiments unter einem landesherrlichen summus episcopus wurden. Unsere Kirchenverfassungen lassen auf den ersten Blick erkennen, dass wir das in ihnen vertretene Prinzip der kollegialen Leitung weiter für nützlich und unverzichtbar halten, weil am Kollegiumstisch der Sachverstand von Theologen, Juristen und Ökonomen gebündelt und die verschiedenen Aspekte einer Entscheidung bedacht und erstritten werden können. In den letzten Jahren hat Hans Maier, der frühere bayrische Kultusminister, mehrfach für die römische Kurie die Einführung dieses Kabinettprinzips gefordert – bisher vergeblich.[6]
Welcher Art aber sind die Entscheidungen eines Kollegiums in einem Landeskirchenamt? Sind sie geistliche »laut des Evangelii« oder weltliche?[7] Auch aus Erfahrung sage ich: Sie sind weitgehend das »Reich zur Linken« in der Kirche, gehen also mit genau denselben Machtmitteln um, die viele Organisationen/Institutionen außerhalb des staatlichen Gewaltmonopols besitzen: Finanz-, Personal- und Strukturentscheidungen, wie in jedem Rektorat oder Präsidium einer Hochschule. Persönlich gesprochen: Das Prorektorat an der Universität Leipzig war – trotz einiger vorlaufender, nützlicher Synodal- und Gemeindeerfahrungen – mein »Proseminar Leitungstätigkeit«, das mich vorzüglich auf die Leitung einer Landeskirche vorbereitete. Zugleich aber meine ich nicht, dass sich Kirche ohne theologische Fachkenntnisse leiten ließe, so wie man auch nicht die Leitung einer Universität einem reinen Manager anvertrauen möchte. Grunderfahrungen in Forschung und Lehre bzw. in Predigt und Unterricht gehören jeweils zu den Basisqualifikationen, ohne die überzeugende Kollegialität nicht gelingt.
In aller Vorläufigkeit ließen sich also solche Entscheidungen als res mixtae bezeichnen, die oft genug geistliche und weltliche Leitung in einem sind. Dabei lassen sich die persönlichen Kompetenzen allerdings auch nicht reinlich scheiden, denn in diesen Ämtern bringt jeder Theologe seine Rechtsauffassungen so ein, wie jeder Jurist seine Theo-

---

werde. Könnte es sein, dass die Vielfalt des Terminus »Kirche« eine der Ursachen dafür ist?

[6] Z. B. Bayerischer Rundfunk, 2. Programm vom 28.02.2010, zugänglich unter http://www.br-online.de/content/cms/Universalseite/2008/12/04/cumulus/BR-on line-Publikation-ab-01-2010-56624-20100226102835.pdf?_requestid=5676: Abruf vom 23.2.2011.

[7] Heinig beschäftigt sich ausführlich mit dieser Frage.

logie hat – und braucht. Sonst könnten sie nicht sachgerecht entscheiden. Synoden allerdings, wie sie im reformierten Bereich nach dem Beispiel der kommunalen Ratsverfassungen eingerichtet wurden, kennen die lutherischen und die unierten Landeskirchen erst aus dem 19. Jahrhundert.[8] Seitdem aber sind sie unverzichtbarer Bestandteil von Landeskirchen und leiten meist auch Kirchenkreise. Dafür kommen ihnen Kompetenzen zu, die trotz aller Sicherungsklauseln, dass »das Bekenntnis [...] nicht Gegenstand der Rechtsetzung«[9] sei, die Predigt und Sakramentsverwaltung unmittelbar berühren, also ebenfalls »geistlicher und rechtlicher Dienst in unaufgebbarer Einheit« sind.

II.2 Synodale Kirchenleitung

So könnte man die Frage stellen, ob womöglich die Synode das Gremium ist, das Kirche und Kirchenleitung von anderen »weltlichen« Organisationen und Institutionen zu unterscheiden erlaubt und sich als Verkörperung der »Gemeinde aus Brüdern (und Schwestern)« nach Barmen III besonders eignet. Meine eigene Auffassung ergibt sich – bei allen Irrtümern, vor denen auch Synoden nicht gefeit sind – besonders aus der Geschichte der Evangelisch-Lutherischen Landeskirche in Thüringen (ELKTh), in der es nach 1945 die Synode war, die immer wieder den Weg zurück zu dem – aus meiner heutigen Sicht – kirchlich und politisch Gebotenen einschlug. Nur ein schlichtes Beispiel dafür:
Zwischen 1994 und 1999 wies der Haushalt der ELKTh ein Defizit zwischen neun und dreizehn Millionen DM aus. Es drohte ein strukturelles Defizit von etwa 39 Millionen DM im Jahr. Hinter diesen Zahlen stehen auch inhaltliche und strukturelle Entscheidungen nach 1990, die nicht sehr gut begründet waren. Das stand der kollegialen Leitung der ELKTh vor Augen. Dennoch konnte sie sich nicht auf angemessene Beschlussvorlagen einigen. Den damit drohenden Kollaps der Landeskirche als Institution hat stattdessen im wesentlichen der Konsolidierungsausschuss der Landessynode durch ein schmerzhaftes Kürzungsprogramm erreicht, das keine Ebene der Thüringer Kirche ausließ. Der Synodalausschuss hat dabei nicht allein auf die Zahlen geschaut, sondern auch sachliche und – soweit irgend möglich – geistliche Prioritäten gesetzt. Die Verwaltungskosten der Landeskirche etwa sind damals

---

[8] Zu fragen ist in diesem Zusammenhang, ob nicht die materiellen Voraussetzungen eines bäurisch bestimmten Flächenstaates die Mitverantwortung aller Kirchenglieder eher hinderten und diejenigen eines Stadtstaates der synodalen Form eher förderlich waren.
[9] Z. B. Verfassung der EKM vom 5. Juli 2008, Artikel 4 (3).

deutlich stärker beschnitten worden als die geistliche Arbeit vor Ort in den Gemeinden.
Die IX. Synode der ELKTh hatte auf ihrer 2. Tagung im März 1997 diesen Ausschuss gebildet und fasste die wichtigsten Beschlüsse noch im September und November 1997 in Sondersynoden. Das Jahr 1998 war dann bereits das erste Jahr der Umsetzung dieser Beschlüsse und das vorletzte, in dem der Haushalt defizitär war.[10] Ohne diese »Konsolidierung« genannte harte Sanierung wäre eine gleichberechtigte Vereinigung der ELKTh und der Evangelischen Kirche der Kirchenprovinz Sachsen (EKKPS) nicht möglich geworden, wie sie ab 1. Januar 2009 in der »Evangelischen Kirche in Mitteldeutschland« (EKM) verwirklicht wurde.
Als Beispiel für die Position, die in der Synodalstruktur die spezifische Differenz einer geistlichen Leitung festmacht, sei der wichtige und nach wie vor eindrucksvolle Aufsatz von Gustav Heinemann, dem großen Demokraten und Bekennenden Christen, unter dem Titel: »Synode und Parlament« gewählt.[11] Dort vergleicht Heinemann den ihm gut bekannten Bundestag mit der ihm ebenfalls sehr vertrauten Ordnung der Rheinischen Landeskirche in ihren Übereinstimmungen und Unterschieden.
In einigen Aspekten sind Parlament und Synode natürlich gut vergleichbar. Ich denke dabei z. B. an Vorlagen und Ausschussarbeit, an Sitzungsleitung, Abstimmungsmodalitäten und Geschäftsordnungen. Das hat ja auch der letzten Volkskammer der DDR und den neuen Landtagen 1990 einen kräftigen Anschub gegeben. Was hat nicht der Vizepräsident der Volkskammer Dr. Reinhard Höppner 1990 alles leisten müssen, vormals Präses der Synode der EKKPS? Weswegen war der Pressepfarrer Dr. Gottfried Müller geeignet, erster Präsident des Thüringer Landtages nach 1989 zu werden? Wie eine Vertretungskörperschaft nach demokratischen Regeln geleitet wird und entscheidet, das hatten viele evangelische Christen in der DDR in Gemeindekirchenräten und in Synoden erprobt und gelernt. Es gab keine andere Institution, in der das möglich gewesen wäre.[12]
Auf diese Ähnlichkeiten allerdings ging Heinemann 1971 nicht ein. Er konzentrierte sich auf den mutmaßlichen Unterschied. Er setzte mit seinen Überlegungen bei der Barmer Theologischen Erklärung ein, die

---

[10] Mein eigener Dienst begann erst 2001, also nach diesem »Turnaround«.
[11] *Gustav Heinemann*, Synode und Parlament, in: Reden und Schriften, Bd. I: Allen Bürgern verpflichtet. Reden des Bundespräsidenten 1969-1974, Frankfurt a.M. 1975, 132-142.
[12] Vgl. dazu *Karl Schmitt*, Christliche Verantwortung in der Demokratie. Evangelische und katholische Abgeordnete im Thüringer Landtag, in: Kirchen und kirchliche Aufgaben in der parlamentarischen Auseinandersetzung in Thüringen vom frühen 19. bis ins ausgehende 20. Jahrhundert, Schriften zur Geschichte des Parlamentarismus in Thüringen 23, Rudolstadt 2005, 303-324.

als grundlegender Text auch in der ELKTh galt und gilt, also eine gemeinsame Ausgangsbasis für Überlegungen in der Evangelischen Kirche in Mitteldeutschland (EKM) darstellt. Dort heißt es in These III:

> »Die christliche Kirche ist die Gemeinde von Brüdern, in der Jesus Christus in Wort und Sakrament durch den Heiligen Geist als der Herr gegenwärtig handelt. Sie hat mit ihrem Glauben wie mit ihrem Gehorsam, mit ihrer Botschaft wie mit ihrer Ordnung mitten in der Welt der Sünde als die Kirche der begnadigten Sünder zu bezeugen, daß sie allein sein Eigentum ist, allein von seinem Trost und von seiner Weisung in Erwartung seiner Erscheinung lebt und leben möchte.«

Aus der Bestimmung »Gemeinde von Brüdern« gewinnt Heinemann die Schlussfolgerung:

> »Damit ist ausgesagt, daß eine evangelische Kirche keine hierarchisch gegliederte Heilsanstalt sein kann und daß erst recht keinesfalls der Staat ihr Herr ist, auch nicht der Herr ihrer Ordnungen.«[13]

Soweit hat Heinemann unbezweifelbar recht. Als Unterschiede benennt er vor allem »ein Sollen«, nämlich
(a) dass die Synode nicht Herr der Kirche ist, sondern Jesus Christus,
(b) dass das Evangelium den Ordnungen der Kirche übergeordnet ist,
(c) dass es keine Meinungs- und Redefreiheit unabhängig vom Evangelium gibt,
(d) dass es keine Machtpositionen geben dürfe, »die der brüderlichen Gleichberechtigung aller widersprechen«.
Weitere kleinere Differenzen kann ich hier vernachlässigen.[14] Aus dieser Auffassung zieht Gustav Heinemann einige bedenkenswerte Konsequenzen zu den Verfahren, die in einer Synode gelten sollen:
– »Nicht ein Kampf um Überwältigung des einen Teils durch den anderen darf in ihr stattfinden, nicht um Macht der einen über die anderen darf es in ihr gehen, vielmehr sollen ihre Mitglieder sich in

---

[13] A. a. O., 134.
[14] Ob man Glied der Kirche ausschließlich als Gemeindeglied ist (a. a. O., 138), bedarf der Debatte, in der die rechtliche Realität anderer Landeskirchen vermutlich komplexer zu erfassen wäre, als es Heinemann tut. Die Frage der Fraktionen stellt sich gleichfalls in unterschiedlichen evangelischen Synoden sehr verschieden dar (a. a. O., 138). Weiter scheint mir die Berufung von Synodalen gut vergleichbar mit dem guten Sinn von Ständeparlamenten, aber kein aus Barmen III ableitbares kirchliches proprium. Schließlich wäre über die förmliche Verpflichtung von Mandatsträgern und die Aberkennung des Mandats gerade nach den ersten Erfahrungen mit Stasi-belasteten Abgeordneten der östlichen Landtage in Deutschland neu zu debattieren. Grundsätzliche Unterschiede von Synodalen und Abgeordneten vermag ich in diesen Punkten nicht zu erkennen.

brüderlicher Beratung um Einmütigkeit der Entscheidungen bemühen [...]. Das Überstimmen von Minderheiten kann darum auf einer Synode nur ultima ratio sein.«[15]
– Da Jesus Christus Herr der Kirche sei und bleibe, könne es keine »Demokratisierung der Kirche« geben, auch wenn das eine oder andere in Neuregelungen zu bedenken sei.[16] Diese Vorschläge, wie etwa die Leitung von Gemeindekirchenräten nicht nur durch Pfarrer[17], sind übrigens heute Allgemeingut der kirchlichen Verfassungen.
– Daher brauche es auch keine Gewaltenteilung in der Kirche[18], sondern die Synode sei als Gemeinschaft der Geschwister die einzig wahre Kirchenleitung[19], die nur manche Kirchenleitungsaufgaben an häufiger tagende Gremien delegiere, aber nicht abgebe.[20]
Die Ideale teile ich. Ich bezweifle aber aus Erfahrung, dass sie sich stets umsetzen lassen. Denn Verfassungen und Gesetze sind in der Regel für den Konfliktfall gemacht und helfen im besten Fall, sich dem beschriebenen Ideal anzunähern.
Die wichtigste Begründung unserer evangelischen Kirche, mit der heute einerseits demokratische Teilhabe für jedermann und andererseits ebenso die Partizipation von Gemeindegliedern an der Leitung der Kirche gefordert wird, findet sich in den beiden Grundtexten, in denen sich die evangelischen Kirchen in Deutschland prinzipiell zur freiheitlichen Demokratie geäußert haben. Das sind die Denkschrift der EKD von 1985 »Evangelische Kirche und freiheitliche Demokratie. Der Staat des Grundgesetzes als Angebot und Aufgabe« und die Texte der »Ökumenischen Versammlung für Gerechtigkeit, Frieden und Bewahrung der Schöpfung« in der DDR 1987-1989, die im April 1989 abgeschlossen und den beteiligten christlichen Kirchen übergeben wurden.[21]
Beide Texte fragen nach der theologischen Begründung demokratischer Mitwirkungsrechte. Die Denkschrift von 1985 sagt es schnörkellos so:

> »Grundelemente des freiheitlichen demokratischen Staates sind Achtung der Würde des Menschen, Anerkennung der Freiheit und der Gleichheit. Daraus folgt das Gebot politischer und sozialer Gerechtigkeit. Der Gedanke der Menschenwürde ist inhaltlich eine Konsequenz der biblischen

---

[15] A. a. O., 140 mit Verweis auf Art. 184 Rhein. Kirchenordnung.
[16] A. a. O., 141.
[17] Ebd.
[18] A. a. O., 136.
[19] A. a. O., 138.
[20] A. a. O., 135.
[21] Inzwischen ergeben sich vertiefende Begründungen in: Christentum und politische Kultur. Eine Erklärung des Rates der EKD, EKD-Texte 63, Hannover 1997.

Lehre von der Gottebenbildlichkeit des Menschen als Geschöpf Gottes (Gen 1,27).«[22]
Etwas versteckter wirkt das gleiche Begründungsmuster in dem berühmten Text »Mehr Gerechtigkeit in der DDR – unsere Aufgabe, unsere Erwartung« von 1989[23]: Er forderte dazu auf, die Bürger der DDR nicht nur als Objekte staatlichen Handelns, sondern auch als Subjekte gesellschaftlichen Wirkens ernst zu nehmen, also Rede-, Versammlungs-, Vereinigungs- und Reisefreiheit zu gewähren. Die staatlich zu übende Toleranz fände lediglich dort ihre Grenze, wo die Menschenwürde anderer verletzt wird.[24]
Der Duktus dieser Texte der Ökumenischen Versammlung war insofern vorbildlich, als Forderungen nach außen nur mit Selbstverpflichtungen nach innen gemeinsam ausgesprochen wurden. Im Text »Mehr Gerechtigkeit in der DDR« wurden entsprechend auch die Aufgaben für Christen, Gemeinden und Kirchen skizziert, die sich bis heute wie eine »magna charta« der Beteiligung mündiger Christen sowohl in der demokratischen Willensbildung als auch an der Leitung ihrer Kirche lesen. Die Begründung für Demokratie (in der DDR) war keine andere als für die Entscheidungsbeteiligung von Christen in ihrer Kirche.
Ich bejahe die positive theologische Begründung der Demokratie wie der christlichen Mitbestimmung in kirchlichen Angelegenheiten über die Figur der Gottesebenbildlichkeit jedes Menschen ausdrücklich. Sie führt weiter als manche andere Begründung etwa durch die Vernunftbegabtheit des Menschen. Dennoch halte ich solche Begründungen wie die von Gustav Heinemann von 1971 für einseitig und ideal.
Schon die dritte Barmer These argumentiert differenzierter, als Heinemann es darstellte. Eine Gleichsetzung des Wesens des Staates mit dem ungerechten Statthalter Pilatus und der vorfindlichen Kirche mit dem sündlosen Jesus[25], wie es Heinemann am Ende seiner Ausführungen tut, ist von Barmen III und V her nicht möglich. Denn die Theologische Erklärung redet davon, dass wir »mitten in der Welt der Sünde als die Kirche der begnadigten Sünder« zu leben und unsere Angelegenheiten zu ordnen haben. Wenn auch als Begnadigte und damit hoffentlich zu neuem Leben in Zeugnis und Dienst angestiftete Menschen bleiben wir Teil »der noch nicht erlösten Welt, in der auch die Kirche steht« (Barmen V).

---

[22] Evangelische Kirche und freiheitliche Demokratie. Der Staat des Grundgesetzes als Angebot und Aufgabe. Eine Denkschrift der Evangelischen Kirche in Deutschland, Hannover 1985, 13.
[23] Ich zitiere nach: Ökumenische Versammlung für Gerechtigkeit, Frieden und Bewahrung der Schöpfung. Dresden-Magdeburg-Dresden, EKD-Texte 38, Hannover 1991.
[24] A. a. O., Text 3.9 bzw. 3 (19), 54f.
[25] Sündlosigkeit ist hier im strengen Sinn zu verstehen als die ungestörte Gottesbeziehung.

Damit sind alle Begrenzungen menschlicher Existenz in der Informationsverarbeitung, in der Toleranzfähigkeit, in der Arbeitskraft und der Einsichtsfähigkeit samt Trägheit, Feigheit und Eigensucht genau so erfasst wie die eigentliche Sünde der Gottesvergessenheit, die unter dem Etikett der Kirche besonders schwer zu erkennen ist, aber zu fehlender Menschlichkeit – auch in der Kirche – führen kann. Sie ist aber der eigentliche Grund, dessentwegen der Satz gilt: »ecclesia semper reformanda«[26], leicht paraphrasiert: »die Kirche ist immer (wieder) aus dem Wort Gottes zu erneuern.«

Nimmt man nun noch hinzu, dass nach CA VIII
> »christliche Kirche eigentlich nichts anderes ist als die Versammlung aller Gläubigen und Heiligen, jedoch in diesem Leben unter den Frommen viele falsche Christen und Heuchler, auch öffentliche Sünder bleiben«,

dann scheint eine Feststellung unausweichlich: Mit den Mitteln des Kirchenrechts, d. h. der Kirchenordnung, mit Wahlverfahren und synodalen Beratungsregeln, können wir rechten persönlichen Glauben und damit die wirklichen Christen als solche gar nicht feststellen. Ja, im ethischen Urteil und im konkreten Verhalten unterscheiden sich engagierte Christen oft genug erheblich, ohne dass in jedem Fall gesagt werden kann, was die eindeutige Christenpflicht sei.

Vieles in der kirchlichen Organisation, was hier und jetzt zu entscheiden ist, bleibt eine Frage der Zweckmäßigkeit und damit eine Ermessensfrage, die oft genug so keine biblische Begründung erfahren kann. Also bleibt die Aufgabe, genauso innerhalb der Kirche zu verwirklichen, was Barmen V zunächst als die Aufgabe des Staates beschreibt:
> »[…] nach dem Maß menschlicher Einsicht und menschlichen Vermögens unter Androhung und Ausübung von Gewalt für Recht und Frieden zu sorgen«.

Selbstverständlich gibt es klare Grenzen zwischen staatlichem und kirchlichem Handeln. Nur die wichtigste soll hier genannt werden: Die Kirche kann und darf keine physische Gewalt anwenden, sondern muss das Gewaltmonopol des Staates als gnädige Ordnung Gottes anerkennen.[27] Wohl aber übt jede Kirchenleitung bis hin zu jedem Gemeindekirchenrat durch die Vergabe und die Versagung von Geldern, durch die Wahl bzw. Ablehnung von Personen, durch die Zulassung zu Ämtern und ihre sachliche oder zeitliche Begrenzung Macht bzw. sogar strukturelle Gewalt aus und schließt andere mögliche Entscheidungen aus. Wo aber Macht ausgeübt wird, sind alle Versuchungen des Machtgebrauchs gegeben, der menschengerechtes Handeln verfehlen lässt. Dabei sind diese Fehlhaltungen und falschen Entscheidungen, üblicherweise und häufig durch die Betroffenen über Kirchen-

---

[26] Vermutlich Jodocus van Lodenstein (1620-1677).
[27] Auch dazu vgl. CA XXVIII.

ämter berichtet, nicht allein auf die oberste Kirchenverwaltung beschränkt, sondern schließen jede Ebene einschließlich der Gemeindekirchenräte ein. Mobbing kenne ich von oben und unten. Daher gilt: Macht darf kein Besitz sein, sondern soll Menschen verliehen werden. Macht sollte kontrollierbar und überprüfbar sein, ja im Notfall sogar entzogen werden können. Darum brauchen und üben wir die Gewaltenteilung selbstverständlich – zumindest, was die kirchliche Gerichtsbarkeit angeht. Ich bin froh darüber, dass sich evangelische Kirchenämter und Kirchenleitungen auf diese Weise transparent und überprüfbar halten – gerade dann, wenn über menschliche Schicksale entschieden wird. Ob man aber in einer Verfassung das Kirchenamt als Exekutive und die Synode als Legislative klar trennt oder Haupt- und Ehrenamtliche eher konziliar zur gemeinsamen Beratung und Entscheidung bittet, ob und wie man Seelsorge und Kirchenleitung tendenziell eher verknüpft oder etwas stärker aufteilt, ist eine Frage der Zweckmäßigkeit und Rollenklarheit, die aber nicht zu einer völligen Trennung dieser Grundfunktionen führen darf. Jede mögliche Kirchenverfassung bleibt missbrauchsfähig und bedarf der Fairness und Loyalität.

III Kirchenleitung umfasst auch den »weltlichen Betrieb« der Kirche

Wir haben als Christen eine kirchliche Organisation, die Aufgaben erfüllen muss, die auch in anderen »weltlichen« Bereichen zu lösen sind. Gustav Heinemann und viele andere mit ihm haben Synode und Parlament von dem Gegenüber von Staat und Kirche her interpretiert und auf die Unterscheidung beider großen Wert gelegt. Dafür hatten sie gute Gründe, weil sowohl im Nationalsozialismus wie im »real existierenden Sozialismus« die Gefahr bestand, dass der
> »Staat über seinen besonderen Auftrag hinaus die einzige und totale Ordnung des menschlichen Lebens werden und also auch die Bestimmung der Kirche erfüllen [könne]«.[28]

In ruhigeren Zeiten, als die Kirche nicht so unmittelbar durch eine »Machtergreifung« gefährdet war, sind neue Erkenntnisse erwachsen. Diese sollten die alten Sicherungen nicht überflüssig machen, aber erlauben, sie systematisch genauer zu erfassen. So stellte sich die Frage, was wir innerhalb der Kirche »nach dem Maß menschlicher Einsicht und menschlichen Vermögens«[29] ordnen können und müssen, ohne dies im Einzelnen in Bibel und Bekenntnis begründen zu können – und zu sollen, sofern es diesen Basistexten nicht widerspricht. Einer der ersten, der so fragte, ob es denn nicht auch ein »Regiment zur

---

[28] Barmen VI, Verwerfung.
[29] Barmen VI, These.

Linken in der Kirche gebe« (damit ist die Anwendung zwingenden Rechts gemeint), war 1981 der geistliche Vizepräsident der hannoverschen Landeskirche Hans Philipp Meyer.
In unseren östlichen Landeskirchen haben uns die Auseinandersetzungen um die Verstrickung von Pfarrern mit dem Ministerium für Staatssicherheit (MfS) der DDR gezeigt, dass der Weg des Rechtes genau dann richtig ist, wenn wir es mit unbußfertigen Sündern zu tun bekommen. Der Weg der Einsicht, der freiwillig übernommenen Buße und des Gnadenzuspruchs war erst und genau dann möglich, wenn Schuld eingestanden und so bereut wurde, dass ernsthafte Konsequenzen freiwillig übernommen und getragen wurden. Erzwungen werden kann dieser Gnadenzuspruch per definitionem jedoch nicht.
Selbstverständlich aber, und dafür haben sich die Juristen meiner Landeskirche in den vergangenen beiden Jahrzehnten – gerade auch im Blick auf die Stasi-Problematik – eingesetzt, muss das Recht immer auch den Schwächeren schützen. So stehen das »Regiment zur Linken« (das durchgesetzte Recht) und das Regiment zur Rechten« (die Gnade) immer auch miteinander in Verbindung. Denn – genau besehen – ist die Achtung und Durchsetzung von Recht auch eine konkrete unersetzliche Form der Nächstenliebe – etwa gegenüber den Opfern.
Nun hat Wilfried Härle vor wenigen Jahren mit Hilfe eines Modells von Eilert Herms[30] dringend geraten, die Unterscheidung der Institutionen Kirche und Staat in ihren jeweiligen Funktionen weiter und besser zu erfassen.[31] Herms wie Härle erkennen vier Grundfunktionen menschlichen Lebens und gesellschaftlichen Zusammenwirkens. Diese vier sind – kurz gesagt – Politik, Religion (bzw. Weltanschauung), Wirtschaft und Wissenschaft. Die Aufgabe der Kirchen, Religions- und Weltanschauungsgemeinschaften ist es, die »Überzeugungen, aus denen die handlungsleitenden Ziele der einzelnen und der Gesellschaft im Ganzen gewonnen werden«, zu formulieren.[32] Glaube und Weltanschauungen bieten Orientierungswissen. Die Wissenschaft im engeren Sinn stellt Handlungswissen und die Methoden und die Regeln zu seiner Erlangung zur Verfügung.[33] Politik muss »den Umgang mit Macht, Gewalt und Herrschaft regeln«. Sie sorgt somit unter anderem für einen Rechtsrahmen. Die Wirtschaft hingegen ist »für die Beschaf-

---

[30] *Eilert Herms*, Gesellschaft gestalten, Tübingen 1991 u.ö.
[31] *Wilfried Härle*, Kirche, Religion und Recht aus reformatorischer Sicht, in: *Irene Dingel/Volker Leppin/Christoph Strohm* (Hg.), Reformation und Recht, Festgabe für Gottfried Seebaß zum 65. Geburtstag, Gütersloh 2002, 210-287, hier: 282.
[32] A. a. O., 276.
[33] Dabei vernachlässige ich in diesem Zusammenhang die an sich hilfreiche Differenzierung von berechnender und verantwortender Wissenschaft, wie sie Gerhard Ebeling vorgeschlagen hatte: *Gerhard Ebeling*, Theologie und Verkündigung, HUTh 1, Tübingen ²1963, 104f.

fung und Verteilung von Waren und Dienstleistungen zuständig«.[34] Diese vier Bereiche haben jeweils ihre eigene Aufgabe im Ganzen des menschlichen Lebens. Daher können sie nicht aufeinander reduziert werden und sollen sich gegenseitig auch nicht dominieren. So weit soll es eine klare Funktionstrennung zwischen diesen vier Bereichen geben.
Aber Härle macht zu Recht darauf aufmerksam, dass alle vier Systeme miteinander verschränkt sind, weil sie nur »schwerpunktmäßig« ihre spezifische Funktion erfüllen. Neben ihrer Grundfunktion kennen sie die anderen drei als dienende Funktionen innerhalb ihres eigenen Bereiches. Jedes dieser vier Grundsysteme muss wirtschaften, hat also seine Ökonomie, muss methodisch, also wissenschaftlich, nach den eigenen Zielen fragen, diese untersuchen und Regelwissen verfügbar machen. Darüber hinaus brauchen Politik, Kirche, Wirtschaft und Wissenschaft im Innern durchsetzungsfähige Ordnungen und sollen die – für die jeweils eigene Aufgabe tragenden – Grundüberzeugungen formulieren. Lassen sie mich diesen Ansatz von Härle auf das kirchliche Leben übertragen:
Wir haben keine christliche Wirtschaftsmathematik, sondern können Versicherungen nur nach den Erkenntnissen der Versicherungswirtschaft einrichten. Finanzen müssen nach allgemein geltenden Regeln bewirtschaftet werden, die auch wegen der Verführbarkeit von Menschen gelten müssen. Es gibt keine typisch kirchliche Verwaltung mit völlig eigenen Gesetzmäßigkeiten. Sie muss sich immer wieder bemühen, möglichst sparsam und dienstleistungsbezogen zu arbeiten, steht aber ebenso wie alle Verwaltungen der Welt in der Gefahr, nach außen herzlos zu wirken. Es gibt keine anderen rechtlichen Verfahren, als sie im Laufe der Rechtsgeschichte innerhalb und außerhalb der Kirche entwickelt worden sind und sich auch in anderen Bereichen als nützlich erweisen.
Allerdings werden durch Personal- und Finanzentscheidungen inhaltliche Weichen gestellt. Die Haushaltsberatung ist die Stunde der Wahrheit für theologisch richtige Sätze. Worauf wirklich ein Schwerpunkt liegen soll, zeigt sich jeweils an der Verteilung der immer knappen Mittel. Wie eine Landeskirche im Innern, mit den politischen Instanzen und mit anderen Landeskirchen zu welchen Zwecken[35] gut oder weniger gut zusammenarbeitet, das entscheidet sich an kirchenpolitischen Zielsetzungen. Oft werden diese nach Zweckmäßigkeitsgesichtspunkten ausgewählt, aber in der Regel können sie nicht als absolut gut oder schlecht, bibelgemäß oder bekenntniswidrig gelten. Als

---

[34] A. a. O., 276.
[35] Diese Zwecke lassen sich grob in die anwaltlichen Funktionen von Kirchen für andere und in die legitime Vertretung eigener Interessen differenzieren.

Verantwortliche können wir nur je und je um den Geist Gottes und damit um die relativ bessere und sachgemäßere Einsicht bitten. Natürlich müssen wir wissen, welche Grundüberzeugungen und welche zentralen Ziele für unser menschliches Handeln in der Kirche gelten. Das tun wir gerade deswegen, weil wir wissen, dass Gottes Kirche nicht unser Werk, sondern seine uns anvertraute Gabe ist. Dieses muss theologisch sorgfältig bedacht und in den Grundbestimmungen einer Verfassung formuliert werden. Daraus schließe ich, dass die Verschiedenheit evangelischer Verfassungen, die Hans-Peter Hübner mehrfach eindrucksvoll dargestellt hat[36], weniger eine Frage des »richtigen« oder »falschen« Bekenntnisses ist, sondern vor allem eine Frage der Zweckmäßigkeit und der besseren oder schlechteren Voraussetzungen, die sie für den Dienst am Evangelium schaffen. Wichtig sind ganz schlichte Anforderungen:
Kirchen brauchen wie andere Institutionen klare Verantwortungszuschreibungen, vereinbarte Verbindlichkeiten und ausreichende Loyalität. Wir haben in der Föderation Evangelischer Kirchen in Mitteldeutschland, der Vorstufe zur EKM, gute Erfahrungen dann gemacht, wenn wir uns gemeinsam an die Regel aus Art. 9 (4) der Vorläufigen Ordnung gehalten haben:
»Die Organe der Föderation leiten diese in arbeitsteiliger Gemeinschaft und gegenseitiger Verantwortung.«
Vieles spricht dafür, den Willen einer starken Synode durch ein leistungsfähiges Kirchenamt zu verwirklichen. Das Problem aber ist, dass eine Synode nur relativ selten tagen kann. Daher ist und bleibt es wichtig, dass weitere Grundsatzentscheidungen in der Kirchenleitung, also von Kirchenältesten, von Vertretern der Hauptamtlichen und von den Menschen, denen das tägliche Geschäft der Kirchenleitung anvertraut worden ist, gemeinsam getroffen werden.
Wir hatten und haben in der EKM über das grundlegende presbyterialsynodale System unserer bisherigen Kirchen und der künftigen gemeinsamen einen Kirche keinen Streit. Ebenso waren wir uns einig, dass diese Verantwortung synodal, kollegial und personal wahrzunehmen ist. Angesichts dessen, dass die ELKTh weder einem bestimmten eher lutherischen Verfassungstyp zuzuordnen war noch auch die EKKPS einen traditionellen Typus rein verkörperte, hatten wir die Aufgabe, das in unserer Situation erkennbar Beste zu suchen und miteinander zu vereinbaren. Die gemeinsame Verfassung bildet dazu

---

[36] *Hans-Peter Hübner*, Die Föderation Evangelischer Kirchen in Mitteldeutschland. Zum Stand, dem Erreichten und den offenen Fragen der Föderation zwischen der Evangelischen Kirche der Kirchenprovinz Sachsen und der Evangelisch-Lutherischen Kirche in Thüringen, ZevKR 51 (2006), 3-48, dort 26 weiterführende Literatur.

eine gut ausgearbeitete und nach vielen Seiten hin sorgfältig bedachte und abgewogene Grundlage.

IV   Einheit von geistlicher und rechtlicher Leitung?

Hans Michael Heinig hat jüngst den Versuch gemacht, besser und differenzierter von Kirchenleitung zu sprechen und dabei in zehn Stufen eine Skala von Kirchenleitung im engeren bis zu einer im weitesten Sinn vorgetragen und möchte um der Redlichkeit unseres Redens willen neben der geistlichen von einer rechtlichen und äußeren Kirchenleitung sprechen. Ich halte sein Anliegen für wichtig, unklare Begriffe zu meiden und möglichst präzise Verantwortung zu definieren und einzelnen Organen zuzuordnen. Allerdings bezweifle ich, dass sich diese beiden Bereiche so abgrenzen lassen, sondern finde meine Erfahrungen bisher besser in dem Modell von Härle wiedergegeben, das die Einheit von geistlicher und rechtlicher Leitung in einem größeren Zusammenhang beschreibt und zugleich in ihrer Differenzierung weitere Aspekte aufnimmt.

Sine vi humana, sed verbo? Es gibt die Momente, in denen eine Synodalerklärung, eine Predigt, ein Bischofsbericht so in die Zeit hinein spricht, dass es keiner weiteren und äußeren Durchsetzung bedarf. Beispiele dafür lassen sich unschwer berichten.[37] Doch eine solche Wirkung ist mit keiner Kirchenverfassung und keiner Struktur herstellbar; missbrauchsfähig bleiben sie immer. Das Wirken des Heiligen Geistes in der Orientierung an Schrift und Bekenntnis ist letztlich unverfügbar – ubi et quando visum est Deo (CA V).

---

[37] Die Bischofsberichte von Werner Krusche gingen unter jüngeren Theologen von Hand zu Hand und haben oft genug eine wegweisende Rolle gespielt. Seine Autobiographie: *Werner Krusche*, Ich werde nie mehr Geige spielen können. Erinnerungen, Stuttgart 2007, kann gerade diese Wirkungen nicht wiedergeben und bedarf daher der Ergänzung.

Emil Angehrn

Der entgegenkommende Sinn
Offenbarung und Wahrheitsgeschehen

Im *Historischen Wörterbuch der Philosophie*, das dem Stichwort »Offenbarung« 25 Spalten widmet, bleibt die nicht-theologische Begriffsverwendung unberücksichtigt, da der »profane Sprachgebrauch zwar Voraussetzung für den biblisch-theologischen, im Ganzen aber wenig bedeutungshaltig« sei.[1] Wenn ich in den folgenden Ausführungen die Idee der Offenbarung im philosophischen Kontext zur Diskussion stelle, so geht es mir nicht darum, im Gegenzug zu dieser Feststellung den zentralen Stellenwert des Begriffs im philosophischen Diskurs aufzuweisen. Wohl aber scheint mir unstrittig, dass die mit dem Begriff artikulierte Gedankenfigur in der Philosophie eine erhebliche Bedeutung besitzt. Sie kommt in unterschiedlichen sachlichen und disziplinären Kontexten zum Tragen, in denen sie teils in gewisser Nähe zur religionsphilosophischen Fragestellung steht, teils ganz losgelöst davon thematisch wird. Bemerkenswert ist, dass sie nicht nur in der älteren Tradition bedeutsam ist, sondern auch und gerade in Diskussionen der letzten Jahrzehnte profiliert ausformuliert und in ihrer systematischen Bedeutung reflektiert worden ist. Dies möchte ich im Folgenden anhand exemplarischer Konstellationen verdeutlichen, um auf ihrer Basis die Frage nach dem systematischen Stellenwert des Offenbarungsgedankens für die Philosophie zu stellen.

I Manifestation als Seinsweise des Absoluten

Als Ausgangspunkt kann ein Denken dienen, welches das Verhältnis von Religion und Philosophie zu einem Kern der begrifflichen Explikation beider macht und dabei wesentlich auf den Begriff der Offenba-

---

[1] Historisches Wörterbuch der Philosophie, Bd. 6, hg. von Joachim Ritter und Karlfried Gründer, Basel/Stuttgart 1984, 1105.

rung rekurriert. Der spekulative Idealismus, exemplarisch die Geistesphilosophie Hegels, stellt unter diesem Titel nicht nur eine bestimmte Konvergenz zwischen der absoluten Religion und der wahren Philosophie heraus, sondern benennt mit ihm, gewissermaßen nach der Gegenseite, auch das distinktive Merkmal, welches Religion und Philosophie von der Kunst abhebt. Die entscheidende Figur, die den Übergang von der Kunst zur Religion definiert, ist die Umkehrung des bisherigen Verhältnisses des Menschen zum Absoluten, wobei diese Umkehrung nicht eine eigenständige Änderung in der Beziehungsform ist, sondern durch die Wesensbestimmung dessen, worauf sich der Mensch bezieht, bedingt ist und sich vom Absoluten her ereignet. Während in der Kunst der Mensch den Inhalt und die Gestalt des Geistes hervorbringt und der Künstler der »Meister des Gottes«[2] ist, wird die Wahrheit in der Religion »geoffenbart und zwar von Gott geoffenbart«[3]. Der Begriff der Offenbarung steht sowohl für eine neue Form der Beziehung des endlichen Bewusstseins zur Wahrheit des Geistes wie für einen ontologischen Grundzug des Geistes selbst. Dass der Geist sich mitteilt, ist nur eine Konsequenz dessen, dass er seiner wesentlichen Natur nach Selbstmanifestation ist, so dass letztlich auch dasjenige, *was* er offenbart, mit dem Akt des Sichzeigens zusammenfällt: »Was offenbart Gott eben, als dass er dies Offenbaren seiner ist?«[4] In vielen Varianten umschreibt Hegel dieses Verhältnis, in welchem die *Wesensnatur* des Absoluten als Offenbarung seiner selbst, seine *Beziehung* zum menschlichen Verstehen und der *Inhalt* seines Sichmitteilens in engster Weise ineinander verschränkt sind.

Hegel verknüpft in dieser Figur allgemeine Bestimmungen der Ontologie und Geistesphilosophie, indem er das Konzept des wahrhaften Seins gleichsam durch das des für sich seienden Geistes überformt. Im Schlussabschnitt seiner Logik beschreibt Hegel die höchste Bestimmung des Seins als absolute Idee und bezeichnet damit jene abschließende Selbstbeziehung, in der sich die Wahrheit des Seins als Prozess der Explikation durch das Ganze seiner Bestimmungen hindurch erweist. Wirkliches hat seine Wahrheit nicht in einem vorgegebenen Wesen, sondern in dessen Entfaltung und Verwirklichung; sein Begriff ist dies, sich zu realisieren. Was für das Seiende als Form der Bewegung aufgewiesen wird, wird beim Geist durch die Bestimmung des Fürsichseins überformt: Der Geist, dessen Bestimmtheit die »Manifestation« und dessen Inhalt »dieses Offenbaren selbst« ist[5], »ist nur

---

[2] *Georg Wilhelm Friedrich Hegel*, Enzyklopädie der philosophischen Wissenschaften III, in: Werke in zwanzig Bänden, Frankfurt a.M. 1969ff., Bd. 10, § 460.
[3] A. a. O., § 564.
[4] *Georg Wilhelm Friedrich Hegel*, Vorlesungen über die Philosophie der Religion II, in: Werke in zwanzig Bänden, a. a. O., Bd. 17, 194; vgl. 534.
[5] Enzyklopädie III (s. Anm. 2), § 383.

Geist, insofern er *für* den Geist ist«⁶. Die formale Selbstbeziehung der Idee wird zur subjektiven Beziehung vertieft, in welcher das Für-sich-Sein und das Für-andere-Sein des Geistes sich verbinden und letztlich das endliche Bewusstsein, dem der Geist sich offenbart, darin nicht einem Fremden, sondern der Wahrheit des eigensten Selbst begegnet.⁷ Die von Hegel gezeichnete Konstellation, die gleichzeitig den innersten Kern wie das umfassende Ganze des Wahrheitsgeschehens vor Augen stellt, artikuliert in dieser Verschränkung dreier Ideen – der Selbstmanifestation als Bestimmung des höchsten Seienden, seinem Sichoffenbaren für den Menschen und dem Inhalt seines Offenbarens – gewissermaßen die paradigmatische, dichteste Bestimmung des Begriffs der Offenbarung. Es bleibt zu sehen, wieweit der Begriff in anderen Kontexten und im Horizont anderer Theorien für eine analoge Struktur steht. Die Frage ist, wieweit die Verschränkung zwischen Wesensbestimmung, Sichmitteilen und Geoffenbartem sich in anderen Figuren in gleicher Weise erhält – oder Offenbarung darin anders akzentuiert wird, hinter jenem Idealtypus zurückbleibt oder weitere Aspekte zur Geltung bringt.

II Natur und Leben als das aus sich Kommende und sich Entfaltende

Als Erstes ist festzuhalten, dass dasjenige, was Hegel als Wesenszug des wahrhaft Seienden hervorhebt, einem Merkmal des Natürlichen entspricht, wie es seit der antiken Philosophie beschrieben worden ist. Das von Natur Seiende – im Gegensatz zu dem vom Menschen Hervorgebrachten, dem Artefakt – ist nach der aristotelischen Physik dasjenige, was eine Ursache der Bewegung in sich selbst hat. In grundsätzlicherer Weise wird es in anderen Konzepten als dasjenige gefasst, was seine Wesensbestimmung in sich hat, was sich aus sich heraus entwickelt, sich öffnet und sich zur Erscheinung bringt. Heidegger hat das Heraklit-Fragment »Die Natur liebt es, sich zu verbergen«⁸ dahingehend interpretiert, dass es die Tendenz zur Verbergung einem zuspricht, dessen primärer Wesenszug im Aufgehen und Offenbaren besteht – analog zur inneren Spannung und zweifachen Verneinung, die der griechische Wahrheitsbegriff (*aletheia*, Unverborgenheit) als

---

⁶ A. a. O., § 564.
⁷ *Georg Wilhelm Friedrich Hegel*, Vorlesungen über die Philosophie der Religion I, in: Werke in zwanzig Bänden (s. Anm. 4), Bd. 16, 160.
⁸ Fragment B123.

Abwehr eines Verdeckens und Sich-Entziehens zum Ausdruck bringt.[9] Gerade in der Vorsokratik, welche die Natur noch nicht als Objekt vergegenständlicht, sieht Heidegger das Zeugnis eines ursprünglichen Naturdenkens, welches die *physis* als den Seinsgrund denkt, von dem her Dinge und Lebewesen sich zeigen und »als ›Seiendes‹ nennbar sind«.[10] Natur ist die Welt des Entstehens und Vergehens, der ursprünglichen Bewegtheit, in welcher zugleich die Phänomenalität der Dinge gründet. In der klassischen Naturontologie fungiert das Lebewesen als Paradigma der Substanz, des durch seine Essenz bestimmten Seienden, dessen Existenz nichts anderes als die Verwirklichung seiner Wesensform ist. Wenn klassische Naturmetaphysik durch die teleologische Auffassung des Natürlichen charakterisiert ist, so geht es hier nicht um irgendeine Funktionalität oder Zweckgerichtetheit, durch welche sich der Organismus vom Mechanismus unterscheidet. In Frage steht vielmehr eine Seinsteleologie, die Seiendes in seinem Wesen und seiner Existenz betrifft. Die Seinsform des Lebewesens liegt in jener ›entelechetischen‹ Bewegtheit, deren Telos die Verwirklichung des Lebendigen selbst ist. Wichtig ist nun, dass sich mit dieser selbstbezüglichen Prozessualität in bedeutenden Konzepten auch die Vorstellung des Ausdrucks, des Sichzeigens und Sichoffenbarens verbindet. Sie kommt exemplarisch in Konzepten des menschlichen Lebens, aber auch in der Verweisung von Natur und Kunst zum Tragen.

Den Zusammenhang von Leben, Ausdruck und Verstehen macht Wilhelm Dilthey zum strukturellen Kern in der Auffassung menschlichen Lebens. Leben geht aus sich heraus, gibt sich objektive Gestalt in seiner Äußerung, in welcher es sich sowohl realisiert wie sich zu erkennen gibt und sich über sich selbst verständigt; die ›Objektivationen des Lebens‹ sind die geschichtlich-kulturellen Gestalten – Institutionen, Werke, Geschichten –, in deren Medium menschliches Leben stattfindet.[11] Menschliches Selbstsein, als Selbstverwirklichung und Selbsterkenntnis zugleich, vollzieht sich über diese zweifache Bewegung der Äußerung und Vermittlung mit sich selbst; nicht im In-sich-Bleiben, sondern in der Vermittlung über das Andere wird das Leben für sich selbst, sich erkennbar und eins mit sich selber. Gleichzeitig öffnet es sich darin für anderes Leben, tritt es in Kommunikation mit ihm und wird für anderes erkennbar. Kultur- und Geisteswissenschaften haben mit Objekten der menschlichen Welt zu tun, die sie nicht als

---

[9] *Martin Heidegger*, »Vom Wesen und Begriff der Physis«, in: Wegmarken, Frankfurt a.M. 1967, 309-371 (370f.); *ders.*, Heraklit, GA 55, Frankfurt a.M. 1979, 85ff.
[10] *Martin Heidegger*, Heraklit, a. a. O., 88.
[11] *Wilhelm Dilthey*, Der Aufbau der geschichtlichen Welt in den Geisteswissenschaften, hg. von Manfred Riedel, Frankfurt a.M. 1970, 235ff.

bloße Produkte menschlicher Hervorbringung, sondern zugleich als Ausdrucksformen des Lebens erfassen und darauf hin deuten, wie der Mensch in ihnen sein Verständnis der Welt und seiner selbst artikuliert und anderen zu verstehen gibt.
Doch nicht nur menschliches Leben, sondern die lebendige Natur überhaupt erscheint im Zeichen des Sichoffenbarens. Nicht zuletzt wird der Gedanke dort fassbar, wo Natur in ihrer Verwandtschaft mit der Kunst in den Blick kommt. In seiner *Physik* formuliert Aristoteles den berühmten Satz, dass die Kunst die Natur nachahme (wobei *techne* das menschliche Hervorbringen überhaupt, nicht nur die schöne Kunst bezeichnet).[12] Er ist zu einem Leitsatz der Kunstphilosophie geworden, wobei die naive Lesart, die ihn als Maxime einer möglichst naturgetreuen Abbildung der Formen der Natur interpretiert, klarerweise nicht das von Aristoteles Gemeinte trifft. Dieses zielt nicht auf die fertige Gestalt, sondern auf den Prozess der Gestaltung, nicht auf das Produkt, sondern auf die Art und Weise seines Produziertwerdens: Kunst, so die These, soll in gleicher Weise vorgehen wie die Natur, indem sie deren Zweckgerichtetheit nachahmt und nach derselben Logik einer Verbindung von Mittel und Zweck operiert, so dass nicht die *natura naturata*, sondern die *natura naturans* zur Richtschnur des Bildens wird. In dieser Perspektive ist es dann möglich, die Analogie auch von der Gegenseite, als Kunstähnlichkeit des natürlichen Produzierens zu lesen, an welches die künstlerische Schöpfung anschließt und das sie gleichsam spiegelt. Wie Natur als »bewusstlose Poesie«[13] tätig ist, so wirkt die Kunst als selbstbewusste Natur. Die Offenbarungspotenz, die der Kunst zukommt, verdankt sie der Partizipation an einem Ursprungsgeschehen, das ihr vorausliegt, sie umgreift und in ihr zur eigenen Vollendung kommt.
So finden wir im naturphilosophischen Kontext eine Reformulierung des Offenbarungsgedankens, welche namentlich die erste der drei genannten Bestimmungen, die Idee der Selbstmanifestation als Seinsverfassung des Seienden, zum Tragen bringt. Natürlich Seiendes *ist* im Modus seiner Äußerung und Selbstentfaltung. Von den beiden anderen Merkmalen, dem Sichmitteilen an andere und der Offenbarung als Inhalt des Mitgeteilten, kommt zumal das erste implizit zur Sprache, sofern Natur in ihrer Kunstaffinität thematisch ist. Im Maße seiner Entfaltung wird das Lebendige auch als das Sichöffnende und Zur-Erscheinung-Kommende erfahren. Das Innere tritt nach Außen, es gelangt in die Sichtbarkeit, es lässt dasjenige, was sich in seiner Entfaltung verwirklicht, erkennbar werden. Es ist im Einzelnen eine Frage

---

[12] *Aristoteles*, Physik, 199a15-17.
[13] *Friedrich Wilhelm Joseph Schelling*, System des transzendentalen Idealismus (1800), in: Sämtliche Werke Abt. I, Bd. 3, Stuttgart/Augsburg 1857, 327-634 (hier 349).

der Naturwahrnehmung – und nach Stufen des Natürlichen zu differenzieren –, wieweit wir diesen Prozess als ein Sich-selbst-Darstellen und Sich-zu-verstehen-Geben auffassen oder im Erkennbarsein des Lebendigen gleichsam nur eine Folge seiner gegenständlichen Selbstentfaltung für ein wahrnehmendes Subjekt sehen. Es scheint naheliegend, in höheren Formen natürlicher Gestaltung etwas wie eine Intention des Sichdarstellens auszumachen, dies nicht nur dort, wo dieses Darstellen selber vitale Funktionen (etwa der Interaktion und Kommunikation) erfüllt, sondern prägnanter noch im Zusammenhang der Naturschönheit, die sich von vornherein in der Sphäre des Erscheinens situiert. Wie Kant gezeigt hat, handelt es sich bei ihr um eine Qualität, die nicht rein ästhetisch, mit Bezug auf die wahrnehmbare Gestalt definierbar ist, sondern ontologische Annahmen über den Gegenstand, und zwar als integratives Moment des ästhetischen Erlebens und des Interesses, das wir an ihm nehmen, einschließt.[14] Wenn sich die Blumen als künstlich, der Gesang der Nachtigall als nachgeahmt herausstellen, verschwindet jenes unmittelbare Interesse, das nur einem gilt, das aus der Selbstgestaltung des Natürlichen hervorkommt – ein Wesenszug des Schönen, den Kant analog für die Kunst selber geltend macht, welche nach ihm schöne Kunst ist, »sofern sie zugleich Natur zu sein scheint«[15] und das Absichtliche oder Willkürliche in ihrem Produkt nicht aufscheinen lässt. Gerade in der Erfahrung des Schönen, die wesentlich durch den Bezug auf subjektive Wahrnehmung definiert ist, findet ein Rückbezug auf die Seinsverfassung dessen, was als schön erfahren wird, auf sein Zur-Erscheinung-Kommen und genuines Sichzeigen statt. Unabhängig von der Verknüpfung mit dem Naturgedanken stoßen wir auf eine analoge Motivverbindung in der Hermeneutik Gadamers, der die Offenbarungsdimension des wahren Seins vom Glanz des Schönen her denkt, wie es uns bei Platon begegnet.[16] Das wahrhafte Sein öffnet sich auf seine Manifestation hin, die Manifestation ist in der Wesensnatur des Seienden verwurzelt.

III   Das Sich-Zeigen der Dinge und die Verstehbarkeit der Welt

Trotz alledem bleibt im Reich der Natur unbestimmt, wie weit das Sichöffnen des Lebendigen als ein Sich-Zeigen und Sich-Darstellen fungiert, wie weit die Schönheit der vollendeten Gestalt ihr Telos im Angeschautwerden hat. Dass der Glanz des Schönen Helligkeit und Sichtbarkeit stiftet, lässt offen, wieweit das Schöne auf das Sichoffen-

---

[14] *Immanuel Kant*, Kritik der Urteilskraft, in: Werke in sechs Bänden, hg. von Wilhelm Weischedel, Darmstadt 1966, Bd. V, § 42.
[15] A. a. O., § 45.
[16] *Hans-Georg Gadamer*, Wahrheit und Methode, GW 1, Tübingen 1993, 485.

baren hin angelegt ist, wie weit es sich mitteilt. Die Türme gotischer Kathedralen bergen Skulpturen, die von keinem – außer Gott – gesehen werden. Anders stellt sich die Frage in der expliziten Fokussierung auf den Aspekt des Erkennens. Hier steht zur Diskussion, wieweit Wirkliches erkennbar sei, wieweit das Sein der Dinge sich dem Blick des Menschen darbietet. Dass wir die Welt verstehen, war für die Menschen nicht immer unzweifelhaft. Es versteht sich nicht von selbst, dass die Welt sich uns öffnet, dass sie uns zugänglich, für uns begreifbar ist. In vielfältigen Varianten wird die nicht nur epistemologische, sondern fundamentalphilosophische Frage durchgespielt, inwiefern menschliches Verhalten und Verstehenwollen auf die Welt passt, mit der Wirklichkeit in einer grundlegenden Entsprechung steht, wieweit der Sinn der Dinge dem Menschen entgegenkommt[17] oder sich ihm verschließt. Für den Hauptstrang der Denktradition gilt die Überzeugung, dass die Welt erkennbar ist, dass wir mit ihr in ein Verhältnis der Korrespondenz, ja, der Kommunikation treten können, weil sich die Welt und die menschliche Seele in ihren tiefsten Strukturen entsprechen und die Seele »in gewisser Weise alles« (*quodammodo omnia*) ist.[18] Kant hat die Grundlage dieser Entsprechung als transzendentales Prinzip einer »formalen Zweckmäßigkeit der Natur« expliziert, demgemäß wir davon ausgehen, dass Natur so verfasst ist, dass sie gleichsam unserem Erkennen entgegenkommt und eine systematische Erkenntnis von ihr ermöglicht.[19] Es ist die Unterstellung eines fundamentalen Sichentsprechens, wie es Kant in anderer Hinsicht auch im Erlebnis des Schönen wahrnimmt, welches nach ihm anzeigt, »dass der Mensch in die Welt passe«[20]. Solchen Überzeugungen stellen sich andere entgegen, die weder die antik-kosmologische noch die naturontologische oder die religiöse Gewissheit teilen, dass der Mensch in die Welt gehöre und dass diese auf ihn hin angelegt und ihm erschließbar sei. Pascals Erschrecken vor dem »ewigen Schweigen dieser unendlichen Räume«[21] oder Foucaults Absage an den Glauben, dass die Welt uns ein lesbares Antlitz zuwende[22], stehen für eine Fremdheit, in welcher menschliches Erkennen keine an sich seiende Wahrheit aufzunehmen und zu artikulieren vermag. Hier ist die Welt nicht von Bedeutungen

---

[17] Vgl. *Roland Barthes*, Der entgegenkommende und der stumpfe Sinn, Frankfurt a.M. 1990.
[18] *Thomas von Aquin*, Summa theologiae I,14,1; *ders.*, Summa contra gentiles III, 112; vgl. *Aristoteles*, De Anima II.8, 431b21.
[19] *Immanuel Kant*, Kritik der Urteilskraft (s. Anm. 14), Einleitung, B XXIX, XL.
[20] *Immanuel Kant*, Reflexion 1820a, in: Akademie-Ausgabe Bd. XVI, Berlin 1900ff., 127.
[21] *Blaise Pascal*, Pensées, Fragment 206 [101], in: Œuvres complètes, Bibliothèque de la Pléiade, Paris 1954, 1081-1358 (hier 1113).
[22] *Michel Foucault*, L'ordre du discours, Paris 1971, 55.

durchsetzt, die wir in unserer Sprache aus der Tiefe der Dinge zu heben und zur Artikulation zu bringen hätten. Der menschliche Verstand, die menschliche Rede sind ohnmächtig zum Erfassen des Logos der Welt, wenn sie nicht gar zu eigenmächtigen Instrumenten der Macht und Instanzen der Gewalt werden, die wir den Dingen antun. Zwischen solchen Extremen bewegt sich die Frage nach den Prämissen unseres Weltzugangs.

In diesem Spektrum positioniert sich die mit dem Offenbarungsmotiv paktierende These der Verstehbarkeit der Welt. Sie steht für eine emphatische Möglichkeit des Verstehens, die darin gründet, dass die Wirklichkeit sich dem Menschen offenbart: dass sie sich ihm öffnet, sich ihm zuwendet und zu ihm spricht, ja, ihn herausfordert und ihm die Pflicht auferlegt, den Logos der Dinge in seiner Rede zur Sprache zu bringen und auszulegen. Mehrere Motive verbinden sich in dieser Konstellation: das Offensein der Welt für den Menschen, die dem Menschen entgegenkommende Sprache der Dinge, die Responsivität des menschlichen Verhaltens.

Die Sichtbarkeit der Dinge ist das eminente Modell ihrer Verstehbarkeit. Ihre berühmteste Darstellung erhält diese Beziehung im Sonnengleichnis der platonischen *Politeia*: Wie das Licht der Sonne zwischen Auge und Wahrnehmungsgegenstand das Erkennen ermöglicht und gleichzeitig dem Gegenstand selbst »Werden und Wachstum und Nahrung verleiht«, so soll die Idee des Guten sowohl als letzter Grund des Erkennens, welcher den Dingen ihre Erkennbarkeit, dem Subjekt die Fähigkeit zum Erkennen verleiht, wie als ontologisches Prinzip fungieren, von dem her alles sein »Sein und Wesen« hat.[23] Auch hier finden sich, wie in der Naturontologie, die Seinsverfassung und die Erkennbarkeit der Dinge aufs engste ineinander verflochten. Ebenso bedeutsam aber ist die Vorbildfunktion der Sichtbarkeit für die Verstehbarkeit. Sie wird in aufschlussreicher Weise in der phänomenologischen Tradition herausgearbeitet, deren Anknüpfungspunkt eben das Zur-Erscheinung-Kommen, die Phänomenalität der Phänomene ist. Exemplarisch sind die Ausführungen von Maurice Merleau-Ponty zur Malerei.[24]

Im Zentrum steht das besondere Potential der Bilder, etwas zur Erscheinung zu bringen, es sichtbar zu machen und sehen zu lassen. Darin hat das Bild mit dem ursprünglichen Gegebensein der Phänomene für das Subjekt zu tun. Es ist ein Zeigen dessen, was sich zeigt; in herausgehobenen Fällen, etwa beim Porträt, kann es in spezifischer

---

[23] *Platon*, Politeia, 509a-b.
[24] *Maurice Merleau-Ponty*, Le doute de Cézanne, in: Sens et Non-Sens, Paris 1948, 15-44; *ders.*, Le langage indirect et les voix du silence, Signes, Paris 1960, 49-104; *ders.*, L'Œil et l'Esprit, Paris 1964.

Weise ein Sichzeigendes sehen lassen.[25] So haben wir es hier mit dem Verhältnis zu tun, in welchem dem Bezugnehmen auf den Gegenstand dessen Sichtbarkeit entgegenkommt, sein Sich-Zeigen vorausliegt. Es ist gerade die Kunst des Malers, dieses Sichtbarwerden der Dinge – und sei es der Dinge, die vor meinen Augen liegen – herbeizuführen und mich die Dinge erst sehen zu lassen (wie mich ein literarisches Werk eigene Erfahrungen verstehen und aneignen lässt). Seine Leistung ist nicht die Abbildung des Gegebenen in seiner Sichtbarkeit, sondern der Vollzug seines Sich-Öffnens und Zur-Anschauung-Kommens, die »Metamorphose des Seins in die Schau«.[26] Eindringlich hat Merleau-Ponty diese Leistung im Schaffen von Cézanne nachgezeichnet, das er vom Bemühen beseelt sieht, das Geheimnis des Sichtbarwerdens der Dinge zu ergründen und im Zusammenspiel von Licht und Schatten, Linie, Gestalt und Farbe das Ding selbst entstehen und »das Sichtbare sehen zu lassen«[27]. Dazu muss der Maler gleichsam etwas aus dem Inneren der Dinge entbinden, ihr Wesen nach außen kehren, wie die Sprache, die ein Erlebnis beim Namen nennt, dessen Inneres zur Artikulation bringt und fassbar macht. Pointiert stellt Merleau-Ponty das Genuine der Sichtbarkeit heraus, indem er es von deren Analyse in einer objektivistischen Beschreibung wie Descartes' *Dioptrique* abhebt, in welcher das »Rätsel des Sehens« und das Wunder des Erscheinens gleichermaßen ausgeschaltet sind.[28] So kann die Malerei etwas von der Phänomenalität der Phänomene erfassen lassen, die dem objektivierenden Blick verschlossen bleibt. Sie macht deutlich – und das Bemühen des Malers um den gelingenden Ausdruck ist das sprechendste Zeugnis dafür –, dass es keine Selbstverständlichkeit ist, dass und wie die Welt zur Erscheinung kommt. Sie ist darin Modell der phänomenologischen Philosophie überhaupt, die uns die Dinge und die Welt recht zu sehen lehrt.[29]

Wir haben die Sichtbarkeit als Modell der Verstehbarkeit, den Maler als Vorbild des Dichters betrachtet: Wie uns der eine im Bild die Phänomene sehen lehrt, so lässt uns der andere im Wort die Welt und unser Erleben verstehen. Beide Male bringt subjektives Schaffen zur Entfaltung, was in den Dingen als ihre Wahrheit beschlossen ist. Maler und Dichter kommen jenem Sichöffnen und Sichmanifestieren zu Hilfe, welches die Natur- und Kunstphilosophie in den Dingen selbst als Bewegungstendenz angelegt sieht. Darin wird ein Gedanke aus-

---

[25] Hans-Georg Gadamer betont diese Konstellation im Repräsentationsbild: Hier geht es um etwas (Herrscher, Held), das wesensmäßig repräsentieren muss, sein »Sein im Sichzeigen hat« und im Bild seine Darstellung findet (Wahrheit und Methode, a. a. O. [s. Anm. 16], 147).
[26] *Maurice Merleau-Ponty*, L'Œil et l'Esprit (s. Anm. 24), 28.
[27] A. a. O., 29.
[28] A. a. O., 51.
[29] *Maurice Merleau-Ponty*, Phénoménologie de la perception, Paris 1945, 520.

formuliert, der zum Programm der phänomenologischen Beschreibung gehört, deren Aufgabe Heidegger dahingehend bestimmt, »das, was sich zeigt, so wie es sich von ihm selbst her zeigt, von ihm selber her sehen [zu] lassen«[30]. Die pleonastisch insistierende Formulierung nimmt für die Phänomenologie als gesichert an, was in der vorausgehenden ontologischen Überlegung offen blieb: dass die Dinge nicht nur unserem Blick zugänglich sind, sondern dass sie sich zeigen, ja, sich von sich selbst her zeigen. Phänomenologische Beschreibung ist vom Anspruch – oder der Utopie? – geleitet, dass ihr Zurückgehen zu den Phänomenen auf ein letztlich Gegebenes trifft, das nicht durch ihren Zugriff bestimmt, sondern ihr vor-gegeben ist und ihr von der Sache her begegnet. Die phänomenologische Reduktion ist eine Bewegung, die gleichsam in sich auf die Gegenbewegung stößt, sich in sich wendet.

Die Prämissen dieser voraussetzungsreichen Figur hat Jean-Luc Marion unter der Doppelperspektive des Sich-Zeigens und Sich-Gebens reflektiert. In Erläuterung seiner leitenden These »Ce qui *se* montre, d'abord *se* donne«[31] versucht er zu verdeutlichen, wie jedes Zeigen und Sichtbarwerden ein Gegebensein voraussetzt, das aber nicht als leere Positivität der Gegebenheit fungiert, sondern im dynamischen Charakter seines Gegeben-Werdens erfahren wird, welches zudem als ein Vollzug, gewissermaßen als eigene Tätigkeit dessen, was *sich* gibt, präsent ist. Die nachdrückliche Betonung des Reflexivpronomens im Sich-Zeigen und Sich-Geben weist auf eine Aktivität, in welcher Marion gleichzeitig den Bezug auf ein Subjekt, auf ein Selbst als Zentrum dieses Tuns ausmachen will. So meint er einen dritten Schritt in der Ausformulierung der phänomenologischen Reduktion, über Husserl und Heidegger hinaus, vollziehen zu müssen, den Schritt von der Gegebenheit über das Sichzeigen zum Sichgeben; nur eine Phänomenologie der *donation* als *auto-donation*, des Gegebenseins als des Sich-selbst-Gebens, geht zurück zu den Sachen selbst. Phänomenologische Beschreibung realisiert sich als Ursprungsbeschreibung, als Nachzeichnung der Bewegung, in welcher dasjenige, was gegeben ist, gleichsam an die Oberfläche des Erscheinens durchbricht, indem es in sich aufbricht und sich zu erkennen gibt. Noch dezidierter als Heideggers Sich-von-sich-selbst-her-Zeigen entscheidet Marion die Frage des Erkennbarseins in einer Weise, die sich der von Hegel gezeichneten Offenbarungsfigur annähert, sofern dasjenige, was zu erkennen ist, selbst sein Erkennbarsein begründet und sein Erkanntwerden hervorbringt. Konsequenterweise ist die Idee der *donation* auf die Figur der

---

[30] *Martin Heidegger*, Sein und Zeit, Tübingen [10]1963.
[31] *Jean-Luc Marion*, Étant donné. Essai d'une phénoménologie de la donation, Paris [2]1998; vgl. *Philipp Stoellger*, Passivität aus Passion. Zur Problemgeschichte einer ›categoria non grata‹, Tübingen 2010, 440ff.

(religiösen) Offenbarung als eigenen Grenzwert und Fluchtpunkt ausgerichtet, als radikalste, unübersteigbare Möglichkeit des Sich-Gebens und Sich-Offenbarens[32], wobei sich Marion jedoch dagegen verwahrt, das Phänomen des Gegebenseins auf eine Transzendenz, einen ersten Geber zurückzuführen und in ihm zu begründen. Vielmehr bleibt die ursprüngliche Ereignishaftigkeit in dieser Selbstgebung der herkunftslose Anfang (*origine sans origine*)[33] im Sichtbarwerden der Dinge. Man mag bezweifeln, ob die ›Begründung‹ des Offenbarungsgeschehens – des Offenbarseins und Sich-Offenbarens des Wirklichen – durch den Rückgang vom Sichzeigen zum Sichgeben konsistenter ausformuliert, ob die Fundierung damit auf eine tiefere Ebene, zu einem ursprünglicheren Anfang geführt wird. Unabhängig davon gilt es, den *Gehalt* dieses Geschehens deutlicher zu fassen, indem das Sichöffnen vom visuellen Sichtbarwerden und Zeigen in die hermeneutische Dimension des Sagens und Zu-verstehen-Gebens überführt wird.

IV   Die Sprache der Dinge

Eine prägnante Figur, in welcher dieser hermeneutische Akzent zur Geltung kommt, ist die Figur einer Sprache der Dinge. Sie bringt die Vorstellung zum Ausdruck, dass die Dinge in sich so etwas wie eine Sprache besitzen, die es zu hören gilt: Das Entgegenkommen der Welt bedeutet nicht nur, dass diese sich unserem Blick öffnet, sondern dass sie von sich aus eine Artikulation vorgibt, die wir verstehend aufzunehmen haben, oder dass sie gar zu uns spricht, uns anspricht und wir ihr als Hörende zu entsprechen und zu antworten haben. Nach Herder bildet die Sprache der Natur als Äußerung einer tönenden Welt den Ursprung der menschlichen Sprache. Verwandt mit der im Mündlichen situierten Figur des Sprechens und Hörens ist die des Schreibens und Lesens: Die Idee des Buchs der Natur, der Lesbarkeit der Welt ist eine ideengeschichtlich verbreitete Vorstellung, die unser Verhältnis zu den Dingen als ein verstehendes Verhalten nach Art der Lektüre, der Entzifferung eines Textes interpretiert. Hans Blumenberg hat die Stadien dieser Metapher nachgezeichnet, die uns in unterschiedlichsten Figurationen vom biblischen Himmelsbuch und humanistischen Weltbuch bis zur psychoanalytischen Traumdeutung und Lektüre des genetischen Codes begegnen, und zugleich die Frage nach dem Motiv aufgeworfen,

---

[32] *Jean-Luc Marion*, Étant donné (s. Anm. 31), 339: »Il s'agit donc de laisser venir à la manifestation un phénomène qui se donne de telle manière que rien de plus manifeste ne puisse se donner – *id quo nihil manifestius donari potest.*«
[33] A. a. O., 245.

das der Durchgängigkeit dieser Vorstellung zugrunde liegt. Ihre Verbreitung, so Blumenberg, ist Ausdruck eines grundlegenden Bedürfnisses, eines Sinnverlangens: Sie ist Ausdruck des Wunsches, dass Wirklichkeit, noch bevor wir sie erklären und berechnen, uns zugänglich sei, dass sie gleichsam zu uns spreche, uns offen sei wie ein lesbarer Text. Es ist der Wunsch, mit der Welt vertraut werden zu können, wie wir mit Menschen und Lebenszusammenhängen vertraut sind, nicht nur Faktoren und Gesetze, sondern Sinn in der Welt zu erkennen.[34] Dass der Sinn sein privilegiertes Medium in der Sprache findet, ist die leitende These der Hermeneutik von Hans-Georg Gadamer. Die Verstehbarkeit der Welt ist für ihn gleichbedeutend mit ihrer Sprachförmigkeit, und unser verstehender Zugang zu den Dingen bedeutet zuletzt, dass sie uns etwas zu sagen haben bzw. dass wir uns von ihnen etwas sagen lassen. Der vieldiskutierte Universalitätsanspruch der Hermeneutik konvergiert mit der These der Fundamentalität der Sprache in unserem Weltbezug; Sprache ist das unhintergehbare und »universale Medium, in dem sich das Verstehen selber vollzieht«[35], dies auch noch dort, wo wir im auslegenden Verstehen mit nicht-sprachlichen Sinngebilden wie Bild und Musik zu tun haben. Verstehbar sein heißt nicht nur irgendwie erfassbar sein, sondern zur Sprache kommen können, was Gadamer auf die ontologische Verfassung des Verstehbaren zurücküberträgt: »Sein, das verstanden werden kann, ist Sprache.«[36]
Indessen liegt der in unserem Zusammenhang vorrangige Punkt der Gadamerschen These nicht in der sprachlichen Verfasstheit des Seins als solcher, sondern in dessen eigenem Sprechen: darin, dass das Urphänomen des Verstehens eines ist, das nicht vom Subjekt und seinem Vermögen, sondern von dem her zu fassen ist, was sich dem Subjekt als zu Verstehendes darbietet. Hermeneutik reformuliert in gewisser Weise den metaphysischen Gedanken, dass Erkenntnis »ein Moment des Seins selber und nicht primär ein Verhalten des Subjekts«[37] sei, indem sie diesen Gedanken in Begriffen des Darstellens und Sprechens ausformuliert. Wenn Sprache als die Mitte fungiert, in welcher die Entsprechung zwischen der Seele und den Dingen sich herstellt, so bedeutet dies nach Gadamer, dass sie nicht einfach ein Instrument ist, mittels dessen wir uns auf die Welt beziehen, sondern das Medium, in welchem die Welt selbst sich darstellt[38] und Seiendes zu Worte kommt.[39] Auch wenn subjektives Verstehen und Auslegen in unver-

---

[34] *Hans Blumenberg*, Die Lesbarkeit der Welt, Frankfurt a.M. 1986, 1.
[35] *Hans-Georg Gadamer*, Wahrheit und Methode (s. Anm. 16), 392.
[36] A. a. O., 478.
[37] A. a. O., 462.
[38] A. a. O., 453.
[39] A. a. O., 460.

zichtbarer Weise an der Bildung des Sinns – wie der Leser an der Konkretion des Textes – teilhaben, sind sie doch als Momente einem Geschehen eingefügt, in welchem ursprünglich nicht das Subjekt, sondern das »Tun der Sache«[40] wirksam ist. Verstehen ist das Aufschließen eines Seienden, dessen »Sein Sichdarstellen ist«[41], und realisiert sich als Erfahrung einer Begegnung, in welcher etwas sich »geltend macht«, mich »anspricht« und mir »etwas sagt«.[42] In zahlreichen Variationen umschreibt Gadamer die Grundverfassung dieses Sinn- und Wahrheitsgeschehens, in welchem exemplarisch zum Tragen kommt, was Gadamer als allgemeine Stoßrichtung des hermeneutischen Gedankens charakterisiert: »Nicht, was wir tun, nicht, was wir tun sollten, sondern was über unser Wollen und Tun hinaus mit uns geschieht, steht in Frage.«[43] Das Mit-uns-Geschehen, um welches es hier geht, ist das Teilnehmen an der Sinnhaftigkeit der Welt. Die emphatische These der Hermeneutik hat ihre Pointe nicht nur in der Unhintergehbarkeit des sinnhaften Weltbezugs, der gemäß wir in allem Sein und Tun je schon verstehend auf die Welt und uns selbst bezogen sind, und sie insistiert nicht allein auf der irreduziblen Sprachförmigkeit des Sinns, sondern macht mit gleichem Nachdruck geltend, dass Sinn ursprünglich nicht gemachter, sondern empfangener, gegebener Sinn ist. Im Ausgang vom hermeneutischen Phänomen kommen wir zu jener Grundfigur zurück, die Marions Theorem des originären Gegebenseins ebenso wie Hegels Interpretation der religiösen Offenbarungsidee vor Augen stellte.

V Die Antwort des Menschen

Dem Gegebenwerden entspricht das Aufnehmen und Antworten. Zu den signifikanten Konstellationen neuerer Denkströmungen gehören Konzepte, die das Moment des Rezipierens, Anschließens, Entsprechens, Weiterführens und Antwortens ins Zentrum stellen. Solche Konzepte werden im Theoriekontext der Phänomenologie und Hermeneutik, aber auch der Dekonstruktion und der Dialogik ausgearbeitet, und sie setzen unterschiedliche Akzente in der Art und Weise, wie der Mensch einer ihm vorausgehenden, ihm entgegenkommenden Initiative entspricht. Ihr Gemeinsames liegt darin, dass nicht der Mensch als Ursprung fungiert, sondern dass sein Tun und Sprechen ein Zweites, ein Antworten ist, dem ein Anderes als Erstes vorausgeht. Wir können

---

[40] A. a. O., 488.
[41] A. a. O., 459.
[42] A. a. O., 492ff.
[43] Vorwort zur 2. Auflage von Wahrheit und Methode, GW 2, a. a. O., 437-448 (438).

in dieser Figur verschiedene Formen auseinanderhalten und anhand exemplarischer Konzepte konkretisieren: das Aufnehmen und Auslegen, das Anschließen und Weiterführen, das Entsprechen und Antworten.

Eine erste Figur lässt sich stellvertretend an Jacques Derridas Theorem des Ineinander von Schreiben und Lesen festmachen. Die These, dass wir immer schon Empfänger des Sinns sind, bedeutet hier, dass jedes Schreiben in einem vorausgehenden Lesen gründet, gleichsam einen früheren Text umschreibt; die Uneinholbarkeit des Anfangs des Sinns, welcher nicht aus dem Nichts geschaffen wird, sondern aus einem Sinngeschehen hervorkommt, bedeutet, dass das Schreiben nicht nur initiale Sinnbildung, sondern zugleich Rezeption ist, den Sinn des Wirklichen liest. Die Generalisierung des Textbegriffs verbindet sich mit der These, dass jeder entzifferbare Text »immer schon Umschrift«[44], Replik einer früheren Einschreibung ist. Der bei Derrida – wie bei Husserl, Freud, Ricœur, Lévinas – zentrale Begriff der »Spur« steht für diese konstitutive Nachträglichkeit des Sinns, als Hinweis auf ein nicht-einholbares Ereignis, das in seinen Residuen und Zeichen ›lesbar‹ ist. Beides ist gleichermaßen bedeutsam: Die Vorgängigkeit des Anderen und die Rezeptivität des Selbst. Auch wenn der Subjektbezug für jedes Sinngeschehen unhintergehbar ist, ist das Subjekt darin weder souveräner Anfang noch Meister des Sinns. Es ist als hörendes wie als sprechendes zugehörig zu einem Geschehen, aus dem es kommt und in dem seine Fähigkeit des Verstehens wie des Hervorbringens gründet.

Das Empfangen geht über in das Tradieren und Neuschaffen. Gerade die Dekonstruktion führt nicht nur das Schreiben auf das Lesen zurück, sondern weist im Lesen seinerseits das Element des Schreibens auf. Dabei geht es nicht nur um den eigenen Anteil des Lesens an der Konstitution des Textes, wie ihn die Rezeptionsästhetik herausstellt, sondern darum, dass die Lektüre auch ein Anschließen und Weiterführen ist, welches den Text neu konstelliert, ihn ergänzt, korrigiert, revidiert und neu schafft. Wie das Schreiben retrospektiv ein Um-Schreiben, so ist es prospektiv ein Neu-Schreiben, das die Sache, um welche es dem Text geht, neu gestaltet und anders sehen lässt. Es bringt zur Artikulation, was im Text angelegt ist, im Dokument zur Sprache kommen will. Schon die Interpretation als konkretisierender Vollzug des Verstehens ist in diesem Sinne ein weiterführendes Gestalten.

Zugleich wird darin das Anschließen als Antworten und Übernehmen einer Aufgabe sichtbar. Der emphatische Begriff der Übersetzung, wie ihn Benjamin oder Derrida herausgearbeitet haben, macht deutlich, in

---

[44] *Jacques Derrida*, »Freud et la scène de l'écriture«, in: L'écriture et la différence, Paris ²1979, 293-340 (hier 314).

welcher Weise das Aufnehmen einer Sinnvorgabe und Anschließen an sie einer Aufforderung, die im Text liegt und aus ihm spricht, antwortet. Übersetzen, nicht als Transponieren eines feststehenden Sinns in ein anderes Idiom, sondern als auslegendes Explizieren und Neuschreiben eines Textes, ist ein solches Antworten. Ihm geht es darum, einem Anspruch gerecht zu werden, den der Text verkörpert und an den Interpreten richtet, den im Text verschlossenen Sinn zur Entfaltung zu bringen. Antworten ist Übernahme einer Verantwortung; die in vielen Sprachen bezeugte Motivverbindung (réponse, responsabilité) ist Indiz einer Verwandtschaft in der Sache. Gerade sofern der Antwort-Charakter im Übernehmen von Verantwortung und Auf-sich-Nehmen einer Aufgabe heraustritt, kommt der dialogische Zug unseres Weltverhältnisses zum Tragen. Wir sind nicht nur mit Situationen konfrontiert, die von uns eine Reaktion verlangen, sondern mit Herausforderungen, die an uns gestellt sind, mit Ansprüchen, die an uns ergehen und denen wir zu entsprechen haben. ›Entsprechung‹ ist darin mehr als die aus der Außenperspektive feststellbare Korrespondenz zwischen Welt und Mensch, sie ist ein Verhalten, das einem Angesprochenwerden antwortet. Mit Nachdruck unterstreichen Derrida wie Benjamin den normativen Charakter des Anspruchs wie des ihm Verpflichtetseins, des Anspruchs, den vergangene Texte auf Wiederaufnahme und Vollendung, ja, so Derridas Paraphrase, ›Erlösung‹ anmelden, und des ursprünglichen Schuldigseins, das uns dem unerfüllten Anspruch verbindet.[45]
Unabhängig von diesem normativen Charakter ist die Responsivität als genereller Grundzug des menschlichen Existierens und Sich-zur-Welt-Verhaltens durch die Phänomenologie beschrieben worden. Namentlich Bernhard Waldenfels hat diesem Phänomen eindringliche Analysen gewidmet.[46] In prägnanter Weise kennzeichnet der dialogische Weltbezug ebenso die späten Schriften von Maurice Merleau-Ponty, in denen er u. a. unter den Stichworten der Reversibilität und des Chiasmus zur Sprache kommt; stellvertretend sei auf die oben genannten Erörterungen zur Malerei verwiesen. In anschaulicher Weise schildert Merleau-Ponty die Tätigkeit des Künstlers als eine, die nicht in der Produktion eines Werks aufgeht, sondern eine Kommunikation mit der Welt vollzieht, im Antworten auf ein Angesprochenwerden durch die Dinge und Aufnehmen einer Initiative, die von den Dingen ausgeht. Das Malen als das Sichtbarwerdenlassen des Sichtbaren nimmt eine Bewegung auf und stellt sich in ihren Dienst, die aus dem Inneren der Dinge kommt. Die eigensten Gesten, mittels deren der Maler die Welt

---

[45] *Walter Benjamin*, »Die Aufgabe des Übersetzers«, in: GS, Bd. IV.1, Frankfurt a.M. 1972ff., 9-21; *Jacques Derrida*, »Des tours de Babel«, in: Psyché. Inventions de l'autre, Paris 1987, 203-235.
[46] *Bernhard Waldenfels*, Antwortregister, Frankfurt a.M. 1994.

sehen lässt, »scheinen für ihn aus den Dingen selbst hervorzugehen«, so dass er den Eindruck haben kann, dass nicht er die Bäume betrachtet, sondern die Bäume ihn anschauen und zu ihm sprechen.[47] Der Maler ist aufgerufen, das Innere der Dinge aufzuschließen, den Sinn zu befreien, der in ihnen gefangen ist. Cézanne hat den Sinn, den die Dinge und die Gesichter ihm anbieten, »nur befreit; es sind die Dinge und die Gesichter selbst, die danach verlangten, so gemalt zu werden, und Cézanne hat nur gesagt, was sie sagen *wollten*«[48]. An der Selbstmanifestation der Dinge teilnehmen heißt nicht nur sie passiv-rezeptiv aufnehmen, sondern sich zugleich in ihren Dienst stellen, einem Angewiesensein der Dinge auf den Menschen entsprechen. Was Merleau-Ponty mit Bezug auf die Malerei beschreibt, ist nicht auf den Bereich der visuellen Manifestation beschränkt, sondern realisiert sich in anderen Formen künstlerischen Ausdrucks und kennzeichnet generell unser Erleben und Verhalten zur Wirklichkeit, soweit wir darin mit deren Sinn und Wahrheit zu tun haben.

Nicht zuletzt ist die Figur des Antwortens und Dienstbarseins auf die Sprache selbst und das menschliche Sprechen zurückzubeziehen. Profiliert kommt sie in jener emphatischen Version des Sprachlichen zum Ausdruck, die Heidegger in seinen späteren Schriften entfaltet und die auch einen unverkennbaren Hintergrund der Gadamerschen Engführung von Sein und Verstehen bildet. Im *Brief über den ›Humanismus‹*[49] markiert Heidegger exemplarisch die Depotenzierung des Subjekts als des zentralen Referenzpunkts des Verstehens, indem er das menschliche Wirklichkeitsverhältnis nicht als ein Sichverhalten des Menschen zu den Dingen, sondern umgekehrt als einen »Bezug des Seins zum Menschen« thematisiert, der vom Sein selber ausgeht und dem Menschen »vom Sein übergeben« ist.[50] Dieser Bezug findet wesentlich im Medium der Sprache statt, wobei nicht das Sprechen des Menschen den Horizont und Angelpunkt bildet, sondern das Sichoffenbaren des Seins, welches sich zugleich dem Menschen darbietet, sich an ihn wendet und ihn in seine Dienste nimmt, um dieses Sichzeigen zu vollbringen. Der Mensch, so Heideggers Formulierung, hat für dieses Sichoffenbaren besorgt zu sein, indem er »in seinem Sagen nur das ungesprochene Wort des Seins zur Sprache«[51] bringt. Ja, diesen Prozess der Offenbarung »je und je zur Sprache zu bringen« ist die »einzige Sache des Denkens«.[52] Dies ist die umfassende Konstellation,

---

[47] *Maurice Merleau-Ponty*, L'Œil et l'Esprit (s. Anm. 24), 31.
[48] *Maurice Merleau-Ponty*, Le doute de Cézanne (s. Anm. 24), 35; vgl. Le langage indirect et les voix du silence (s. Anm. 24), 56.
[49] *Martin Heidegger*, Brief über den ›Humanismus‹, in: Wegmarken, GA 9, Frankfurt a.M. 2004, 313-364.
[50] A. a. O., 313.
[51] A. a. O., 361.
[52] A. a. O., 360.

die Heidegger mit den berühmten Metaphern beschreibt, dass die Sprache »das Haus des Seins« und der Mensch, als »Hirt des Seins«, der »Wächter dieser Behausung« sei.[53] Bei aller Eigenwilligkeit der sprachlichen Einkleidung formuliert Heidegger einen durchaus prägnanten und sachhaltigen Gedanken, der in eins mit dem menschlichen Wirklichkeitsbezug die anthropologische Differenz beschreibt. Hervorgehoben wird die singuläre Stellung des Menschen, der unter allen Geschöpfen als einziger an der Sprache teilhat und dank ihrer in ein spezifisches Verhältnis zur Welt zu stehen kommt, welche sich ihm öffnet und ihm ein Hören und Antworten ermöglicht, in dem er zugleich sein eigenstes Wesen verwirklicht. Es ist ein Prozess, der nicht in der Macht des Subjekts steht, sondern ihm zuvor- und entgegenkommt, den Heidegger teils in ontologischen Begriffen (als Seinsgeschichte, Schickung des Seins selbst), teils auch in religiösen Begriffen (des Gottes, der naht oder sich entzieht) beschreibt. Es ist ein Geschehen, das seinerseits des Menschen bedarf und als dessen Nukleus letztlich jene Verschränkung der beiden Sprachpotenzen zu gelten hat, in welcher das menschliche Sagen »nur das ungesprochene Wort des Seins zur Sprache bringt«[54].

VI Schluss

So stoßen wir in der hermeneutisch-phänomenologischen Theorieentwicklung auf signifikante Strukturmerkmale, wie sie auch den von Hegel entfalteten Offenbarungsgedanken definierten. Allerdings sind zugleich Differenzierungen sichtbar geworden, die teils die Offenbarungsidee an ihr selbst betreffen, teils die Grenze zum theologischen Denken markieren.
Die erste Differenz liegt zwischen dem Sichoffenbaren als solchem und dem Sichwenden an einen Empfänger der Offenbarung. In den Beschreibungen Gadamers oder Merleau-Pontys ist der Übergang fließend zwischen einem Geschehen, in welchem das Sichgeben, Sichöffnen und Sichmanifestieren als solches im Vordergrund steht, und einem Sichzeigen, das an einen Adressaten gerichtet ist, sei es, dass es diesem eine Möglichkeit eröffnet, dass es ihn anspricht oder an ihn einen Appell und Anspruch richtet. Es ist eine Differenz, die im Innersten des Logos mit einer Dichotomie zweier Grundfunktionen zusammenhängt, deren Verhältnis in der Sprachphilosophie kontrovers diskutiert wird: der Dichotomie zwischen der Darstellungs- und Erschließungsfunktion der Sprache auf der einen, ihrer Kommunikations- und Interaktionsfunktion auf der anderen Seite. Es ist nicht von vorn-

---

[53] A. a. O., 313, 331.
[54] A. a. O., 361.

herein klar, wieweit und in welcher Weise das Sichöffnen und Sichkundgeben gleichsam in sich selbst, als Selbstgestaltung und Selbstverwirklichung dessen, was sich offenbart – wie beim Blühen einer Pflanze –, stattfindet und wieweit es sich *als* Mitteilung und Kundgabe *an* jemanden vollzieht. Die letztere, kommunikative Figur scheint auf Seiten des Sichoffenbarenden wie des Rezipienten eine Subjektposition zu implizieren, wie sie dem religiösen Gedanken naheliegend ist und wie sie J.-L. Marion an der reflexiven Struktur des Sich-Gebens festzumachen versucht, wie sie aber dem naturphilosophischen oder künstlerisch-ästhetischen Topos nicht von sich aus innewohnen muss. Und auch wo der Adressat in die Artikulation des Sinns involviert ist, kann dieses Involviertsein sowohl in der Sache wie von einem Selbst her begründet sein: Der Mensch kann durch eine Situation herausgefordert, durch die Brüchigkeit oder Fragwürdigkeit einer Sache zum Reagieren und Antworten aufgefordert sein oder durch den Appell des Anderen aufgerufen, durch seinen Anspruch in die Pflicht genommen werden.

Nach einer anderen Hinsicht berührt die Differenzierung den Abstand, der die mit Heidegger, Gadamer und Merleau-Ponty gezeichnete Figur, bei aller Annäherung an religiöse Motive, vom religiösen Offenbarungsgedanken trennt. Das Angewiesensein der Offenbarung auf das Sprechen und Darstellen des Menschen widerspricht der Absolutheit und Autarkie des Gottes, zumal einem abstrakten Begriff derselben. Wieweit dies allerdings zutrifft oder damit keine externe Differenz, sondern eine interne Spannung bezeichnet ist, ist eine Frage, die an den theologischen Offenbarungsbegriff selbst gerichtet ist.

Unabhängig von diesen Differenzen bleibt nicht nur die auffallende Nähe festzuhalten, welche die nicht-theologische Begriffskonstellation mit dem theologischen Offenbarungsbegriff verbindet. Ebenso ist die signifikante Rolle der Sprache als Ort und Medium des Sinns zu bedenken, in welcher diese Nähe ihren Kern hat. Viel spricht dafür, dass eine vertiefte sprachphilosophische Reflexion einer analogen Problemkonstellation begegnen wird, wie sie sich im Ausgang vom Offenbarungsgedanken eröffnet.

Jochen Cornelius-Bundschuh

Verstehen oder Erleben: Predigt als Offenbarung? Überlegungen zu einer homiletischen Hermeneutik

Die Predigtausbildung an Fakultäten und Predigerseminaren hat sich in den letzten 40 Jahren grundlegend verändert: Die klassische Exegese ist in den Hintergrund getreten; stattdessen werden vielfältige und ›lebendige‹ Zugänge zum Bibeltext gesucht. Seit der Seelsorgebewegung gilt die Person der Predigenden als konstitutiver Faktor im Predigtprozess. Mit der Wiederentdeckung der Liturgik wird die Predigt deutlicher als Teil des Gottesdienstes gesehen. Rhetorische und theaterwissenschaftliche Zugänge haben sich unter Stichworten wie Narrativität, Inszenierung und Dramaturgie fest etabliert. In Predigtwerkstätten werden positive Erfahrungen mit creative writing, dem Lektorieren von Predigten oder Predigt-Coaching gemacht. Milieustudien schärfen den Blick auf die Gemeinden und ihre ›Umwelt‹.

Als Ziel der Predigt werden neben dem Verstehen auch das Erlebnis, die Deutung, die Aufführung oder die Offenbarung benannt. Lassen sich in dieser vielfältigen Praxis und Theorie der Predigtarbeit Grundlinien, zumindest *Grundfragen einer homiletischen Hermeneutik* erkennen?

Ich gehe im Folgenden auf vier homiletische Ansätze ein: Alle argumentieren wirkungsbezogen; alle sind sich einig, dass vier Faktoren den Predigtprozess prägen: ein Bibeltext, die Situation[1], die Hörenden und die Person des Predigers oder der Predigerin. Alle gehen davon aus: Wer predigen will, muss mit diesen vier Faktoren umgehen und wissen: Jeder Faktor prägt die Predigt, jeder predigt mit!

Die Konzepte unterscheiden sich im Verständnis der einzelnen Faktoren, in ihrer Gewichtung im Gesamtprozess und ihrer Zuordnung

---

[1] Ich plädiere für ein homiletisches Viereck, um zwischen Situation und Hörenden zu unterscheiden. Dadurch kommt nicht nur Langes gesellschaftliche Großwetterlage deutlicher in den Blick, sondern auch die Milieugrenzen und diejenigen, die nicht in den Gottesdienst kommen und doch mitbedacht sein wollen, weil sie prägen und reagieren.

zueinander: Versteht die Predigerin den Bibeltext, oder wird sie von ihm ergriffen? Wie tragen die Zuhörenden zur Verfertigung der Predigt bei? Wie bewegen sich die Beteiligten im Spielraum des Textes und im Resonanzraum ihrer Lebenswelt? Sind die Predigenden Zeugen, Reiseführerinnen, Deutende oder Mystagogen? Was soll die Predigt erreichen: Soll sie das Leben deuten (helfen), Orientierung geben, Menschen vom Gesetz befreien, sie zum dreieinigen Gott führen oder neue Lebensmöglichkeiten eröffnen?

Ich habe die Konzepte als Modelle ausgewählt. Mir geht es in der Darstellung weniger um die innere Konsistenz oder um die Entwicklungen innerhalb des jeweiligen Ansatzes. Vielmehr nutze ich die Modelle, um grundlegende Fragen und Veränderungen in der homiletischen Hermeneutik zu verdeutlichen; ich hoffe, ich werde dem spezifischen Anliegen der jeweiligen Autoren dennoch gerecht.

Den Ausgangspunkt bildet Wilhelm Gräb, dessen Konzeption ich als *hermeneutische Homiletik* kennzeichne. Predigt arbeitet an der religiösen Deutung der Wirklichkeit. Sie bezieht sich nicht auf eine eigene religiöse Wirklichkeit und greift nicht auf dogmatische Voraussetzung zurück. Sie ermöglicht es Menschen, zu einer eigenständigen, gesteigerten religiösen Selbstdeutung zu finden.

Eine erste *Rückfrage* gilt den theologischen Grundlagen dieses Zugangs. Ist Predigtarbeit individuelle Deutungsarbeit, oder führt sie in eine eigene göttliche Wirklichkeit ein, in der Menschen, Predigende wie Hörende, vom Geist des dreieinigen Gottes ergriffen werden? Ich stelle als Zweites das Konzept von Manfred Josuttis vor, der betont, dass die Predigt ein *offenes Geheimnis* verkündigt. Ihm geht es nicht um ein Jenseits der Hermeneutik, sondern um eine Form des Verstehens, die die Macht des dreieinigen Gottes respektvoll gestaltet.

Die zweite *Rückfrage* an die hermeneutische Homiletik verdankt sich der performativen Wende in neueren geisteswissenschaftlichen Ansätzen. In ihr rückt die *Aufführung* ins Zentrum der Überlegung. Es geht um die »Produktion von Präsenz«[2] und um die Materialität der Wahrnehmung, Themen, die u. a. die Dramaturgische Homiletik bearbeitet, die Martin Nicol und Alexander Deeg[3] auf dem Hintergrund neuerer nordamerikanischer homiletischer Ansätze entwickelt haben. Sie nimmt die »alltägliche hermeneutische Auslegungspraxis«[4] in den

---

[2] Vgl. *Hans Ulrich Gumbrecht*, Diesseits der Hermeneutik. Die Produktion von Präsenz, Frankfurt a.M. 2004; *Erika Fischer-Lichte*, Die Ästhetik des Performativen, Frankfurt a.M. 2004.

[3] Interessant ist die aktuelle Breitenwirkung dieses Ansatzes, die nach meinem Eindruck wesentlich darin gründet, dass der Ansatz didaktisch durchdacht ist, sich im Blick auf Theologie und Methoden hochintegrativ präsentiert und pastorale Handlungs- und Lernfähigkeit unterstellt.

[4] *Martin Gessmann*, Zur Zukunft der Hermeneutik, PhR 57 (2010), 125-153, hier: 125.

Blick. Es geht ihr um eine Predigtpraxis und -theorie, in der ›Präsenzeffekte‹ ›Sinneffekte‹ (Gumbrecht) umfassen, aber darin nicht aufgehen.
Im vierten Abschnitt stelle ich den Ansatz von Christoph Bizer vor, der seine Predigtarbeit als *geistliche Praxis* und als Arbeit an einem heiligen Text vorstellt. Bei ihm verbindet sich die theologische Konzentration mit einer intensiven Arbeit an der (materiellen) Gestalt der Aufführung.

I   Wilhelm Gräb: Hermeneutische Homiletik als Arbeit an der religiösen Selbstdeutung der Wirklichkeit

»Was [...] heißt Auslegung der Schrift, wenn daraus eine die Hörer in der gegenwärtigen Wirklichkeit ihres Lebens religiös ansprechende Predigt werden soll?«[5] Die Predigt kann heute in ihrer Wirkung nicht mehr auf eine normative Instanz im Sinne eines bestimmten Akteuren verfügbaren Bestandes an Überzeugungen oder »absoluten Vorgegebenheiten«[6] zurückgreifen; sie hat keinen ›geltungspraktischen Platzvorteil‹ mehr.
Menschen wählen frei nach Gesichtspunkten der Nützlichkeit aus Sinnangeboten aus. Will Predigt wirken, müssen die Zuhörenden merken, dass es ihnen gut tut, auf das zu hören, was die Predigt sagt. Sie muss Deutungsmöglichkeiten eröffnen, Halt und Orientierung bieten, ohne Zwang auszuüben. Nur als »hermeneutisches Konstrukt«[7], nur in einer permanenten Verständigungsbemühung kann die Predigt im neuzeitlichen Christentum Kraft gewinnen. Diese »Struktur bzw. Hermeneutik der Tradierungsvorgänge«[8] macht nach Gräb das Wesen des Christentums aus. »Christliche Predigt hat ihre theologische Norm [...] nicht in biblischen Offenbarungswahrheiten, dogmatischen Lehrsätzen und kirchlichen Bekenntnissen, sondern in einer hermeneutischen Regel für die religiöse Sinnarbeit des Menschen. Diese hat die Gestalt letztinstanzlicher Selbstbeurteilung und Weltdeutung. Und christlich ist diese religiöse Selbstauslegung und Weltdeutung, indem sie den Weg freier Selbstvermittlung über die Auslegung biblischer Texte und die Anverwandlung ihres Sinngehalts geht.«[9]

---

[5] *Wilhelm Gräb*, Die Bibel und die Predigt. Homiletische Hermeneutik zwischen Textauslegung und religiöser Selbstauslegung, in: *Wilfried Engemann* (Hg.), Theologie der Predigt, FS Karl-Heinrich Bieritz, APrTh 21, Leipzig 2001, 323-336.
[6] A. a. O., 325.
[7] Ebd.
[8] A. a. O., 326.
[9] A. a. O., 327f.

Inhaltlich ist die Hermeneutik der Predigt doppelt bestimmt: als »Hermeneutik des biblischen Textes« und als »Hermeneutik gegenwärtiger Wirklichkeit«[10]. Beide legen sich »wechselseitig«[11] aus: der Text das Leben, das Leben den Text. In der Predigtarbeit wird der Zirkel von text- und gegenwartshermeneutischer Arbeit mehrfach durchschritten.
Die »Texthermeneutik« beschreibt Gräb unter Bezug auf Schleiermacher und Ricœur »als Religionshermeneutik« und erläutert sie mit räumlichen Metaphern: In der Predigtarbeit gilt es, in die Sinnwelt einzuziehen, »die der biblische Text eröffnet«[12]. »Der Interpret muss versuchen, sich in der Textwelt einzuwohnen.«[13] Wichtig ist die Analyse der immanenten Sinnbezüge, aber auch die Wahrnehmung der Fremdheit der Textwelt.
In der hermeneutischen Auseinandersetzung mit der Lebenswelt geht es um eine »kommunikativ nachvollziehbare, gegenwartbezogene religiöse Selbstauslegung«[14]. Die Hörenden arbeiten als Subjekte insbesondere im Blick auf ihre Grenzen an existentiellen Sinnfragen. Sie entwickeln ihre eigene Sinnwelt, häufig als ästhetisches Verhältnis zur Religion. Sie greifen auf Traditionsbestände zurück, aber auch auf vagabundierende Religion und machen eigenständig Gebrauch davon. »Immer wieder versuchen wir in religiöser Sinneinstellung unsere fragmentarische Erkenntnis und unsere Kontingenzerfahrungen im Horizont der Idee eines umfassenden und sinnvollen Ganzen zu verstehen.«[15]
Am Beispiel der Frage eines Lebens nach dem Tod verdeutlicht Gräb diese religiöse Selbstauslegung: Manch einer mag hinduistische Elemente aufnehmen, eine andere an die Idee der Unsterblichkeit der Seele oder der Auferstehung des Fleisches anknüpfen: »Vielleicht aber glaubt einer manchmal auch alles zusammen, weil gerade das ihm jetzt gut tut.« »Menschen produzieren, wählen und vermischen überlieferte und neu entworfene Anschauungen« auf der Suche nach »Evidenzen gesteigerter Lebensmöglichkeiten.«[16]
Das »Kriterium der Güte und Wahrheit« einer Predigt ist also nicht durch die richtige kirchliche Lehre bestimmt, sondern durch einen »Lebensgewinn«[17], den Gräb im Stil einer Predigt erläutert: »Kriterium [der Predigtarbeit, JCB] ist die hermeneutische Regel der Freiheit, somit [...] ob die Predigt ihnen [den Hörenden, JCB] gut tut, weil aufleuchtet, evident wird, was es in Wahrheit um die Verfassung

---

[10] A. a. O., 323.
[11] A. a. O., 326.
[12] A. a. O., 331.
[13] A. a. O., 334f.
[14] A. a. O., 323.
[15] A. a. O., 329.
[16] A. a. O., 330.
[17] A. a. O., 336.

unseres Daseins ist, um die Möglichkeiten, die uns gegeben sind, um die Chancen, die wir verspielt haben, um Antworten auf die Fragen, wie es dennoch weitergehen könnte, weil da ein Gott ist, nicht als ein jenseits der Welt hockendes Wesen, sondern als Grund dessen, dass wir im Vorhandensein nicht aufgehen, als der Grund der Freiheit, somit der unverlierbaren Würde jedes Einzelnen auch.«[18]

Gelingt es, beide hermeneutische Prozesse zu verweben, so erschließt sich ihre Differenz produktiv, und dem Subjekt eröffnet sich eine Welt, die es bewohnen kann. »Eine homiletische Hermeneutik muss zeigen, wie in der Auslegung eines biblischen Textes sich die christlich-religiöse Sinneinstellung, ein bestimmtes Verständnis der Wirklichkeit und des eigenen Lebens aufbaut.«[19]

Die Christlichkeit der Predigt bewährt sich im freiheitlichen hermeneutischen Bezug auf die Bibel, die lebensweltliche Bedeutung in der Zustimmung der Hörenden, die sich »in einen übergreifenden, letztinstanzlichen Sinnhorizont hineingestellt«[20] fühlen: »Ja, so ist es«, »jetzt fühle ich mich besser«[21]! Predigt erscheint als »eine behutsame Verständigung darüber [...], wie gut es uns tun kann, dessen gewiss zu werden, dass wir hier und heute mit Gott leben.«[22] Evidenzerfahrungen stellen sich ein, die den Prozess der permanenten hermeneutischen Arbeit und Kritik unterbrechen und so etwas wie eine Offenbarung darstellen.

Im Zusammenspiel der beiden Hermeneutiken soll der Bibeltext bei Gräb sein Gewicht bewähren: »Die Subjektivität des Lesers muss sich in den Text investieren, aber so, dass sie durch die Objektivität des Werkes gebrochen, aufgebrochen wird.«[23] Der Bibeltext wird gleichsam zum Subjekt: Er »bricht die Unmittelbarkeit des Sich-Verstehens auf«[24] und eröffnet »eine neue Weise, die Welt zu sehen.«[25] Er bietet sich dem Subjekt an »mit neuen Perspektiven der Selbstbeurteilung und Weltdeutung«, mit denen es »in sein alltägliches Leben zurückkehrt.«[26]

Am Ende stehen in Gräbs *hermeneutischer Homiletik* die konsequente Kritik jeder dogmatischen Voraussetzung neben dem »Vertrauen in das Verstehen«[27]. Oder um es mit den Worten des Heidelberger Philo-

---

[18] A. a. O., 335.
[19] Ebd.
[20] A. a. O., 331.
[21] A. a. O., 330.
[22] A. a. O., 336.
[23] A. a. O., 333.
[24] Ebd.
[25] A. a. O., 334.
[26] A. a. O., 331.
[27] *Emil Angehrn*, Sinn und Nicht-Sinn. Das Verstehen des Menschen, Tübingen 2010, 384.

sophen Gessmann zu sagen[28]: Gräb verbindet eine klassische Hermeneutik des Vertrauens: Predigt versucht »eine behutsame Verständigung darüber zu sein [...], wie gut es uns tun kann, dessen gewiss zu werden, dass wir hier und heute mit Gott leben«[29], mit einer Hermeneutik des Verdachts, die als Grundlage der Homiletik nur die Freiheit als »hermeneutische Regel für die religiöse Sinnarbeit des Menschen«[30] kennt.

Nach meinem Eindruck bildet Gräbs Konzept in diesem spannungsvollen Miteinander in elaborierter Form den Standard ab, der homiletische Praxis heute vielfach kennzeichnet: Unsicherheit, was die eigene Predigt jenseits des eigenen Verstehens- und Produktionsprozesses trägt, verbindet sich mit Bemühungen, ihre lebensweltliche Evidenz zu erweisen; Skepsis, ob das eigene Verstehen anderen plausibel wird, steht neben einem traditionell begründeten Vorrang des Bibeltextes.

Andere homiletische Entwürfe lassen sich hier zuordnen. Ich verweise auf das Lehrbuch von Albrecht Grözinger, dessen Obersatz lautet: »Die Predigt als Kunst-Stück hat die Aufgabe, Gottesgeschichte und Menschengeschichte im Raum der Sprache als aufeinander bezogene Geschichten zur Darstellung zu bringen.«[31] Auch er hält fest: Es gibt keine Möglichkeit, das unendliche Spiel der Zeichenverweisungen still zu stellen; die Differenz bleibt unreduzierbar. »Die Predigt kann von den Menschen nicht verlangen, dass sie sich zuerst an einen bestimmten, von der Predigt vorgegebenen Ort begeben, damit die Inhalte der Predigt vernommen werden können. Deshalb müssen Prediger und Predigerinnen zu Kundigen der vielfältigen Lebenswelt und der in dieser Welt angesiedelten Lebensgeschichten werden. Es bedarf einer spezifischen Hermeneutik des lebensweltlichen und lebensgeschichtlichen Wahrnehmens, einer kulturhermeneutischen Kompetenz.«[32] Auch die Aufgabe und das Kriterium gelingender Predigt werden von Grözinger ähnlich bestimmt: Predigt hat sich auf dem Markt der Sinnangebote und Orientierungen zu bewähren; sie ist wirksam, wenn sie sich als lebensdienlich für einzelne erweist!

Zugleich lassen sich Unterschiede benennen: Statt von der Subjektivitätstheorie auszugehen, entwickelt Grözinger seine Hermeneutik von einer kritischen Ästhetik her. Grözinger kritisiert, dass Gräb den Menschen auf seine Selbstbezüglichkeit reduziert: »Gräb treibt dieses Programm der Überführung der christlichen Wahrheitsgehalte in Deutungsperspektiven auf eine radikale Spitze, wenn er eine konsequente

---

[28] Vgl. *Martin Gessmann*, Zur Zukunft der Hermeneutik (s. Anm. 4), hier: 127-133.
[29] *Wilhelm Gräb*, Bibel (s. Anm. 5), 336.
[30] A. a. O., 327f.
[31] *Albrecht Grözinger*, Homiletik, Gütersloh 2008, 170.
[32] A. a. O., 171.

»Entsubstantialisierung herkömmlicher theologischer bzw. biblischer Begriffe wie Verkündigung, Gesetz, Sünde, Evangelium, Gnade usw.« fordert: »Entsubstantialisierung meint, dass der Bedeutungsgehalt dieser theologischen Begriffe strikt auf die Funktion hin verstanden wird, die sie im Vollzug der religiösen Selbstdeutung humaner Subjekte für dieselben zu erfüllen vermögen. Diese Begriffe werden also als hermeneutische Konstrukte aufgefasst, vermöge deren Deutungsrahmen und -gehalte für die religiöse Selbstdeutung humaner Subjekte vor allem in ihren Krisen- und Konflikterfahrungen aufgebaut werden. Sie stehen insofern nicht für eine andere, göttliche, geistliche oder kirchliche Wirklichkeit, die von der menschlichen Erfahrungswirklichkeit substanziell unterschieden wäre, sondern für eine andere Sicht, eine andere Deutung dieser Wirklichkeit, eine solche, die im Horizont von religiösen Fragen aufgebaut sein möchte.«[33]

Demgegenüber betont Grözinger, dass die Dynamik der lebensgeschichtlichen Verflüssigung des Evangeliums »von der unaufzehrlichen Substanz dieser Geschichten«[34] lebt. In der Predigt kommt etwas auf die Hörenden zu, etwas ganz anderes, das mehr ist als die Deutungsperspektiven, die wir aus uns selbst entwickeln: das Messianische, radikale Fremdheit, widerfahrende Gerechtigkeit.

II   Manfred Josuttis: Predigt als offenes Geheimnis:
      Zur theologischen Kritik der hermeneutischen Homiletik

»Verstehen ist heute das Zauberwort, das die unterschiedlichsten theologischen Schulrichtungen in der homiletischen Arbeit verbindet.«[35] Wer predigen will, muss verstehen: den Text, die Situation, die Gegenwart und die Gemeinde; muss etwas verstehen von Rhetorik, Kommunikationstheorie und Psychologie, um zu einer Verständigung zu kommen; muss etwas von sich selbst[36] und – natürlich – auch von Gott verstehen, der (oder die) sich dem Verstehen entzieht! Wer predigen will, muss verstehen, denn: »In der bürgerlichen Welt, in der die

---

[33] A. a. O., 171f mit Bezug auf *Wilhelm Gräb*, Lebensgeschichten – Lebensentwürfe – Sinndeutungen. Eine Praktische Theologie gelebter Religion, Gütersloh 1998, 214f.
[34] *Albrecht Grözinger*, Homiletik (s. Anm. 31), 172.
[35] *Manfred Josuttis*, Heiligung des Lebens. Zur Wirkungslogik religiöser Erfahrung, Gütersloh 2004, 128. Der Text findet sich in leicht veränderter Form auch in: *Manfred Josuttis*, Über die ›Wut des Verstehens‹ als homiletisches Problem, in: *Wilfried Engemann*, Theologie der Predigt (s. Anm. 5), 35-50.
[36] Vgl. *Rudolf Bultmann*, Welchen Sinn hat es, von Gott zu reden? in: *ders.*, Glauben und Verstehen Bd. 1, Tübingen ³1958, 33: »Wenn gefragt wird, wie ein Reden von Gott möglich sein kann, so muss geantwortet werden: nur als ein Reden von uns.«

Pfarrerinnen und Pfarrer heute ihre Arbeit verrichten, gewinnt das Individuum durch hermeneutische Operationen seine Identität.«[37]
Es ist hier nicht möglich, die Entwicklung der Homiletik von Manfred Josuttis im einzelnen darzustellen. Schon unter dem Stichwort ›die Predigt als Gerücht‹[38] beschäftigt ihn der spezifisch theologische Charakter der Predigt als Rede; in einem neueren Beitrag beschreibt er Predigt als »Offenes Geheimnis«: »Das Wort Gottes ist und bleibt ein Geheimnis. Deshalb besteht ein zentrales homiletisches Problem in der Frage, wie man Geheimnisse weitergibt, ohne sie zu verraten.«[39]
Wichtige Fragen für eine evangelische homiletische Hermeneutik heißen deshalb: »Wie artikuliert sich ein Verstehen, das mehr sein will als eine Erklärung? Wie sieht eine Auslegung aus, die dem Einfluss des Heiligen Geistes Raum lassen möchte? Wie redet man von einem Geheimnis, ohne es im selben Augenblick zu verraten?«[40]
Ein Blick in exegetische Kommentare zeigt Josuttis, dass die historisch-kritische Forschung zu »einer Geheimnistheorie [führt, JCB], die im Kern auf Geheimnislosigkeit abzielt.« Die Kritik deckt auf, »wie sehr die Jesus-Bilder nach den Idealen der jeweiligen Glaubensgemeinde konstruiert worden sind« und dass sie »produktive Phantasien der Urgemeinde« darstellen. »Das negative Reinigungsverfahren, das die Jesus-Gestalt von allen anstößigen, weil wundersamen Zügen befreit, hat ja das vorteilhafte Ergebnis erbracht, dass dieser Mann seine palästinischen Zeitgenossen wie ein alter Marburger in die Entscheidung gerufen haben soll.«[41]
Rationalismus und Kopflastigkeit wirft Josuttis dieser hermeneutischen Praxis vor; nennt sie die Praxis des modernen, eindimensionalen Menschen, der sich selbst, die anderen und (die Rede von) Gott durchschaut. Demgegenüber betont er: »Das Geheimnis besteht in der Macht, die eine Geschichte über Menschen gewinnt. Auslegung wird zur Austreibung, wenn die Geschichte von der Macht, die sie beherrscht, gereinigt wird.«[42] »Der Text wird verstanden, indem und weil er sein Geheimnis verliert. [...] Er ist durch die Predigt für die Menschen verbraucht.«[43]

---

[37] *Manfred Josuttis*, Heiligung (s. Anm. 35), 130.
[38] *Manfred Josuttis*, Der Prediger in der Predigt: Sündiger Mensch oder mündiger Zeuge, in: *ders.*, Praxis des Evangeliums zwischen Politik und Religion. Grundprobleme Praktischer Theologie, München 1974, 70-94.
[39] *Manfred Josuttis*, Offene Geheimnisse. Ein homiletischer Essay, in: *ders.*, Offene Geheimnisse. Predigten, Gütersloh, 1999, 7-15.
[40] A. a. O., 12. Vgl. die häufigen Verweise auf Bibelstellen: u. a. Mk 8,18 und Mt 17.
[41] A. a. O., 8.
[42] A. a. O., 9.
[43] A. a. O., 11.

Mit seiner Kritik knüpft er an hermeneutische Theorien seit Schleiermacher an; Jochen Hörisch hat sie mit seinem Buch über ›die Wut des Verstehens‹ in Erinnerung gerufen[44]: »Wut will ausräumen, was nicht in die Welt gehört, das Unendliche, das sich als Befremdliches zeigt, das Andere, das die Kreise des Eigenen stört.«[45] Solch ein kolonialistisches Weltverhältnis und Machtstreben, solche Beherrschung des Eigenen und des Fremden sind dem Gottesverhältnis, aber auch unseren Beziehungen zu anderen und unserem Selbstverhältnis unangemessen. Wie lässt sich die Realität des Heiligen Geistes im Predigtprozess ernst nehmen und verhindern, dass »die Macht Gottes [...] aufgelöst [wird, JCB] und zu einer menschlichen Allerweltsweisheit verflacht«[46], zerredet oder ignoriert wird?
Josuttis begrüßt die Öffnung der Homiletik zur Rezeptionsästhetik, weil sie heilsam alle Forderungen nach Verständlichkeit relativiert. Sie lässt den Hörenden Freiheit, bewahrt die Predigenden vor pastoralen Allmachtsphantasien und sichert dem Bibeltext einen Überschuss an Auslegungspotential. Er spitzt diese Perspektiven aber religionsphänomenologisch zu: »Menschen verstehen nicht alles, was in der Bibel steht, weil sie das nicht wollen, weil sie das nicht können, vielleicht sogar auch: weil sie das nicht sollen. Die hermeneutischen Zwänge im homiletischen Akt werden nicht nur von den Rezeptionsmöglichkeiten der Hörer und Hörerinnen begrenzt, sondern ergeben sich auch aus der Eigentümlichkeit religiöser Texte.«[47] Spannend ist, dass es in der Bibel um ›offene Geheimnisse‹ geht, die nicht nur einem esoterischen Zirkel zugänglich sind, sondern die Öffentlichkeit suchen, ohne ihren Geheimnischarakter aufzugeben.
Unter diesem Blickwinkel erscheint die Verklärungsgeschichte als Vision in vorösterlicher Zeit und als Einführung in das Geheimnis: »Religiöse Praxis findet nicht einfach auf dem Forum der Öffentlichkeit statt. Religiöse Überlieferung wird nur unter bestimmten Bedingungen weitergegeben.«[48] Die biblischen Texte erzählen selbst davon, dass Verstehen nicht selbstverständlich oder gar sicher erwartbar ist, »dass sie gerade in ihrer Unfasslichkeit das Geheimnis des Geistes und die Sehnsucht des Herzens vereinen.«[49] »Ein Geheimnis kann man verstehen. Das bedeutet dann: Man kann es in seiner Unheimlichkeit und Unergründlichkeit stehen lassen und damit oder besser sogar: daraus leben. Man kann die Macht, die darin steckt, respektieren und

---

[44] Vgl. Schleiermachers erste Rede in: *Friedrich Daniel Ernst Schleiermacher*, Über die Religion, hg. v. Andreas Arndt, Hamburg 2004, und *Jochen Hörisch*, Die Wut des Verstehens – Zur Kritik der Hermeneutik, Frankfurt a.M. 2000.
[45] *Manfred Josuttis*, Heiligung (s. Anm. 35), 130.
[46] *Manfred Josuttis*, Geheimnisse (s. Anm. 39), 7.
[47] *Manfred Josuttis*, Heiligung (s. Anm. 35), 134.
[48] *Manfred Josuttis*, Geheimnisse (s. Anm. 39), 8.
[49] *Manfred Josuttis*, Heiligung (s. Anm. 35), 136.

die Angst, die das auslöst, mehr oder weniger verlieren. Man kann akzeptieren, dass man vieles, aber nicht alles erklären kann.« Die entsprechende Haltung des Menschen gegenüber einem solchen Geheimnis ist nicht Durchschauen, Auflösen, Einordnen und Verwalten, sondern Ehrfurcht. »So kann man sich selbst und die anderen und auch die Macht des Heiligen durchaus verstehen.«[50]
Wo Gräb gesteigerte Evidenzen und ein verbessertes religiöses Selbst- und Weltverstehen als Ergebnis durch eine Predigt erhofft, die aus hermeneutischer Arbeit hervorgegangen ist, betont Josuttis die doxologische Differenz und die Erleuchtung als Geistesgabe, durch die die Texte »selbst für die Durchsetzung ihrer Wahrheit sorgen«[51]: »Zwischen der Heiligen Schrift und dem menschlichen Herzen hängt eine Decke, die weder die Lesenden bzw. Redenden noch die Hörenden von sich aus beseitigen können. Wird dieses Hindernis jedoch aus dem Weg geräumt, dann stellt sich eine Erleuchtung ein, die alle Formen kognitiver Aufklärung und emotionaler Begeisterung übersteigt, weil sie die davon Erfassten auratisch erfüllt.«[52] Als Beispiel, wie Menschen in Geschichten verstrickt werden[53], verweist Josuttis auf Johann Peter Hebels Geschichte vom Kannitverstan, in der einer gerade dadurch erleuchtet wird, dass er *nicht* versteht.
Seine Predigten zeigen Josuttis als Zeitgenossen; seine homiletischen Arbeiten sind sich stets der aktuellen Entwicklungen im wissenschaftlichen Umfeld bewusst. Dennoch treten die Hörenden und ihre Lebenswelt in seinem Ansatz in den Hintergrund. Es wird kein kundiges Abholen oder Ergründen der Lebenswelt unterschiedlicher Milieus durch die Predigenden gefordert, damit sie den Hörenden das Verstehen erleichtern. Das Geheimnis ist so spannend, dass alle es erfahren wollen, so mächtig, dass es alle ergreift – jeder Versuch, es milieutheoretisch ohrgerecht zu fassen, sperrt es ein, nimmt ihm seine Anstößigkeit und Kraft.
Josuttis wehrt sich gegen eine homiletische Praxis, die das Verhältnis von Glauben und Verstehen umdreht: »Das Verstehen wird gleichsam als missionarische Methode verwendet. Die unausgesprochene Voraussetzung lautet: Wenn die Hörerinnen und Hörer den Text verstehen, dann werden sie das, was im Text zur Sprache kommt, auch glauben.« Dagegen hält er fest: »Dem Glauben ist nicht die Verheißung gegeben, das Geheimnis des eigenen Lebenslaufs entschlüsseln zu können.« Vielmehr unterbricht das ergreifende Wort die Dauerreflexion. »Wenn das Wort Gottes Menschen erreicht und Glauben

---

[50] *Manfred Josuttis*, Geheimnisse (s. Anm. 39), 10.
[51] A. a. O., 12.
[52] *Manfred Josuttis*, Heiligung (s. Anm. 35), 135.
[53] *Wilhelm Schapp*, In Geschichten verstrickt. Zum Sein von Mensch und Ding, Frankfurt a.M. [4]2004.

bewirkt, dann geraten sie in den Machtbereich eines Geheimnisses, das die Grenzen der Wirklichkeit erweitert und die Sinnfrage sinnlos macht.«[54] Ein neues Verstehen wird möglich, das sich vom Erklären prägnant abhebt: »Ich hätte viele Dinge verstanden, hätte man sie mir nicht erklärt.«[55]
Manfred Josuttis hat seine prinzipiellen Überlegungen stets im Blick auf konkrete Handlungsoptionen für Pfarrerinnen und Pfarrer entwickelt: Gegen alle Versuche einer stärkeren Themenorientierung, die vermeintlich der Lebenswelt näher steht, betont er die Bedeutung der biblischen Texte für die Predigtarbeit. Rhetorisch entsprechen dem Interesse am offenen Geheimnis Kreisbewegungen, sich verdichtende kurze Sätze, Wortreihen, einzelne Worte und Wiederholungen. Es ist ein Zwang, der Predigende treibt und jeden, auch den hermeneutischen und den rhetorischen Ruhm beiseite fegt (I Kor 9,16).[56] Zugleich ist die Predigt für Josuttis liturgisch eingebettet. Anrede und Anrufung gehören eng zusammen: Deutlich wird das durch Kanzelauftritt und -segen, vor allem aber durch das Gebet nach der Predigt, das Josuttis jeder seiner Predigten beifügt und das zumeist in eine Doxologie mündet. Nach einer rationalistischen Predigt, die alles klärt, nach der alles verstanden ist, braucht niemand mehr zu beten![57]
Das Ziel der Predigt ist »Vergegenwärtigung« im Geheimnis. Das Predigtwort »schenkt, was es sagt. Wovon es redet, geschieht.«[58] Verstehen tritt hinter dem Erleben der Kraft des Geistes zurück; ob sich Predigten im Nachhinein verstehen lassen bzw. was dies ihrer Wirkung hinzufügt, bleibt offen.[59]

III Alexander Deeg, Martin Nicol: Homiletische Hermeneutik als Arbeit an einer Aufführung

»Die Auslegung biblischer Texte besteht wesentlich darin, dass sie in lebendiger Aufführung (Performance) Ereignis werden; nur im Kontext solcher Ereignisse lässt sich der Text entdecken.«[60] »Nur der aufgeführte, inszenierte, erlebte (Noten-) Text, seine Performance also, eröffnet sachgemäß die Spur zum Text und seiner analytischen Inter-

---

[54] *Manfred Josuttis*, Geheimnisse (s. Anm. 39), 11.
[55] *Manfred Josuttis*, Heiligung (s. Anm. 35), 141 zitiert hier einen Aphorismus von Stanislaw Lec.
[56] A. a. O., 140.
[57] *Manfred Josuttis*, Geheimnisse (s. Anm. 39), 14.
[58] A. a. O., 13.
[59] Vgl. *Erika Fischer-Lichte*, Ästhetik (s. Anm. 2), 270-280.
[60] *Martin Nicol*, Einander ins Bild setzen. Dramaturgische Homiletik, Göttingen 2002, 56.

pretation.«⁶¹ Es findet sich kein Skopus im Text wie ein Keks in der Schachtel, wie Nicol und Deeg mit Henning Luther festhalten, sondern die »hermeneutische Fortbewegung erfolgt prinzipiell zirkulär«⁶², vom Ereignis der Aufführung zum Text, vom Text zur Aufführung. Dieses zurzeit nicht nur im Atelier Sprache in Braunschweig, sondern auch in Predigerseminaren und an Theologischen Fakultäten wirkmächtige Modell nimmt neuere rhetorische, ästhetische und rezeptionsästhetische Ansätze auf, bringt sie in einen Austausch mit Entwicklungen in der nordamerikanischen Homiletik und vollzieht die performative Wende vor allem theaterwissenschaftlicher Ansätze nach. Es konzentriert die eigenen Überlegungen unter dem Stichwort ›Dramaturgik‹.

»Predigt ist Rede in Spannungsfeldern.«⁶³ Im Wechselspiel von einzelnen frei sich entwickelnden moves, die zugleich durch eine erkennbare structure verbunden sind, baut die Predigt Spannungen auf und gestaltet sie. Hörenden lässt sie die Freiheit zu einer eigenständigen, aber nicht beliebigen Rezeption. Spannungen entstehen von der Situation oder der Gemeinde, aber vor allem auch vom Bibeltext her. Deeg und Nicol demonstrieren, wie Kanzelsprache und Bibelwort sich um der spannenden Predigt willen wechselseitig produktiv ins Wort fallen, wie Verfremdung und Parodie neue Perspektiven eröffnen.⁶⁴

Der Wechselschritt zwischen Homiletik und Hermeneutik gilt dem Ansatz der »Dramaturgischen Homiletik« als »Grundfrage für jede denkbare Erneuerung der Predigtkultur«⁶⁵. »Zur Entdeckung solcher Spannungen leistet die Exegese ihren spezifischen textbezogenen Beitrag.«⁶⁶ Die Predigenden begegnen dem biblischen Text methodisch kontrolliert und kritisch. Er lässt sich unterschiedlich lesen und bleibt auch nach getaner Predigtarbeit fremd: »Die unendliche Bewegung der Interpretation beginnt und endet im Wagnis einer Antwort, die kein Kommentar hervorbringt noch ausschöpft.«⁶⁷ Ziel ist es, »dass die fremde Welt zu einem fremden Gast wird, an dem wir Wichtiges wahrnehmen und Eigenes entdecken, ohne in einer ›Wut des Verste-

---

[61] A. a. O., 58.
[62] A. a. O., 59.
[63] A. a. O., 62.
[64] *Martin Nicol/Alexander Deeg*, Im Wechselschritt zur Kanzel, Göttingen 2005, bes. 114-128.
[65] *Alexander Deeg/Martin Nicol* (Hg.), Vorwort, in: *dies.*, Bibelwort und Kanzelsprache. Homiletik und Hermeneutik im Dialog, Leipzig 2010, 9.
[66] *Martin Nicol*, Bild (s. Anm. 60), 62.
[67] *Paul Ricœur*, Philosophische und theologische Hermeneutik, in: *ders./Eberhard Jüngel*, Metapher. Zur Hermeneutik religiöser Sprache, München 1974, 24-45, hier: 43.

hens‹ alles zu vereinnahmen und letztlich nichts zu verstehen.«[68] »Dies erfordert die Bereitschaft zu einer dem Bibeltext angemessenen theologisch-anthropologischen Fragehaltung, also zur wahrhaftigen Suche nach Wahrheit, Glauben und Verstehen, in der Erwartung, dadurch in den Dialog Gottes mit der Welt einzutreten.«[69] Alexander Deeg hat diese spannungsvolle Hermeneutik jüngst noch einmal mit der Unterscheidung zwischen einer idealistischen und einer präsenzorientierten Strategie im Kampf des Geistes gegen den Buchstaben beschrieben.[70]
Idealistische Interpretation zähmt den Bibeltext und versucht, die geschichtliche Gestalt zu neuem Leben zu erwecken. Die Predigt streift vergangene Hüllen ab und entnimmt dem Überlieferungsprozess das Ewige (Singular!) als die Wahrheit rechten Glaubens. Für Hörende ist dieser Weg attraktiv, weil er Komplexität reduziert und das Interesse befriedigt: Ich will hören, was ich weiß! Aber dieses Verfahren bringt den ersten, den biblischen Text zum Schweigen. Stattdessen kommt der vermeintlich überzeitliche Kern zur Sprache oder der neue Text des Predigenden. Den Hörenden wird »die Möglichkeit genommen, selbst durch das Hören des biblischen Wortes im Kontext der Predigtrede Erfahrungen mit diesem Wort zu machen.«[71]
Demgegenüber betont die Präsenzkultur, wie sie insbesondere von Gumbrecht und Fischer-Lichte entwickelt wurde, die Bedeutung der Performanz, durch die sich der Text allererst in der »Präsenz des gelebten Lebens«[72] realisiert. »Es ist die Ereignishaftigkeit von Aufführungen, die sich in der leiblichen Ko-Präsenz von Akteuren und Zuschauern, in der performativen Hervorbringung von Materialität, in der Emergenz von Bedeutung artikuliert und in Erscheinung tritt, welche derartige Prozesse der Transformation ermöglicht und bewirkt.«[73] Das Interesse am Verstehen und an »Sinneffekten«[74] tritt zurück, es kommt zu einer »Befreiung von Verstehensleistungen«[75]. Die Welt wird wieder verzaubert, die an der Aufführung Beteiligten verwandeln sich. Wichtig werden die Materialität des Wahrgenommen, die Körper, die Orte und Umgebungen. Es stellen sich Präsenzeffekte ein, die Sinnef-

---

[68] *Helmut Schwier*, Zur Sache der Texte. Bibel, Predigt und Hermeneutik aus exegetischer Sicht, in: *Alexander Deeg/Martin Nicol*, Bibelwort (s. Anm. 65), 11-30, hier: 28.
[69] A. a. O., 29.
[70] *Alexander Deeg*, Geist und Buchstabe. Homiletisch-hermeneutische Überlegungen zu einer schwierigen Beziehung, in: *ders./Martin Nicol*, Bibelwort (s. Anm. 65), 73-93.
[71] A. a. O., 80.
[72] A. a. O., 78.
[73] *Erika Fischer-Lichte*, Ästhetik (s. Anm. 2), 315.
[74] *Hans Ulrich Gumbrecht*, Diesseits der Hermeneutik (s. Anm. 2), 18.
[75] *Erika Fischer-Lichte*, Ästhetik (s. Anm. 2), 325.

fekte umfassen und von ihnen geprägt werden, sich aber nicht auf die Deutung und auf das Ziel gesteigerter Deutungsfähigkeit zurückführen lassen.[76]

Dramaturgische Homiletik impliziert keine literarische, sondern eine rhetorische, ja dramaturgische Hermeneutik.[77] Es geht um Leiblichkeit, Sinnlichkeit, Emotionalität, um die Materialität des Textes, um das Wort als mündliches Geschrei. Es geht um das Wahrnehmen und Gestalten von Differenzen, um das Halten von Spannungen, um eine Aufführung. Laute, aber auch andere Sinneseindrücke dringen »im Akt der Wahrnehmung in den Körper des Wahrnehmenden« ein; sie »wirken auf ihn ein, transformieren ihn.«[78] Der Buchstabe soll groß werden und die Lust an der Bibel wachsen, so dass die Hörenden am Ende der Predigt sagen: Das muss ich selber lesen und erfahren! Das in der Predigt zur Aufführung kommende »Christusereignis ist der Ausgangspunkt einer neuen und erneut unendlichen und unabgeschlossenen Beschäftigung mit dem Buchstaben.«[79]

Die ›Produktion von Präsenz‹ in der Predigt geschieht theologisch gebrochen; sie ist Inszenierung, die um ihre Grenzen weiß: die Hörenden, die Situation, der Bibeltext verändern die Aufführung; der Mensch beherrscht weder Natur noch Geschichte, sondern führt sich im Leben auf »wie in den Aufführungen der Kunst«[80]. So verweist das Predigtgeschehen auf die grundlegende doxologische Differenz zwischen Gott und Mensch: »Wahrscheinlich entsprechen nur beide Verse (I Kor 13,12 und II Kor 3,18) zusammen der Wahrheit und Wirklichkeit biblischer Hermeneutik, die sich immer neu zwischen Enttäuschung und Erfüllung, verweigerter Begegnung und seligmachendem Ereignis bewegt.«[81]

IV Christoph Bizer: Predigtarbeit als respektvolle Vorbereitung und Gestaltung eines Festes

»Wie mache ich es denn?«[82] Unter dieser Überschrift gibt Christoph Bizer Rechenschaft über seine homiletische Hermeneutik und seine Predigtarbeit.

---

[76] Vgl. *Hans Ulrich Gumbrecht*, Diesseits der Hermeneutik (s. Anm. 2), 18.
[77] *Michael Meyer-Blanck*, Bibel und Predigt aus homiletischer Sicht, in: *Alexander Deeg/Martin Nicol*, Bibelwort (s. Anm. 65), 31-46.
[78] *Erika Fischer-Lichte*, Ästhetik (s. Anm. 2), 271.
[79] *Alexander Deeg*, Geist (s. Anm. 70), 87.
[80] *Erika Fischer-Lichte*, Ästhetik (s. Anm. 2), 362.
[81] *Alexander Deeg*, Geist (s. Anm. 70), 87.
[82] *Christoph Bizer*, Vorgaben und Wege zu meiner Predigt. Ein homiletischer Traktat, in: *ders.*, Von Drachen, von Engeln, vom christlichen Wesen. Psalmen-

Bizer hat Zeit für seine Predigt, Zeit, die dem Bibeltext Raum verschafft und es ihm ermöglicht, selbst aktiv zu werden. »Ich denke in dieser Zeit kaum an ihn. Währenddessen aber ist der Text aktiv, er fängt an, sich mit mir übereinzubringen.«[83] Wie die Verbindung von Predigt und Gebet bei Josuttis zeigt, dass der Umgang mit dem Bibeltext unter einem doxologischen Vorbehalt steht, so ist es bei Bizer diese spezifische *Zeitstruktur*, in der die geistliche Grundspannung der Predigtarbeit ihren ersten Ausdruck findet.

Das Geistliche der Predigtarbeit zeigt sich zudem im *Respekt für den besonderen Charakter der Heiligen Schrift*: »Die Heiligkeit Heiliger Schrift zu veranschlagen heißt, das Geheimnis des Heiligen zu respektieren; die Verhüllung gehört wesentlich zu ihm.«[84] Wer das weiß, versucht Banalisierungen und Instrumentalisierungen zu vermeiden. Denn das Heilige ist sensibel und droht, sich zurückzuziehen! »Ich denke, es macht auch die Qualität einer Predigt aus, dass sie nicht darauf dringen muss, in allem allen verständlich zu sein. Dieser Satz bildet für mich nicht nur auf der rhetorischen Ebene die Kehrseite zur Erfahrung des selektiven Hörens. Vielmehr setzt es sich für mich zur Heiligkeit des Gottesdienstes in Beziehung. Der Unnahbarkeit des Heiligen darf eine Predigt schon ab und zu so entsprechen, dass sie nicht au fond in purer Verständlichkeit aufgeht.«[85]

In dieser Konstellation kommt drittens der *Ort* der Aufführung als prägendes Element der geistlichen Praxis in den Blick. Im Kirchenraum gewinnt die Spannung zwischen Bibelauslegung und Präsenz des unverfügbaren Heiligen Gestalt. Er weist über die Predigt und den aktuellen Bibeltext hinaus auf die Heilige Schrift hin, von der er durchwirkt ist. Er »dimensioniert die Rede und hält sie bei der Sache. Er reguliert die Länge der Sätze und ihre Sprachmelodie.«[86]

Ähnliches leistet viertens die Einbindung der Predigt in den *Gottesdienst*: Das Credo etwa »gibt dem Sprechenden eine christliche Zeit- und Raumstruktur vor«[87]. Bevor ich spreche, erfüllt und prägt es den Raum; »auch wenn ich aufhöre zu sprechen, spricht ›es‹ weiter und nimmt mich mit.«[88] So entlasten Liturgie und Kirchenraum die Predigenden. Bizer spitzt dies bis zu der Formulierung zu, dass der Kirchenraum für ihn in der Predigtarbeit wichtiger ist als die Gemeinde. Das je aktuelle Verstehen der konkret Anwesenden, die Konzentration auf die Wirkung und den Erfolg, tritt zurück hinter eine eschatologisch ausge-

---

predigten mit einem homiletischen Traktat, Neukirchen-Vluyn 1993, 82-106, hier: 82.
[83] A. a. O., 83.
[84] A. a. O., 86.
[85] A. a. O., 106.
[86] A. a. O., 90.
[87] A. a. O., 87.
[88] A. a. O., 89.

richtete, gelassene, doxologische Perspektive. Wer predigt, hört im Kirchenraum den Hall der Predigten, die Menschen über viele Jahre über diesen Text gehört haben[89]; und er oder sie hört den Widerhall der eigenen Predigt. In diesem Zusammenklang werden die Predigenden von der Last befreit, die Wahrheit selbst zu realisieren und mit ihrer Predigt Recht zu behalten[90], aber sie gewinnen auch die Freiheit, »das Evangelium auf eigene Weise zu realisieren«[91].

Bizer zielt damit nicht auf eine fromme Sonderwelt. In ihr würde mir »meine Predigtsprache [...] selber hohl und leer klingen«[92]. Vielmehr betont er, dass die Predigenden moderne Menschen mit großem Abstand zu allen Aussagen der Bibeltexte sind, »säkular, neuzeitlich«[93] bestimmt, mit einem hohen eigenen Glaubensbedürfnis. »Ich wäre gern ein gläubiger und frommer Christenmensch, der festen Grund unter den Füßen hat und aufrecht durchs Leben geht.«[94] Aber als moderne Menschen und als wissenschaftliche Theologinnen und Theologen wissen Predigende, dass dies nicht gelingt.

Das Ziel der Predigtarbeit ist es, sich das gesagt sein zu lassen, die eigenen Machtansprüche loszulassen und sich in eine spezifische Beziehung zum Bibeltext zu stellen: »Ich stelle mich ihm zur Verfügung: mal sehen, was er mit mir anstellt.«[95] »Gewissermaßen bin ich meine Versuchsperson in Sachen Christentum.«[96] In jeder Predigtarbeit steigen die Predigenden neu ins Glauben ein und erfahren Befreiung: »Quälendes wird verscheucht; das Haupt wird wieder hoch getragen, und die Augen blicken frei um sich.«[97]

Im Umgang mit dem Text schaffen Methoden Distanz. Historische Kritik macht den Text »möglichst fremd«. Sie zeigt: Jede Aneignung ist und bleibt Unrecht. »Historische Kritik lehrt sehen. [...] Die Exerzitien, die einen Text davor schützen wollen, dass er vereinnahmt wird, verdienen unseren Respekt.« Aber ihre »Arbeitsrichtung [...] ist gegenläufig zur homiletischen Aufgabe«[98].

Bizer ist wichtig, dass die Texte der Heiligen Schrift nicht von sich aus »gleichsam [...] personhafte Subjekte« werden, die predigen, sondern »aufgrund ›meiner‹ von mir zu verantwortenden Theologie, durch die

---

[89] Vgl. *Frank M. Lütze*, Die forma formans der Predigt. Zur vernachlässigten Rolle der Predigttradition, in: *Alexander Deeg/Martin Nicol*, Bibelwort (s. Anm. 70), 115-136.
[90] A. a. O., 136.
[91] *Christoph Bizer*, Traktat (s. Anm. 82), 93.
[92] A. a. O., 99.
[93] A. a. O., 84.
[94] A. a. O., 90.
[95] A. a. O., 85.
[96] A. a. O., 102.
[97] A. a. O., 91.
[98] A. a. O., 101.

ich (mit anderen) Kirche und Glauben und Gottesrede verantwortend konzipiere«[99].
Es geht um eine ›aufgeklärte‹ geistliche Praxis in der Predigtvorbereitung, die sich aus zwei Elementen zusammensetzt:
Die erste fragt wie ein Uhrmacher nach konsistenter Gestaltung. Sie interessiert, »wie sich die Elemente des Textes aufeinander beziehen und von welchen Blickpunkten her sich der Text in seiner Gesamtheit für heutige Menschen entfaltet. Wo sitzen die Angelpunkte, um die sich das Ganze dreht, um Möglichkeiten zu öffnen, am geistlichen Leben teilzuhaben?«[100] »Die Verknüpfung der Gedanken muss stimmig sein. Der nächste Satz soll den vorangehenden fortführen. Ein Neuansatz muss deutlich markiert sein.«[101] »Auch eine Einführung im Kontrast verlangt ihre Stringenz.« »Es gilt Spannungen zu entdecken, zu pflegen und zu gestalten. Aber auch zu wissen: Das müssen die Hörenden nicht alles wissen.« »Eine Predigt muss mehr sein als ihr funktional bestimmbarer Zweck.«[102]
In der zweiten Predigtvorbereitung geht es um die »Gestalt«[103]. Der Prediger, die Predigerin sieht sich als Organ, um den Text wahrzunehmen. Er oder sie fragt nicht nach Bedeutung, sondern nach dem, was mit ihm oder ihr geschieht. »Ich komme an diese Dimensionen des Textes nicht heran, wenn ich ihn nicht in mir selbst Gestalt gewinnen lasse.«[104] Es geht um Formen des Textes, um seine Sinnlichkeit, seinen Rhythmus und seine Sperrigkeit. Die Frage ist nicht: Welche theologische Botschaft wird hier formuliert oder bestätigt? sondern: Was ist das Konkrete, das Spezifische dieses Abschnittes? *Was würde der Bibel fehlen, wenn diese Stelle nicht überliefert wäre?*
Je näher die Worte und Sätze den Predigenden im wahrsten Sinne des Wortes zu Leibe rücken, desto attraktiver sind sie für den Predigtprozess![105] Spannend wird der Bibeltext, wo er mich unterfängt und trägt, wo er mich umgibt, so dass »ich ihn potentiell mit allen Poren der Haut in mich aufnehme – das zäh herabfließende Öl [...] durch Tastsinn, Auge und Nase.«[106] »Ich frage deshalb vornehmlich nach Methoden, die Identifikationen ermöglichen und sie für die Reflexion offen halten.«[107]

---

[99] A. a. O., 101.
[100] A. a. O., 98.
[101] A. a. O., 97.
[102] A. a. O., 99.
[103] Ebd.
[104] A. a. O., 100.
[105] Z. B. das Öl im Bart von Ps 133,2.
[106] A. a. O., 84.
[107] A. a. O., 102.

Statt darüber zu reden, gilt es, das Verheißene auszuprobieren, so dass in der Predigt z. B. »die Bewegung des Dankens selbst«[108] Gestalt gewinnt. »In der Verheißung, auf die meine Predigt hinausläuft, ist [...] Christus als Gegenwärtiger angesetzt, der sich meine Predigt zu eigen macht, sie verbürgt und sich an ihr glauben läßt.«[109] Es ist Christus, der übereignet wird und der – und damit kommt der ›hermeneutische‹ Rahmen wieder ins Spiel – zugleich im Kirchenraum etwa im Kreuz präsent ist. Diese doppelte Präsenz Christi setzt die Predigt unter Spannung: »Die Verheißung muss größer, kühner sein, als ich erschwingen könnte.« Das Kreuz zeigt, dass es um mehr als um Banalitäten geht! Zugleich darf die Spannung nicht zu groß werden, damit die Zuhörenden die Möglichkeit und den Raum behalten, »die Verheißung im Ergreifen gelten zu lassen.«[110]

Aufgeklärte geistliche Praxis ist mehr als individuelle Spiritualität. Bizers homiletische Hermeneutik – und hier liegt ein wesentlicher Unterschied zu den anderen Entwürfen – ist eine *soziale Hermeneutik*: Die Bibel »braucht möglichst viele ›Organe‹, an denen sie je unterschiedlich zum Klingen kommt, damit sie ihre eigene Fülle zum Zuge bringt. Wer immer unter den Christenmenschen sich diesem Gestaltungsvorgang der Bibel entzieht, [...] hindert [die Bibel, JCB] daran, zu ihrer Fülle zu kommen; er trägt damit zur geistlichen Verarmung der Kirche bei.«[111] Die Heilige Schrift ist »aufgeschrieben, angelegt zur Entfaltung ihrer unendlichen Fülle in der Auslegung durch potentiell alle Menschen zum Erweis ihres Geistes und ihrer Kraft«[112].

Die Predigt lädt die Hörenden ein, sich als Christinnen und Christen zu erproben. Sie gehen den Weg mit, den ihnen die Predigt weist, den die Predigenden für sich erprobt haben. Sie folgen hellwach, argumentativ, aufgeklärt, um der Wahrheit willen. Aber sie folgen zugleich selbstvergessen. »Was entsteht, war so nie zu erwarten und hebt doch alle Beteiligten über sich hinaus.«[113] Die Predigt endet in einem »Fest, intellektuell dekliniert, natürlich«[114], in dem Gott die Ehre gegeben wird.

Am Ende scheinen bei Bizer die Last und die Freude der Predigtarbeit im Fest des Gottesdienstes auf. Die Arbeit am Fest erfordert Konzentration, ein nervöses Aufspringen, ein hierhin und dorthin Gehen, weil noch etwas erledigt, vorbereitet, verschönert, gestaltet werden muss. Vieles ist zu bedenken: Bin ich rechtzeitig fertig, wird es den Gästen gefallen, wird sich die kraftvolle Wirklichkeit einstellen, die ich und

---

[108] Ebd.
[109] A. a. O., 94.
[110] A. a. O., 95.
[111] A. a. O., 85.
[112] A. a. O., 85f.
[113] A. a. O., 97.
[114] Ebd.

die anderen erhoffen? Im Gottesdienst selbst aber feiere ich mit und werde vom Fest selbst getragen.

V Abschließende Thesen

Vier Modelle homiletischer Hermeneutik: Vieles, was sie verbindet, habe ich bereits in der Einleitung benannt. Ich schließe mit fünf knappen Thesen und Fragen, die die Predigtlehre und die Predigtarbeit weiter beschäftigen werden:
1. Homiletische Hermeneutik braucht *wissenschaftliche Exegese*. Die vorgestellten Modelle betonen die Bedeutung der biblischen Texte für die homiletische Arbeit. Dabei wird die klassische, an den Universitäten gelehrte Exegese (selbstverständlich) vorausgesetzt, insofern sie das Eigene und Fremde des Textes sichern hilft. Produktive und kreative Impulse erwarten sich die Modelle aber eher von anderer Seite: von literatur- oder theaterwissenschaftlichen Zugängen, von Dialogmodellen, von Horizontverschmelzungen. Die biblischen Wissenschaften nehmen diese Entwicklung zuweilen als Missachtung wahr; die Homiletik fragt zurück, ob die Exegese denn selbst überhaupt scientia eminens practica sein will. Statt gegenseitiger Vorwürfe ist ein Dialog der Fächer gefragt, gezielte Grenzüberschreitungen mit konkreten Lehr- und Forschungsversuchen, wie sie an manchen Fakultäten bereits stattfinden[115] und für beide Seiten neue Impulse versprechen.[116]
2. Homiletische Hermeneutik ist »*Hermeneutik des Fremden*«[117]. Das gilt für alle vier Ecken des homiletischen Vierecks: Wer sich hermeneutisch dem Text, der Gemeinde, der Situation und sich selbst nähert, bekommt keine der Ecken in den Griff. Jede bleibt frei; jede hat mehr zu sagen als das, was Predigende in ihr sehen und ihr zuschreiben. Die Modelle von Josuttis, Deeg/Nicol und Bizer bieten ein reiches Methodeninstrumentarium, um dieser Freiheit im hermeneutischen Prozess gerecht zu werden. Zugleich zeigt sich aber auch in den Modellen eine für die Hermeneutik grundlegende Differenz: Während Josuttis, Nicol/ Deeg und Bizer die hermeneutische Aufgabe der Predigtarbeit gerade darin sehen, die Spannung zu halten und »Gegensätze zu konturieren«, scheint Gräb primär daran interessiert, im hermeneutischen Prozess

---

[115] Vgl. die zahlreichen Arbeiten von Gerd Theißen, aber auch die Programmatik des Heidelberger Lehrstuhls von Prof. Helmut Schwier.
[116] Vgl. den anregenden Beitrag von *Jens Schröter*, Nicht nur eine Erinnerung, sondern eine narrative Vergegenwärtigung. Erwägungen zur Hermeneutik der Evangelienschreibung, ZThK 108 (2011), 119-137.
[117] *Martin Nicol/Alexander Deeg*, Wechselschritt (s. Anm. 64), 127.

»Einheit herzustellen«[118]. Re- oder De-konstruiert homiletische Hermeneutik ›Sinn‹?

3. Homiletische Hermeneutik lebt aus der *doxologischen Differenz*. Die Predigt verkündigt ein ›offenes Geheimnis‹. Mit dieser Begrifflichkeit betont Manfred Josuttis die hermeneutische Aufgabe jeder Predigtarbeit und ordnet sie in einen theologischen Zusammenhang ein. Die Homiletik lebt wie alle Theologie aus der Erfahrung und Reflexion einer grundlegenden doxologischen Differenz. Prozesse des Verstehens und der Verständigung über den dreieinigen Gott stoßen an Grenzen, die theologisch bedacht werden müssen, aber nicht letztlich erklärt werden können. Predigt redet immer auch von einem Geheimnis und von der Kraft dieses Geheimnisses, sich selbst zur Geltung zu bringen und Menschen zu erfüllen. Wer predigt, weiß darum und stellt sich diesen Grenzen. Er oder sie sucht Wege, ihnen in der Predigtarbeit Raum zu geben und sich von ihnen mit bestimmen zu lassen, in einer ehrfürchtigen Haltung, in der eigenen Präparation, aber auch in der Gelassenheit, die dem Heiligen Geist mehr zutraut als jeder (notwendigen!) rhetorischen Strategie.

4. Homiletische Hermeneutik lobt das *Ende*. Die Predigt unterbricht den unendlichen hermeneutischen Prozess. Sie vergewissert im Glauben, erschließt Sinn, spricht Vergebung zu, erleuchtet, ... Dem Lob der Freiheit als Kern einer hermeneutischen Homiletik steht ihre verändernde Kraft gegenüber. Wenn die Predigt an ihr Ende gekommen ist, ist ein Fest gefeiert, hat sich im Leben etwas verändert; jedenfalls ist nicht nur eine neue Wendung im hermeneutischen Zirkel erreicht. Wie ist dieses Verhältnis zwischen Prozess und Ereignis in einer hermeneutischen Homiletik prägnant zu fassen?

5. Homiletische Hermeneutik ist *soziale Hermeneutik*. Die Arbeit an der Predigt ist ein sozialer Prozess. Möglichst viele Menschen sind eingeladen, daran mitzuwirken. Nur so kann die Bibel ihre Fülle und der Heilige Geist seine Kraft entfalten. Damit stellt sich u. a. noch einmal die Frage nach dem Miteinander von Amt und Gemeinde in der Predigtarbeit. Manche Erfahrungen mit Predigtvor- und -nachbereitungskreisen waren nicht ermutigend. Dennoch bleibt die Förderung, Gestaltung und Pflege einer geistlichen Feedbackkultur eine zentrale Frage für unsere Kirche; denn die hermeneutische Homiletik wie die homiletische Hermeneutik zeigen, dass eine Predigtkultur grundlegend auf Resonanzen angewiesen ist, dass sie verkümmert, wenn sie ins Leere spricht.

---

[118] *Jochen Hörisch*, Theorie-Apotheke, Frankfurt a.M. 2010, hier: 159.

Christoph Bultmann

Wie Regen und Schnee: Offenbarung im Alten Testament
Überlegungen im Anschluss an Jer 9 und Jes 55

Für Graham I. Davies,
Fitzwilliam College, Cambridge

> Nihil coelesti illa facundia foecundius,
> sed opes suas non aperit
> nisi scrutanti, nisi vestiganti, nisi avido,
> sed ita curioso ut adoret, ut veneretur omnia.
> (Erasmus, Enarratio Primi Psalmi, 1515)*

»Es gibt keine Offenbarung. Vielmehr gibt es eine der Vernunft zugängliche natürliche Religion, die identisch sei mit der ›reine[n] Lehre Christi, welche aus seinem eigenen Munde geflossen ist, so fern dieselbe nicht besonders in das Judentum einschlägt, sondern allgemein werden kann‹.« – Christof Landmesser hat diesen theologischen Positionsbezug bei einer Tagung in Wolfenbüttel 2008 vorgestellt[1] und damit die Aufgabe nicht leichter gemacht, über das Thema »Offenbarung im Alten Testament« zu sprechen. Von meinem Beitrag kann so nicht viel erwartet werden – denn erstens gibt es keine Offenbarung, und zweitens würde eine Offenbarung im Alten Testament, wenn es sie gäbe, wohl nur jenes Judentum konstituieren, dessen Lehre nicht »allgemein werden« kann. Und für die »reine Lehre Christi« sind ja die Neutestamentler zuständig. Im besten Fall ist nicht auszuschließen, dass auch schon im Alten Testament einzelne Lehren des ›Mose‹, der Propheten, der Psalmdichter wie ›David‹ oder ›Asaf‹, des anonymen

---

* Die folgenden, fragmentarischen Überlegungen sind Graham Davies in Erinnerung an seine Vorlesungen »The Grammar of Salvation in the Bible« und »The Nature of Salvation in the Bible« an der Theologischen Fakultät der Universität Cambridge im Mai 2000 gewidmet, mit denen er zu einer exegetischen Antwort auf *David Ford*, Self and Salvation. Being Transformed, Cambridge 1999, einlud.
[1] *Christof Landmesser*, »Elementarbuch« oder »Kanon«. Lessings Deutung des Neuen Testaments, in: *Christoph Bultmann/Friedrich Vollhardt* (Hg.), Lessings Religionsphilosophie im Kontext. Hamburger Fragmente und Wolfenbütteler Axiomata, Berlin 2011, 200-218, Zitat 202f.

Dichters des Hiobbuchs, des anonymen ›Kohelet‹ oder des anonymen Autors der Sapientia Salomonis mit jener »der Vernunft zugänglichen natürlichen Religion« identisch sind.[2]

Landmesser hat bei der Wolfenbütteler Tagung mit der zitierten These von einem bedeutenden Religionsphilosophen des 18. Jahrhunderts berichtet, Hermann Samuel Reimarus (1694-1768). Reimarus, der einen Sinn nur für das Universale in der Religion hatte und alles historisch Kontingente verwarf, und dies mit einer Entschiedenheit, die bis zu einem punktuell scharfen Antijudaismus, aber auch Antichristianismus führen konnte.[3] Vom Standpunkt der Religionsphilosophie aus musste es im 18. Jahrhundert und muss es auch weiterhin eine Frage sein, ›ob oder ob nicht es eine Offenbarung gibt‹, und mehr noch musste es eine Frage sein, ›ob oder ob nicht es sich beweisen lässt, dass es eine Offenbarung gibt, wenn es sie gibt‹.[4] Das religionskulturelle Milieu einer Apologetik, in der die Offenbarung im Alten Testament mit dem Durchzug der Israeliten durch das Rote Meer bewiesen wurde und die Offenbarung im Neuen Testament mit der Auferstehung Jesu, können wir uns kaum mehr vorstellen; solche Beweisansprüche werden heute in der Regel nicht mehr erhoben. Für den folgenden Beitrag soll deshalb aus der Debatte des 18. Jahrhunderts nur ein Aspekt der Reaktion Gotthold Ephraim Lessings (1729-1781) auf die Polemik und Apologetik in der Offenbarungskritik aufgegriffen werden, nämlich die Frage: »was ist eine Offenbarung, die nichts offenbaret?« – so in den *Gegensätzen* zu Reimarus von 1777.[5]

---

[2] Zur Frage der Kanonizität von Sapientia Salomonis vgl. *James Barr*, Biblical Faith and Natural Theology, Oxford 1993, 77-80.

[3] Vgl. *Dietrich Klein*, Hermann Samuel Reimarus (1694-1768). Das theologische Werk, Tübingen 2009; als eine Skizze zu Reimarus' Auffassung vom Alten Testament auch *Christoph Bultmann*, Early Rationalism and Biblical Criticism on the Continent, in: *Magne Sæbø* (Hg.), Hebrew Bible/Old Testament. The History of its Interpretation. Bd. 2: From the Renaissance to the Enlightenment, Göttingen 2008, 875-901, bes. 878-884.

[4] Vgl. neben den Beiträgen im vorliegenden Band für eine Sichtweise in der neueren Religionsphilosophie *Richard Swinburne*, Revelation. From Metaphor to Analogy, Oxford 1992; die im Ganzen apologetisch ausgerichtete Studie enthält in Teil 3 »The Christian Revelation« auch ein besonderes Kapitel zur Bibel (163-209). Als ein bemerkenswertes philosophisches und theologisches Gespräch über das Thema vgl. *Paul Ricœur u. a.*, La Révélation, Brüssel ²1984. Orientierung für einen differenzierten klassischen theologischen Begriffsgebrauch bietet *Wilfried Härle*, Dogmatik, Berlin ²2000, 81-139. Härles Urteil »[…] Deshalb gilt die Begründung der Schriftautorität von Jesus Christus her *aus christlicher Sicht* tatsächlich auch für das Alte Testament« (126, vgl. 136f) lässt sich jedoch nicht so leicht aus der Dogmatik in die Hermeneutik des Alten Testaments übernehmen.

[5] *Gotthold Ephraim Lessing*, »Gegensätze des Herausgebers«, in: Werke 1774-1778, hg. v. Arno Schilson (Werke und Briefe 8), Frankfurt a.M. 1989, 312-350, Zitat 316. Die Situation für die Offenbarungskritik im Kontext des Konzepts einer

I Offenbarungskritik in der Prophetie

Eine erste Antwort auf Lessings Frage wäre leicht zu geben: Eine Offenbarung, die nichts offenbart, ist ein Dokument der Religionsgeschichte.[6] Als ein solches Dokument lässt sich das Alte Testament nach allen Regeln der philologischen und historischen Kunst behandeln; genannt sei beispielhaft ein Thema, das man gerne das »Geschichtshandeln Gottes« nennt. In Am 3,7 findet sich dazu der Ausspruch »Gott der HERR tut nichts, ohne seinen Dienern, den Propheten, seinen Plan offenbart zu haben!«[7]. In einzigartiger Formulierung wird hier das hebräische Verb *gālāh* (enthüllen; in der LXX *apokalyptein*) für eine Offenbarung des wohl im himmlischen Thronsaal getroffenen Ratschlusses Gottes gebraucht (hebr. *sôd*; in der LXX hier auffälligerweise *paideia*, d. h. das Übersetzungswort für hebr. *mûsār*[8]).[9] Zugleich

---

»natürlichen Religion« fasst *Johann Franz Buddeus* (1667-1729) schon 1727 treffend zusammen: »*Naturalistarum* licet non una eademque ratione sumatur nomen, hic tamen eodem veniunt, qui religionem, quam vocant, naturalem, seu ea, quae ratio de Deo, rebusque divinis dictitat, ad salutem consequendam sufficere contendunt. Dum ergo revelationem non admittunt, utpote qua sibi opus non esse existimant; non possunt non ipsam religionem christianam, quippe quae divina revelatione nititur, reiicere. [...] Unde (et) quaenam istorum hominum de scriptura sacra sit sententia, facile intelligitur.«: Isagoge Historico-Theologica ad Theologiam Universam Singulasque eius Partes, Leipzig ²1730, Neudruck Hildesheim 1999, 1203f. Lessing stellt seine Frage vor diesem, durch Reimarus' Schriften neu vergegenwärtigten Hintergrund.

[6] Vgl. dazu den Themenband »Religionsgeschichte Israels oder Theologie des Alten Testaments?«, Jahrbuch für Biblische Theologie 10, Neukirchen-Vluyn 1995, ²2001. *Nils Peter Lemche* kommentiert dort das religionsgeschichtliche Modell folgendermaßen: »[...] eine Darstellung der religiösen Auffassungen, die in Israel einmal im Umlauf waren, kann nicht als Theologie im strengen Sinne angesehen werden. Statt dessen sollte eine diachrone Auflistung der religiösen Ideen besser *Mentalitätsgeschichte* genannt werden.« Neben einer solchen idealen Mentalitätsgeschichte steht bei Lemche eine ideale »eigentliche Theologie des Alten Testaments«, die »in normativem oder systematischem Sinne« ausgearbeitet würde und aufgrund neutestamentlicher Vorgaben nur ein »Bestandteil der gesamten biblischen Theologie« sein könne (88 bzw. 91). Vgl. indessen *John W. Rogerson*, A Theology of the Old Testament. Cultural Memory, Communication, and Being Human, London 2009, als ein neueres Beispiel für eine »Theologie« aus dem reichen Bestand alttestamentlicher Texte selbst; dazu auch *Christoph Bultmann*, Im Auf und Ab der Hermeneutik. Die Bibelwissenschaft vor dem Ruf nach Religion (erscheint in einem von Angelika Berlejung und Raik Heckl herausgegebenen Band, Leipzig 2012).

[7] Textzitate hier und im folgenden nach der Übersetzung der Zürcher Bibel, 2007. Vgl. als Kommentar z. B. *Hans Walter Wolff*, Dodekapropheton 2. Joel und Amos, BK.AT XIV/2, Neukirchen-Vluyn 1969, 225f; *Jörg Jeremias*, Der Prophet Amos, ATD 24,2, Göttingen 1995, 36f.

[8] Prophetie wird hier – eventuell aufgrund eines Textfehlers – nach einem wichtigen Begriff im Jeremiabuch gedeutet (Jer 2,30; 5,3).

wird eine ganze Klasse religiöser Spezialisten, die Propheten (*nĕbî'îm*), durch ihre Rolle als Funktionsträger im Offenbarungsprozess definiert. Im Kontext der Amos-Rezeption deutet ein antiker judäischer Schreiber mit der zitierten Sentenz den Erfahrungsraum der Geschichte als Handlungsraum Gottes und erläutert dazu, dass Ereignisse von göttlicher Kausalität prinzipiell im Voraus durch eine prophetische Vermittlung von Einsicht in die Entscheidungen Gottes angekündigt würden. Solche Einsicht wird also jeweils durch Offenbarung gewonnen. Entsprechend kann Deuterojesaja, der anonyme Prophet des 6. Jahrhunderts in der Jesajatradition, verkünden, Gott habe Kyros »bei seiner Rechten ergriffen, um Nationen vor ihm zu unterwerfen« (Jes 45,1), aber nicht ohne dann in einer fiktiven Anrede Gottes an den persischen Eroberer hinzuzufügen, »ich gebe dir einen Ehrennamen, auch wenn du mich nicht erkannt hast« (Jes 45,4). Diese Themenlinie, die das Alte Testament breit durchzieht, lässt sich religionsgeschichtlich beschreiben, wobei sogleich zu ergänzen ist, dass im antiken Juda auch die Ambivalenz eines solchen Offenbarungsmodells reflektiert wurde; dafür gibt es die einprägsame Lehrerzählung über Michajehu, Sohn des Jimla, und die kontroversen Kriegsorakel zu einem Angriff auf die Aramäer, zu dem nur der »Lügengeist im Mund aller königlichen Propheten« ermutigt (I Kön 22).[10] Der Erzählüberlieferung zufolge konnten sich auch Chananja, Sohn des Asur, und Jeremia nicht darüber einig werden, ob das Joch Nebukadnezzars zerbrochen würde oder nicht (Jer 28).[11]

Die Entschlüsselung des Erfahrungsraums der Geschichte ist kein Modell, mit dessen Hilfe eine positive Antwort zu gewinnen wäre, wenn mit Lessing die skeptische Frage nach einer Offenbarung gestellt wird, die etwas offenbart. Das ist nicht nur ein Einwand vonseiten neuerer Religionskritik. Schon in der Religionsphilosophie des antiken

---

[9] Das Verb *gālāh* wird im Spiel mit verschiedenen Kategorien diskutiert von *Rolf Knierim*, Offenbarung im Alten Testament, in: *Hans Walter Wolff* (Hg.), Probleme biblischer Theologie. Gerhard von Rad zum 70. Geburtstag, München 1971, 206-235, bes. 208-212. Als einen »theologisch gefüllten Begriff […], der das israelitische Offenbarungsverständnis jedenfalls in seinen Grundzügen auszudrücken vermag«, erläutert *Hans-Jürgen Zobel* das Verb: ThWAT 1, Stuttgart 1973, 1018-1031, Zitat 1030. In einer volksreligiösen Legende über das Heiligtum in Schilo findet sich das Verb *gālāh* in I Sam 3,7.21.

[10] Vgl. dazu *Ernst Würthwein*, Die Bücher der Könige. I Kön 17 – II Kön 25, ATD 11,2, Göttingen 1984, 257-262.

[11] Vgl. dazu *William McKane*, Jeremiah, ICC, Bd. 2, Edinburgh 1996, bes. 722-725. Ein weiteres Problem dieser Prophetie stellt ihr Zeithorizont dar, vgl. als Sonderfall das 70-Jahre-Orakel in Jer 25,12; 29,10 und dazu als ein Rezeptionsbeispiel *Josephus*, Antiquitates Judaicae XI.1. Eine analytische Untersuchung des 70-Jahre-Topos findet sich bei *Konrad Schmid*, Buchgestalten des Jeremiabuches. Untersuchungen zur Redaktions- und Rezeptionsgeschichte von Jer 30-33 im Kontext des Buches, Neukirchen-Vluyn 1996, 220-229.

Juda ist der überreiche Bestand an Orakeln und Erzählungen aus dieser Tradition mit verschiedenen Leitsätzen der Offenbarungskritik verknüpft worden. Zu diesem internen alttestamentlichen Diskurs lassen sich die folgenden Beobachtungen machen: (1) Das genannte Kyros-Orakel in Deuterojesaja wird mit einer Reflexion in der 1. Pers. Sing. Gottes glossiert:

> »[...] damit sie erkennen, vom Aufgang der Sonne und von ihrem Untergang her, dass es keinen gibt außer mir. Ich bin der HERR und keiner sonst. Der das Licht bildet und die Finsternis schafft, der Heil vollbringt und Unheil schafft, ich, der HERR, bin es, der all dies vollbringt.« (Jes 45,6-7)

Offenbarung ist hier nicht mehr das ereignisbezogene Orakel, das eine spezifische Entscheidung im himmlischen Thronsaal kommuniziert, sondern ein Lehrsatz über die allgemeine Vorsehung Gottes.[12] (2) In vergleichbarer Weise zeigt sich in Jer 23 das jeremianische Lehrhaus von der Kultur der prophetischen Orakel unbeeindruckt, wenn Jeremia die Prophetenrhetorik als »Schauung des eigenen Herzens« der Propheten verwirft, die ins geistige Nichts führe (Jer 23,16; hebr. *ḥāzôn lēb*, griech. variiert; und das Verb hebr. *hābal*, griech. *mataioun*). Demgegenüber stellt der Polemiker alle berechtigten Erwartungen für positive Entwicklungen in der Geschichte unter die Bedingung, dass die Menschen von dem »Starrsinn ihres Herzens« (Jer 23,17; hebr. *šěrirût lēb*; griech. *planē kardias* bzw. in doppelter Übersetzung neutral *thelēmata*) oder von der »Bosheit ihrer Taten« umkehren:

> »Ich habe die Propheten nicht gesandt, und dennoch sind sie gelaufen, ich habe nicht zu ihnen gesprochen, und dennoch haben sie geweissagt. Wenn sie aber in meiner Versammlung gestanden haben, sollen sie mein Volk meine Worte hören lassen und sie zurückbringen von ihrem bösen Weg und von der Bosheit ihrer Taten.« (Jer 23,21f)

Auch hier geht es also bei der Offenbarung, für die im Kontext ausdrücklich auf den himmlischen Thronrat Bezug genommen wird, um etwas Allgemeines, in diesem Fall allgemeine ethische Grundsätze. Allerdings ergibt sich (3) eine Spannung zu dem ethischen Engagement in solcher Deutung von Prophetie aus der Reflexion auf die

---

[12] Für eine detaillierte Analyse von Jes 45,1-7 vgl. *Reinhard Gregor Kratz*, Kyros im Deuterojesaja-Buch. Redaktionsgeschichtliche Untersuchungen zu Entstehung und Theologie von Jes 40-55, Tübingen 1991, 19-35, vgl. auch ebd. 183-191 die Reflexionen über die biblische »buchinterne produktive Schriftauslegung«. Die Gruppe der Verben in V. 7 schließt – etwas ungleichmäßig zwischen MT und LXX – das Verb für das Schöpfungshandeln Gottes (*bārā'* bzw. *ktizein*) mit ein. Von Jes 45,7 lässt sich eine Linie zu Koh 11,5 ziehen, wo der Erkenntnisanspruch weiter problematisiert wird, vgl. *Thomas Krüger*, Kohelet (Prediger), BK.AT XIX, Neukirchen-Vluyn 2000, 344; auch *Ludger Schwienhorst-Schönberger*, Kohelet, HThK.AT, Freiburg 2004, 514f.

Vergeblichkeit der Offenbarung, nicht nur im Jeremiabuch mit dem Epigramm über die Unveränderlichkeit der Haut des Kuschiters und des Fells des Leoparden und die Unwandelbarkeit der Verfehlung des Guten durch die Israeliten in Jer 13,23 und verwandten Texten wie Jer 8,4-7[13], sondern am signifikantesten in der Berufungsszene bei Jesaja, nach der das Nicht-Verstehen von Offenbarung und das Nicht-Reagieren auf Offenbarung (d. h. das Ausbleiben von Umkehr) durch Offenbarung selbst als Ratschluss des heiligen Gottes der Vorsehung verstehbar werden soll (Jes 6,10: »Mach das Herz dieses Volks träge, mach seine Ohren schwer, und verklebe seine Augen, damit es mit seinen Augen nicht sieht und mit seinen Ohren nicht hört und damit sein Herz nicht begreift und damit es nicht umkehrt [...]«).

Neben diesen religionsphilosophischen Einsichten ließe sich (4) als ein weiteres Verfahren der Kritik die poetische Hyperbolisierung der geschichtsbezogenen Orakelform nennen, in der etwa in Jes 65,17-19 ein »neuer Himmel« und eine »neue Erde« und analog »neu erschaffene« (hebr. *bārā'*) Freude in Jerusalem und bei den Bewohnern dieser Tempelstadt angekündigt werden.[14] In der Konkretion, mit der Kyros genannt wird, wird Alexander der Große nicht mehr genannt. Es ist indessen wohl richtiger, hier von einer offenbarungskritischen Entwicklung des religiösen Denkens im antiken Juda zu sprechen als davon, dass »Israel [...] nach dem Fall [Jerusalems] von 587 v. Chr. im Grunde nie mehr ganz mit seiner Geschichte coram Deo zurechtgekommen« sei.[15]

Anhand der genannten Texte, die auf die Allgemeinheit der Vorsehung Gottes, die Allgemeinheit der ethischen Forderung Gottes, die Unverstehbarkeit Gottes und die Macht Gottes, universal Neues zu schaffen, verweisen, lässt sich zeigen, dass die Tradition ereignisbezogener prophetischer Offenbarungssprüche nicht nur Gegenstand der Religionsgeschichte zu sein braucht, denn sie steht in einem Kontext weiterführender Reflexionen, die ihrerseits zwar auch religionsgeschichtlich zu analysieren sind, die aber dennoch ein größeres Interesse für die Frage haben dürften, ob es im Alten Testament eine Offenbarung gibt, die etwas offenbart. Besondere Aufmerksamkeit verdient dabei, dass die Reflexion auf die Vergeblichkeit der Offenbarung (und in ihrem Hintergrund die Unverstehbarkeit Gottes) in einer Reflexion über eine

---

[13] Vgl. *Christoph Bultmann*, Patterns or Poetry in Jeremiah? Introducing a Reader to the Twin Poems in Jeremiah 5 and 8, in: *Jill Middlemas u. a.* (Hg.), The Centre and the Periphery. A European Tribute to Walter Brueggemann, Sheffield 2010, 61-78.
[14] LXX verzichtet auf den Gedanken, dass Himmel und Erde neu »geschaffen« werden. Vgl. auch das Motiv des »Neuen« in Jer 31,22.
[15] So die Formulierung von *Lothar Perlitt*, Die Verborgenheit Gottes, in: Probleme biblischer Theologie (s. Anm. 9), 367-382, Zitat 381. In Esr 7,27f wird Artaxerxes noch in das traditionelle Deutungsmodell einbezogen.

Erneuerung durch Gott weitergeführt wird. Neben der zitierten Jerusalem-Vision in Jes 65 steht etwa in Jer 31 der Gedanke eines »neuen Bundes« jenseits der Exoduserinnerung als der Ätiologie für den durch die Babylonier zerstörten Tempel in Jerusalem (vgl. I Kön 8,9; auch I Kön 6,1 bzw. II Kön 21,15). In dieser Bundesbeziehung soll dem »Haus Israel« die Torah (LXX Plural) so selbstverständlich wie überhaupt die Erkenntnis Gottes allgemein sein. Die konzeptionelle Basis für diese Vision ist eine Theologie der Vergebung Gottes (hebr. *sālaḥ*).[16]

»[...] Dies ist der Bund, den ich mit dem Haus Israel schließen werde nach jenen Tagen [...]: Meine Weisung habe ich in ihr Inneres gelegt, und in ihr Herz werde ich sie ihnen schreiben. Und ich werde ihnen Gott sein, und sie, sie werden mir Volk sein. Dann wird keiner mehr seinen Nächsten und keiner seinen Bruder belehren und sagen: Erkennt den HERRN! Sondern vom Kleinsten bis zum Größten werden sie mich alle erkennen [...], denn ich werde ihre Schuld verzeihen, und an ihre Sünden werde ich nicht mehr denken.« (Jer 31,33f)

In der religionsphilosophischen Tradition, der Reimarus, nicht weniger aber auch Lessing in ihrer Kritik verpflichtet sind, geht es um die Existenz und die Attribute Gottes. Die angeführten Prophetenworte ließen sich auf die beiden Seiten des Themas der Attribute Gottes beziehen: Die sog. natürlichen Attribute klingen an, wo es um Gottes Allmacht und Vorsehung, aber auch seine Unerkennbarkeit geht, die sog. moralischen Attribute, wo es um Gottes Forderung im Bereich der Ethik, aber möglicherweise auch da, wo es um Gottes Bereitschaft zur Vergebung geht. Ist an dieser Stelle von einer Offenbarung im Alten Testament zu sprechen, die etwas Gehaltvolles offenbart? Anspruch der Religionsphilosophie wäre es natürlich, dass es sich bei solchen Punkten um Erkenntnisleistungen der Vernunft handelt. Dort, wo sie in einer Offenbarung begegnen, würde dann wieder »nichts offenbart«, sondern es zeigte sich nur eine schöne Übereinstimmung mit der »natürlichen Religion« – so wie nach Reimarus im Fall der »reinen Lehre Jesu«. Man hätte es also bei den einschlägigen alttestamentlichen

---

[16] Vgl. auch Jes 54,4. In LXX Jer 38,34 griech. *hileōs esomai*. Zur »Botschaft der Vergebung« in Jer 31 als einem neuen Theologumenon *Christoph Levin*, Die Verheißung des neuen Bundes in ihrem theologiegeschichtlichen Zusammenhang ausgelegt, Göttingen 1985, 133-135; ferner zum Theologumenon der Torah als der »vollgültigen Offenbarung Gottes«, bes. mit Bezug auf Dtn 29,28 und Ps 37,30f ebd. 257-264. Eine weitere Diskussion des »konzeptionellen Profils« auf der Basis eines anderen hypothetischen Wissens über die Entstehungsgeschichte von Jer 31,31-34 z. B. bei *Konrad Schmid*, Buchgestalten (s. Anm. 11), 66-85, 295-304, 373-375. In den Kommentaren findet sich eine reflektierte Diskussion von Interpretationsaspekten bei *William McKane*, Jeremiah, Bd. 2 (s. Anm. 11), 817-827.

Texten statt mit Offenbarung mit einer epochenübergreifenden Konversation unter Religionsphilosophen zu tun. Ein Plus des Alten Testaments läge bestenfalls in der Besonderheit seiner affirmativen Redeformen, zumal der Form der 1. Pers. Sing. der Gottesrede. In dieser Redeform klingt die klassische Konvention des Prophetischen nach, wie sie aus dem Bildwort in Am 3,8 bekannt ist: »Ein Löwe hat gebrüllt – wer würde sich nicht fürchten? Gott der Herr hat gesprochen – wer würde nicht weissagen?« Das Sprechen Gottes kann ja auch durch das Gewissen des Religionsphilosophen vermittelt sein.

II Gottes Wille und Wohlgefallen nach Jer 9

Der von Am 3,7 als Lehrsatz über den jeweils geoffenbarten Ratschluss Gottes her entwickelten Linie einer Untersuchung der Frage nach »Offenbarung im Alten Testament« ist eine zweite Linie zuzuordnen, für die sich als Ausgangspunkt Paulus als Leser der Schriften Israels anbietet. Bevor Paulus sein zentrales Lehrzitat aus der Schrift in einem missverstandenen Ausspruch bei Habakuk fand, fand er es in einem besser verstandenen Ausspruch bei Jeremia. Gemeint ist die buchstäblich plakative Sentenz »der Gerechte aber wird durch seine Treue am Leben bleiben!« in Hab 2,4, die Paulus in Gal 3,11 und Röm 1,17 zitiert, bzw. das Epigramm in Jer 9,22f, das in starker Verkürzung in I Kor 1,31 und II Kor 10,17 aufgerufen wird und auf das Paulus in Röm 5,11 anspielt.[17]

»Wer weise ist, rühme sich nicht seiner Weisheit, und der Starke rühme sich nicht seiner Stärke, wer reich ist, rühme sich nicht seines Reichtums. Sondern dessen rühme sich, wer sich rühmt: einsichtig zu sein und mich zu erkennen, dass ich, der HERR, es bin, der Gnade, Recht und Gerechtigkeit übt auf Erden, denn daran habe ich Gefallen.«

In diesem Ausspruch geht es nicht um das Enthüllen eines ereignisbezogenen Ratschlusses Gottes oder um das göttliche Gürten eines Kyros (oder, sei es denn, eines Alexanders oder eines Augustus), sondern um eine Erkenntnis Gottes in Hinsicht darauf, woran Gott »Wohlgefallen hat« (hebr. *ḥāpēṣ*).[18] Wird hier also etwas über den Willen Gottes

---

[17] Für Hab 2,4 halten die Ausgaben der Übersetzung Luthers an dem Text »der Gerechte aber wird durch seinen Glauben leben« fest; vgl. zu dem textkritischen und interpretatorischen Problem z. B. *Jürgen Becker*, Der Brief an die Galater, in: ders./*Ulrich Luz*, Die Briefe an die Galater, Epheser und Kolosser, NTD 8/1, Göttingen 1998, 50f. Zum Thema des »Gerechten« auch Mt 9,13 (Mk 2,17).
[18] Das Verb kann positiv oder mit Negation gebraucht werden. Vgl. auch ein entsprechendes Erkenntnisanliegen in II Kor 5,9f; Röm 14,17f; Röm 12,1f.

offenbart? In jedem Fall ist ein genauerer Blick auf Jer 9,22f und einige terminologische Parallelen gerechtfertigt.[19]
Stilkritisch betrachtet ist das Epigramm nicht besonders eindrucksvoll. Der dreimal wiederholten Mahnung, sich nicht im Hinblick auf die positiven Aspekte der eigenen Selbstwahrnehmung zu rühmen, wird die Mahnung gegenübergestellt, sich einer besonderen Einsicht des Glaubens zu rühmen. Der Inhalt dieser Einsicht wird mit einem Demonstrativum eingeleitet (*bĕ-zō't*) und dann etwas umständlich entfaltet, auffällig ist danach der starke Schlussakzent: »denn daran habe ich Gefallen«.[20] Paulus fasst die drei Gruppen als »kein Mensch« (*pasa sarx*) zusammen und komprimiert die positive Mahnung zu der Formel »wer sich rühmt, der rühme sich des Herrn« (*en kyriō*; in Röm 5,11 *en tō theō dia tou kyriou Iēsou Christou*). Zumindest im Fall von I Kor 1,31 dürften jedoch die spezifischen inhaltlichen Charakteristika der Wahrnehmung Gottes in diesem Ausspruch impliziert sein, weil das summarische Zitat ausdrücklich als Schriftzitat eingeführt wird (»so soll gelten, wie geschrieben steht, [...]«).[21]
Inhaltlich betrachtet hat der Hochmut der Weisen, Mächtigen und Reichen auch schon Jesaja empört, und im Vergleich zur Jesajatradition klingt die erste Hälfte des Ausspruchs bei Jeremia relativ mild, denn bei Jesaja findet sich die gesellschafts- und religionskritische Polemik in der Form anschaulicher Weherufe und bis zu bitterer Ironie gesteigert: »Wehe denen, die in ihren eigenen Augen weise sind und sich selbst für verständig halten« – »wehe denen, die Helden sind – im Weintrinken, und tüchtige Kerle – im Brauen von Bier« – »wehe denen, die Haus an Haus reihen, die Feld an Feld rücken bis kein Platz mehr ist und bis ihr allein noch im Herzen des Landes wohnt« (Jes

---

[19] Vgl. auch in einer sehr schematischen Stilisierung von Offenbarungstraditionen (›Mosaic-covenantal‹ vs. ›Davidic-royal‹) die Diskussion des Erkenntnisproblems bei *Walter Brueggemann*, The epistemological crisis of Israel's two histories (Jer 9:22-23), in: *John G. Gammie u. a.* (Hg.), Israelite Wisdom. Theological and Literary Essays in Honor of Samuel Terrien, New York 1978, 85-105.

[20] Nach Kathryn Gutzwiller verleiht der starke Schlussakzent als Formelement einem Epigramm die Eigenschaft eines endgültigen Votums (»appearing to have the last word«), vgl. *Christoph Bultmann*, Jeremiah epigrammatistes. Towards a Typology of Prophecy in Jeremiah, in: *Hans M. Barstad u. a.* (Hg.), Prophecy in the Book of Jeremiah, Berlin 2009, 74-79.

[21] Vgl. als Interpretation mit einer Betonung der zweiten und dritten Gruppe der Zurückgewiesenen *Andreas Lindemann*, Der Erste Korintherbrief, HNT 9/I, Tübingen 2000, 52f, mit einer Betonung der ersten Gruppe *Wolfgang Schrage*, Der Erste Brief an die Korinther, EKK 7/I, Neukirchen-Vluyn 1991, 217. Die Frage nach dem Individuum, das zu (Glaubens-)Erkenntnis kommt, wird jedoch allzu summarisch gelöst, wenn Schrage schreibt: »Nicht einmal wie bei Jeremia [...] seiner Gotteserkenntnis soll man sich rühmen [...], sondern radikal von sich absehen.« Die Überbietungsfigur prägt auch die Begriffserläuterung zu »*kauchēsis*« bei Rudolf Bultmann, ThWNT 3, 1938, 646-654.

5,21.22 bzw. 5,8). Auch die zweite Hälfte des Ausspruchs in Jer 9 knüpft an die Schultradition Jesajas an, denn das Bild Gottes, der »Recht und Gerechtigkeit« »tut« und erklärt, dass er genau daran Gefallen habe, dass also genau das seinem Willen entspreche, soll sicher als ein Vorbild für das Handeln der Menschen gelten. Damit konvergiert das jeremianische Epigramm mit der ethischen Orientierung, die den jesajanischen Weherufen zugrunde liegt und die direkt eingefordert wird, wenn es dort etwa in 5,23 heißt: »(wehe denen), die aus einem Schuldigen einen Gerechten machen gegen Bestechung und Gerechten ihre Gerechtigkeit absprechen« oder stärker noch in 5,20: »Wehe denen, die das Böse gut nennen und das Gute böse, die Finsternis zu Licht machen und Licht zu Finsternis, die Bitteres süß machen und Süßes bitter.«[22] Das Problem der Ethik, so ist festzustellen, wird bei Jesaja sogar im Hinblick auf das epistemologische Problem der Erkenntnis und der Evidenz des moralisch Guten reflektiert: gut und böse wie bitter und süß – es gibt, so die (optimistische) These bei dieser Analogisierung, ein offenkundiges Empfinden von Unrecht; bei Jeremia kann hier auf einen Vergleich mit dem Wissen der Zugvögel verwiesen werden (Jer 8,7). Auch bei Jesaja ist ferner das ethische Orientierungssystem in Gotteserkenntnis verankert: Diese Weisen, Mächtigen, Reichen, so heißt es im Kontext, »beachten das Tun des Herrn nicht und haben das Werk seiner Hände nicht gesehen« (5,12b), oder sie verspotten den religiösen Begründungszusammenhang, der zeitgenössisch offenbar in ereignisbezogenen Orakeln vergegenwärtigt worden war: »[...] die sagen: er soll sich beeilen, er soll sein Werk beschleunigen, damit wir es sehen; es nahe, es soll kommen der Ratschluss des Heiligen Israels, damit wir ihn erfahren« (hier hebr. nicht *sôd*, sondern *'ēṣāh*). Das ist alles energischer und farbiger als bei Jeremia gesagt, läuft aber in beiden Schultraditionen im Grunde parallel zueinander.

Für einen weiteren Vergleich ist zu beobachten, dass das Epigramm in Jer 9 den Themenkomplex von Ethik und Gotteserkenntnis unter dem Verb *śākal* hi. zusammenfasst und damit terminologisch in dem Feld steht, in dem auch in Gen 3 die Erkenntnis von gut und böse mit diesem Verb verbunden wird (der Baum, dessen Früchte die Erkenntnis von gut und böse bewirken, ist »begehrenswert, weil er wissend macht« – Gen. 3,5f). In einer negativen Fassung findet sich das Verb *śākal* hi. für Einsicht in Verbindung mit dem Thema des moralisch Guten in der Schmähdichtung über den Toren in Ps 14 bzw. 53, positiv wiederum in einem Orakelzitat in Ps 32, einem der sog. Bußpsalmen,

---

[22] Dieselbe Orientierung liegt in interessanten rhetorischen Variationen auch Jes 1,21-23 oder 5,7 zugrunde.

in V. 8 (»ich will dich lehren [will dich wissen machen] und dir den Weg weisen, den du gehen sollst«).[23] Als Zwischenfrage bei der philologischen Textbeschreibung lässt sich wieder fragen: Geht es bei Texten wie Jes 5 und Jer 9 mit ihrer Ausrichtung auf Erkenntnis um eine Offenbarung, die etwas offenbart? Die emphatischen Redeformen der Weherufe oder der Gottesrede könnten eine solche Deutung nahe legen, doch die Mahnung, Einsicht zu gewinnen, durchkreuzt sie wieder, denn diese Einsichtsfähigkeit, an die appelliert wird, gehört zur natürlichen Begabung des Menschen – wenn er sie in der Deutung von Gen 3 auch nur in einem zweiten Schritt von der Schöpfung her mitbringt. Danach geht es in den zitierten Texten um eine vernünftige Erkenntnis des moralisch Guten und eines Gottes, dem dieses moralisch Gute wichtig ist. Man steht mit Jer 9 an demselben Punkt wie bei der Kulmination der Linie der geschichtsbezogenen Prophetensprüche in der Bedingung der moralischen Forderung nach Jer 23.

III Das Gottesattribut *ḥesed* in Jer 9

Konzeptionell greift Jer 9 noch weiter aus, wenn Gott nicht nur als Vorbild für das Ideal von »Recht und Gerechtigkeit« gezeichnet, sondern auch als der gnädige Gott charakterisiert wird (hebr. *ḥesed*; griech. *eleos*): »dass ich, der Herr, es bin, der Gnade, Recht und Gerechtigkeit übt auf Erden«. Bei der Interpretation des Satzes ist allerdings umstritten, um welche Sinndimension der Begriff *ḥesed* das Begriffspaar *mišpāṭ û-ṣĕdāqāh* erweitert.[24] Der auffällige Begriff wird im Jeremiabuch nur in wenigen Zusammenhängen gebraucht (31,3; 32,18; 33,11; ferner 2,2; 16,5), während er in erster Linie in die Psalmendichtung gehört – zu vergleichen ist die Bekenntniszeile *kî lĕ-'ôlām ḥasdô*, etwa aus Ps 118 oder 136 und so auch in einem liturgischen Zitat in Jer 33,11, oder variiert in Ps 100; charakteristisch sind

---

[23] *William McKane* spricht in seiner Erklärung von Jer 9,22f von »an insight for the lack of which nothing can compensate«: Jeremiah, ICC, Bd. 1, Edinburgh 1986, 212f. Zur Auslegung und Auslegungsgeschichte von Gen 2f vgl. *James Barr*, The Garden of Eden and the Hope of Immortality, London 1992, bes. 57-73; nach Barr geht es bei dem Baum der Erkenntnis um »the power of rational and especially ethical discrimination« (62).
[24] *William McKane*, ebd., übersetzt mit »integrity« und erläutert: »[God's] aim is to create a community in which there is mutual trust and solidarity and where justice is effectively expressed.« Vgl. auch die Erläuterungen von *ḥesed* im Kontext von Sentenzen in Proverbia (z. B. 16,6; 20,6) in *William McKane*, Proverbs. A New Approach, London 1970. Vgl. die Deutung auf die »Güte Gottes« in dem Artikel zu *ḥesed* von *Hans-Jürgen Zobel*, ThWAT 3, Stuttgart 1982, 48-71, bes. 59-64.

auch Bekenntnisse wie »Herr, bis in den Himmel reicht deine Güte« (*bĕ-ha-šāmajîm ḥasdekā*) in Ps 36,6 oder »deine Gnade ist besser als das Leben« (*ṭôb ḥasdĕkā mē-ḥajjîm*) in Ps 63,4.[25] Für sich genommen begegnet der Gedanke der gnädigen Fürsorge Gottes ohne Verbindung mit dem Deutungsbegriff der »Gnade« oder »Güte« z. B. im Jesajabuch in dem den Weherufen vorangestellten sog. Weinberglied (5,1-7), wo die metaphorisch ausgemalte gütige Zuwendung Gottes zu Israel in der rhetorischen Frage gipfelt: »Was bliebe noch zu tun für meinen Weinberg, das ich nicht getan hätte?« (5,4a). Auf dieser Linie lässt sich terminologisch der mit dem Begriff *ḥesed* gesetzte Akzent in Jer 9 einerseits von Deuterojesaja her erhellen, wo in Jes 54,7-10 der »Augenblick« des »Zornes Gottes« mit dem unendlichen Übergewicht des Erbarmens Gottes verglichen wird (»mit immerwährender Güte habe ich mich deiner erbarmt« / »die Berge werden weichen und die Hügel wanken, meine Gnade[/Güte] aber wird nicht von dir weichen [...]«).[26] Andererseits ist das deuteronomistische Schulhaus zu berücksichtigen, dem z. B. der Anfang des Dekalogs mit der Rede von Gottes »Gnade« gegenüber Tausenden von Generationen zu verdanken ist (Dtn 5,10).

Dieser Formel kann man weiter über die Parallele in Ex 20, über die Theophanie in Ex 34 (V. 6f), das Zitat in Num 14 (V. 17f) und den Nachklang in Ps 103 (V. 8, vgl. auch V. 11f, 17f) nachgehen. Eine direkte Anspielung auf die Formel findet sich im Jeremiabuch in der Szene des Ackerkaufs in Anatot in Jer 32 (LXX 39) in einer charakteristischen Neukontextualisierung in einem Gebetstext (V. 18). Das Gebet beschreibt zunächst Gott im Horizont einer Theologie der Schöpfung (V. 17-19), um dann die übliche Linie der Geschichte Israels vom Exodus bis zur Eroberung Jerusalems durch die Babylonier zu zeichnen, deren Verlauf durch Ungehorsam gegenüber Gottes Forderung charakterisiert ist (V. 20-24); diese Geschichte wird, so im Kontext weiter, eine Fortsetzung darin finden, dass Gott den Israeliten

---

[25] Vgl. zu Ps 63,4 *Frank-Lothar Hossfeld* und *Erich Zenger*, Psalmen 51-100, HThK.AT, Freiburg 2000, 189-201, bes. 195 zur Verbindung zwischen V. 4 und V. 8.

[26] In den Prophetenbüchern gibt es einen prägnanten Gebrauch des Begriffs auch in Mi 7,18 in Entgegensetzung zum »Zorn« Gottes. Der Beleg in Hos 6,6 wäre nur im Hinblick auf die Vorbildfunktion des Gottesbildes nach Jer 9,23 von Bedeutung, indessen ist für Hos 6,6 wiederum die Übersetzung im Sinne von »integrity«/»Treue« eine plausible Möglichkeit, anders als in dem Rezeptionsbeleg in Mt 9,13; vgl. *Hans Walter Wolff*, Dodekapropheton 1. Hosea, BKAT XIV/1, Neukirchen-Vluyn ³1976, 153f (in der Übersetzung: »Bundessinn«); *Jörg Jeremias*, Der Prophet Hosea, ATD 24/1, Göttingen 1983, 89 (in der Übersetzung »Hingabe«); in beiden Kommentaren wird die Vergegenwärtigung von »Geschichtstaten« bzw. »Heilstaten« zum Erklärungsschlüssel. Für das Zitat in Mt 9,13 vgl. *Ulrich Luz*, Das Evangelium nach Matthäus. Bd. 2: Mt 8-17, EKK I/2, Neukirchen-Vluyn ³1999, 44f.

ein neues, gottesfürchtiges Herz geben wird (V. 39f). Im Kontext der jeremianischen Schultradition lässt sich damit von Jer 32 her der mit dem Begriff »Gnade/Güte« in Jer 9 gesetzte Akzent in einem dreifachen Sinn als Gottesattribut verstehen; mit Bezug auf die Schöpfung, die vergebliche Begründung einer Identität Israels durch den Exodus für die Zeit des Ersten Tempels und die neue Ermöglichung von Leben. Verbindet man, um die Gruppe der Bezugstexte zu erweitern, die Gebets- und Verheißungsreden in Jer 32 mit dem Programmtext über den neuen, konzeptionell gleichfalls nicht mehr auf dem Exodusmotiv beruhenden Bund in Jer 31, erweitert sich das thematische Feld für die Deutung des Begriffs *hesed* noch um die explizite Vergebungsterminologie, da ja die Verheißung in Jer 31,31-34 in den Gedanken mündet: »[...] ich werde ihre Schuld verzeihen, und an ihre Sünden werde ich nicht mehr denken«. Von Jer 31 führt aufgrund der Vision von einer allgemeinen Gotteserkenntnis (V. 34: »vom Kleinsten bis zum Größten werden sie mich alle erkennen«; vgl. dazu auch das Motiv der Gottesfurcht in 32,40) eine Linie direkt wieder zu der Mahnung in Jer 9 (V. 23: »[...] einsichtig zu sein und mich zu erkennen [...]«).[27]

IV Vergeltung und Vergebung als Motivkontext für Jer 9

Der starke Schlussakzent des Epigramms in Jer 9 (»denn daran habe ich Gefallen«) bezieht sich demnach wohl auf zwei Dimensionen einer Wahrnehmung Gottes: Neben dem Themenfeld der Ethik, das mit dem Ausdruck »Recht und Gerechtigkeit« markiert ist, steht das Themenfeld von Gnade und Vergebung, das mit dem Begriff »Gnade/Güte« aufgerufen wird. Für diese zweite Dimension einer Wahrnehmung Gottes ist noch einmal die Frage zu stellen: Handelt es sich hier um eine Offenbarung, die etwas offenbart? Nach Jer 9,23 gibt es für die eine Erkenntnis keinen anderen Erkenntnisgrund als für die andere. Gilt für den idealen Maßstab des Gerechten und also das Gottesattribut der Gerechtigkeit, dass er nicht aus einer Offenbarung gewonnen wird, sondern durch vernünftige moralphilosophische Erkenntnis, dann wäre das entsprechend auch für das Attribut der Gnade zu sagen, wie es sich als ein Gottesattribut aus dem in dem Ausspruch behaupteten »Wohlgefallen« Gottes an »Gnade« ergibt. Liegt aber beides auf derselben Ebene? Für die Schöpfungstheologie, die in Jer 32 den Kontext für den Begriff *hesed* darstellt (V. 17-19), hat man das in der Debatte über die natürliche Religion angenommen und die Leben ermöglichenden Strukturen des Geschaffenen als einen Hinweis auf den gnädigen

---

[27] Eine kursorische Reflexion zum Verhältnis von 32,39f zu 31,33f findet sich bei *Konrad Schmid*, Buchgestalten (s. Anm. 11), 103, vgl. darüber hinaus die Reflexion zu den »anthropologischen Lösungen für die Heilszeit«, ebd. 372f.

Willen Gottes gelesen.[28] Doch wenn man den Begriff in Jer 9 etwas präziser in das skizzierte Bezugsfeld von Jer 32 und Jer 31 einordnet, werden hier Glaubenserfahrungen angesprochen, die auf etwas verweisen, was im Raum der Schöpfung das Natürliche übersteigt. Im Gebetstext von Jer 32 wird das Dekalogzitat über Gottes Gnade für »Tausende« mit dem Gedanken der – anders als in Jer 31,29f noch generationenübergreifend gedachten – göttlichen Vergeltung von Schuld kontrastiert (V. 18).[29] Der Vergeltungsgedanke, der ja seinerseits auch eine Offenbarung wiedergeben könnte, wird im Kontext des Gebets einerseits universalisiert, andererseits individualisiert; so heißt es in V. 19: »[Gott], deine Augen sind offen über allen Wegen der Menschen, um jedem seinen Wegen gemäß zu geben [...]«. Zugleich ist er der Schlüssel für die Deutung der Zerstörung des Jerusalemer Tempels: Die Israeliten haben nicht gehört, nicht befolgt, nicht getan, was sie sollten, und Gott hat das Desaster über sie kommen lassen (V. 23). Das Zerstörungsbild von »Schwert – Hunger – Pest« (V. 24) wird im folgenden jedoch als eine Formel für missverstandene Hoffnungslosigkeit interpretiert (V. 36f) und mit der Ankündigung eines neuen »ewigen Bundes« zurückgewiesen. Diesen Bund charakterisiert ein »anderes«, neues »Herz« (V. 39f), und damit erweist sich der Text als ein zweiter Text neben Jer 31 aus dem Lehrhaus, in dem das »Neue« nach der Zerstörung des Tempels mit dem Begriff des Bundes formuliert wird. In Jer 32 ist von der »Gnade« Gottes, deren Ergebnis in der skizzierten Gestalt vorgestellt wird, nur indirekt in einer »wie ... / so ...«-Formel die Rede: »wie ich über sie das Unheil gebracht habe, / so bringe ich über sie das Gute.« Demgegenüber interpretiert Jer 31 das Fundament des neuen Bundes durch den Begriff der Vergebung (V. 34).

Um für Jer 9 die Frage nach einer Offenbarung zu stellen, die etwas offenbart, ist der Weg über Jer 32 und Jer 31 nötig. Als Erkenntnisgrund ergibt sich die Überwindung von Hoffnungslosigkeit in der Erwartung von Neuem. Wird damit allerdings gesagt, dass der Erkenntnisgrund für eine Offenbarung des gnädigen Gottes im Gottesbild bzw. in der menschlichen Selbstwahrnehmung angesichts dieses Gottesbildes liege, wäre das offenkundig eine zirkuläre Argumentation. Eine Antwort auf die Frage nach Offenbarung ist also noch nicht gefunden. Der mögliche Inhalt der Offenbarung kann aber noch weiter erkundet werden. Um die etwas vage Linie von Jer 9 zum Gedanken der Vergebung in Jer 31 zu verstärken, lässt sich eine vergleichbare Denkbewegung in Jes 55 anführen: Die Ermahnung gegen das falsche

---

[28] Das wird nicht zuletzt durch die ausladenden Werke der sog. Physikotheologie demonstriert.
[29] Die Formulierung mit hebr. *šālēm* pi. und dem Objekt *'awôn*; griech. *apodidonai*; vgl. dazu auch die an Jer 32,19 u. a. orientierte Aussage in Röm 2,6.

Rühmen des Weisen, des Starken und des Reichen ist hier die Ermahnung an den Frevler (hebr. *rāšā'*), seinen verfehlten Weg und seine verfehlten Gedanken aufzugeben, und die Ermahnung, zur rechten Einsicht zu kommen, ist hier eine Ermahnung zur Umkehr. Der Gedanke der Gnade Gottes in Jer 9 ist hier durch die Begriffe der Barmherzigkeit und der Vergebung dargestellt (hebr. mit den Verben *rāḥam* pi. bzw. *sālaḥ*):

»Sucht den Herrn, da er sich finden lässt, / ruft ihn, da er nahe ist! // Der Frevler verlasse seinen Weg / und der Mann des Unheils seine Gedanken, / und zum Herrn kehre er zurück, / dann wird dieser sich seiner erbarmen, / und zu unserem Gott, / denn er ist reich an Vergebung.« (V. 6-7)[30]

Wenn es sich bei der skizzierten Konzeption um Offenbarung handelt, offenbart sie also Gott als einen Gott der Gnade und Vergebung in Antwort auf die Erfahrung von Schuld. Vor dem Hintergrund der Zerstörung des Tempels – an dem natürlich immer schon eine Sühnetheologie in Geltung stand – kann sowohl im jeremianischen wie im jesajanischen Lehrhaus (und nach Ez 36 ebenso im ezechielischen) der Umbruch zu diesem »Neuen« nicht stark genug betont werden. Ohne auf die allfälligen religionspolitischen Kontroversen zwischen diesen Richtungen einzugehen, ist dabei festzuhalten, dass dieses »Neue« in einer konkreten situativen Orientierung, nicht eschatologisch gedacht ist.[31] Der prophetische Sprecher Jeremia begründet Identität für das Israel des Zweiten Tempels, wenn kontextuell die Ankündigung des Neuen in Jer 32 mit einer Pflanzenmetaphorik verbunden wird und es in der Form der Gottesrede heißt: »in beständiger Treue werde ich sie in dieses Land einpflanzen« (V. 41). Mit dieser zeitspezifischen Themenverknüpfung ist die skizzierte Konzeption jedoch nicht einfach in die Gruppe geschichtsbezogener Orakel einzuordnen, wie sie oben ausgehend von Am 3,7 vorgestellt wurde. Vielmehr wird in einem Horizont konkreter Hoffnung das Neue einerseits in einem Gottesbild beschrieben, andererseits in einer Deutung des Menschen, mit dem durch die Mitteilung dieses Gottesbildes etwas geschieht: Der Einzelne erfährt, so ist anzunehmen, weil für ihn dieses Gottesbild Geltung erlangt, die Vergebung, zu der er (nach Jes 55,6-7) gerufen wird, und insofern erfährt er durch diese Vergebung die Erneuerung seines Herzens, die (nach Jer 32,39f) zu Gottesfurcht (hebr. *jārē'*) bzw. (nach Jer 31,33f) zu Gotteserkenntnis (hebr. *jāda'*) führt. Von beiden Texten her

---

[30] Vgl. zum Motiv des Suchens auch Röm 3,11 (nach Ps 14,2), zum Motiv der Vergebung Röm 4,7 (nach Ps 32,1f).
[31] Vgl. *William McKane* zu der »extreme antithesis of present and future«, Jeremiah, Bd. 2 (s. Anm. 11), 827. Bei *Konrad Schmid*, Buchgestalten (s. Anm. 11), 367f, wird nicht klar, wohin die beschriebene »Eschatologisierung« hermeneutisch führen soll. Wird in Jer 31 »nichts offenbart«, weil ein eschatologisierter Gehalt offenbart wird?

wird eine Verbindung zwischen der Aufmerksamkeit auf den mitgeteilten oder verkündeten oder möglicherweise eben offenbarten Vergebungswillen Gottes und der Lebensführung deutlich. Im Fall von Jer 32 lässt sich über den Begriff der Gottesfurcht eine Linie zu dem Weg der Weisheit ziehen (Prov 1,7), im Fall von Jer 31 wäre der Begriff der Torah zu betonen, der sich nach Dtn 4,5-8 wiederum mit dem Ideal der Weisheit verbindet. Auf andere Weise klingt derselbe Zusammenhang in Jer 9 mit der Reihung der Begriffe »Gnade« einerseits und »Recht und Gerechtigkeit« andererseits an.

V Die Relevanz des Gedankens der Gnade Gottes

So weit lässt sich im Licht der Frage nach einer Offenbarung im Alten Testament eine Themenlinie nachzeichnen, von der nur bestimmte Aspekte auch in der Debatte über »natürliche Religion« im 18. Jahrhundert eine Rolle spielten. Denn in der Religionsphilosophie ließ sich zwar auf der Grundlage des Konzepts einer ethischen Forderung das Bild eines richtenden und mit Lohn und Strafe gerecht vergeltenden Gottes plausibilisieren, nicht jedoch das Bild eines vergebenden Gottes, oder wenigstens nicht das Bild eines durch Vergebung »Neues« stiftenden Gottes. Es bleibt jedoch zu fragen, ob die genannte Themenlinie als »Skopus« des Alten Testaments betrachtet werden kann, oder ob sie marginal oder irrelevant ist. Mit einem Ausblick auf Ps 86 lässt sich die These stützen, dass sie bedeutsam sei, mit einem Ausblick auf Num 15 die These, dass sie es nicht sei.

Ps 86, in der Gruppe der Korach-Psalmen ein Psalm ›Davids‹, ist die 1. Pers. Sing.-Dichtung eines Beters, der – wie es in reicher Frömmigkeitssprache heißt – auf Gott vertraut, zu Gott ruft, seine Seele zu Gott erhebt (hebr. *bāṭaḥ*, *qārā'*, *nāśā'* mit Obj. *nepeš*). Seine Bitte um Gottes Gnade (hebr. *šāmar*, *jāśa'* und *ḥānan*) verbindet der Dichter mit verschiedenen Bekenntnissätzen, darunter V. 5: »Denn du, Herr, bist gut und bereit zu vergeben, / reich an Gnade gegen alle, die dich anrufen«, und V. 13: »Denn groß ist über mir deine Gnade, / und aus tiefem Totenreich hast du mich errettet«. Beide Sätze enthalten den Begriff *ḥesed*, der erste darüber hinaus eine Adjektivbildung von dem Verb *sālaḥ* (als hapaxleg.). Man wird sagen dürfen, dass diesem Dichter – im Zusammenhang mit weiteren Themen – die von Jer 9 her skizzierte Themenlinie wichtig war.[32]

Ein anderes Bild ergibt sich für Num 15. In Num 15,22-31 wird von einem priesterlichen Lehrhaus ein Sühneritual autorisiert, das ausschließlich für den Fall Gültigkeit haben soll, dass kollektiv oder

---

[32] Vgl. generell zu Ps 86 *Frank-Lothar Hossfeld/Erich Zenger*, Psalmen 51-100 (s. Anm. 25), 534-548.

individuell ein Versehen bei der Gebotsobservanz passiert ist (»aus Versehen«, hebr. *šĕgāgāh*). Bei einem kollektiven Verstoß gegen ein Gebot soll ein Jungstier geopfert werden, damit der Priester einen Sühneritus vollziehen kann (hebr. *kāpar* pi.) und Vergebung erlangt wird (hebr. *sālaḥ*). Bei einem individuellen Verstoß greift dasselbe Ritual in Verbindung mit der Opferung einer Ziege. Im Gegensatz dazu gilt im Fall eines bewussten Verstoßes gegen ein Gebot (»aus Absicht«, hebr. bildlich »mit erhobener Hand«: *bĕ-jād rāmāh*) die Todesstrafe; hier wird nur der Fall des Vergehens eines Individuums betrachtet. Dass die Vergebungskonzeption nicht weiter reicht, wird im Kontext durch zwei anschließende Texte illustriert; zunächst die Regelung für die Bestrafung eines Mannes, der die Sabbatobservanz verletzt: dieser Mann wird – aufgrund eines in einer paradigmatisch konstruierten Offenbarungsszene geoffenbarten Strafmaßes – gesteinigt, und seine Schuld bleibt auf ihm (15,32-36; eine Parallele für den Fall der Blasphemie in Lev 24,10-23). Umgekehrt folgt sodann eine positive Mahnung zum Gehorsam durch ein Gebot über Kleiderquasten, die das Erinnern und Befolgen aller Gebote befördern sollen (15,37-41). Ob die Schreiber in Num 15 auf das Konzept der Vergebung Gottes in Jes 55,7 und Jer 31,34 reagieren, um es auf den Fall von Gebotsverstößen »aus Versehen« einzuschränken, oder ob umgekehrt in den prophetischen Lehrhäusern der priesterliche Rigorismus beschränkt werden soll (vgl. Jes 55,8f), kann hier offen bleiben. Die Diskussion über den Sabbatschutz hat im übrigen auch in Jer 17,19-27 zu einer strengen Drohrede geführt, wenn auch nicht in sakralrechtlicher Rhetorik.[33] Für die Frage nach einer inhaltlich bestimmten Offenbarung wird in diesen Texten deutlich, dass »Heiligkeit« (vgl. Dtn 5,12 usw.) ein wichtigeres Thema sein kann als »Vergebung«. Es ist deshalb festzuhalten, dass eine inhaltliche Bestimmung ambivalent bleibt, weil nur durch einen Vergleich von Texten unterschiedlicher Schultraditionen ein »Skopus« postuliert werden kann, dessen Offenbarungscharakter dann zu diskutieren ist. Mit welcher Heftigkeit kontroverse Auffassungen über die Autorität der Priesterschaft schon im antiken Juda vertreten wurden, ließe sich wieder an bekannten Beispielen von Ritualkritik wie in Hos 6,6 oder Mi 6,6-8 oder Jer 7,21-24 zeigen. Gilt hier für eine allfällige Offenbarung ein Entweder – Oder?

[33] Vgl. zu Num 15 z. B. den Kommentar von *Jacob Milgrom*, Numbers, JPS Torah Commentary, Philadelphia 1990, 122-128 und 402-414. Milgrom erläutert zu der sakralrechtlichen Strafvorstellung, »*karet* is imposed for ritual and not ethical sins« (125) und »the punishment of *karet* is executed solely by the Deity« (406), zeigt aber auch, dass die »*karet*«-Strafe mit einer Todesstrafe (»judicial execution«) zusammenfallen kann (408f). Das Problem eines solchen geoffenbarten mosaischen Sakralrechts wird indessen nicht zur Diskussion gestellt. Jer 17 wird von *William McKane* mit einem religionspolitischen Trend um die Mitte des 5. Jahrhunderts (Neh 13,15-22) verknüpft: Jeremiah, Bd. 1 (s. Anm. 23), 417-419.

VI Die Lebensführung angesichts eines gnädigen Gottes nach Jes 55

Die priesterlichen Schreiber oder Rechtsgelehrten von Num 15 vertreten keine Lehrmeinung, die völlig unverbunden neben den Reflexionen aus dem jeremianischen Schulhaus stünde. Denn eine Erkenntnis des gnädigen Gottes erübrigt nicht einfach die Frage nach der Lebensführung, die in Jer 31,33f mit dem Begriff der Torah angesprochen ist (die LXX übersetzt mit einem Plural *nomoi*). Das Anliegen, eine Antwort auf die Frage zu finden, »wie lebe ich mit einem gnädigen Gott«, ist offenbar ein den verschiedenen Schulen gemeinsames Anliegen. Der Dichter von Ps 86 bringt es mit einer Deutung der Torah zur Sprache, bei der er mit der Wegmetapher operiert; so in V. 11: »Weise mir, Herr, deinen Weg, dass ich in deiner Wahrheit gehe, / richte mein Herz darauf, deinen Namen zu fürchten.« Die hypothetische Alternative zu einer solchen Haltung, der es im Licht eines Bekenntnisses zu Gottes Gnade auf die rechte Weisung ankommt, wird nach Jes 55,10f im jesajanischen Lehrhaus mithilfe des Wortes »leer« (hebr. *rêqām*) gedacht: Das Wort der Offenbarung würde »leer zu Gott zurückkehren«. Diese Alternative ist keine Künstelei, wenn man sie etwa auf Reflexionen im jeremianischen Lehrhaus bezieht, z. B. in Jer 6,10:

> »Wem soll ich noch zureden und wen ermahnen, damit sie hören? Sieh, ihr Ohr ist nicht beschnitten, und sie können nicht hinhören. Sieh, zum Hohn geworden ist ihnen das Wort des Herrn, es gefällt ihnen nicht.«[34]

Im deuterojesajanischen Kontext ist die Reflexion auf das Wort, das vergeblich bleiben könnte, zwar ein abschließender Kommentar zu einer komplexen Anthologie, aber zugleich auch ein Kommentar zu der im unmittelbaren Kontext voraufgehenden Ermahnung in 55,6-7, sich dem erbarmenden Gott zuzuwenden und die eigenen Irrwege aufzugeben. Und mit einprägsamer Evidenz in der Bildhälfte wird ein Positionsbezug festgeschrieben, nach dem das Wort der Offenbarung von sich her nicht »leer« bleiben kann:

> »Wie der Regen und der Schnee herabkommen vom Himmel und nicht dorthin zurückkehren, sondern die Erde tränken und sie fruchtbar machen und sie zum Sprießen bringen und Samen geben dem, der sät, und Brot dem, der isst, / so ist mein Wort, das aus meinem Munde hervorgeht: Nicht ohne Erfolg [für hebr. *rêqām*] kehrt es zu mir zurück, sondern es vollbringt, was mir gefällt, und lässt gelingen, wozu ich es gesandt habe.«

Die Verkündigung eines Gottes, der (nach 55,7) »reich an Vergebung« ist, wird – in welcher Weise auch immer – Gehör finden und ein neues

---

[34] Vgl. weiter Jer 20,8.

Leben bei den Hörern begründen. In der LXX ist diese Aussicht mit der Variante »[...] und ich deine Wege und meine Gebote zum Erfolg geführt habe« noch etwas stärker im Hinblick auf die Lebensführung konkretisiert.[35]

VII Offenbarung am Rande der Religionsphilosophie

Mit einem Fokus auf Jer 9 und Jes 55 und wichtige Vergleichstexte war soweit von der Suche nach einer Offenbarung im Alten Testament zu berichten, die etwas offenbart. Wenn man mit der Religionsphilosophie des 18. Jahrhunderts die Schöpfungstheologie und die Frage der Ethik einer »natürlichen Religion« zuordnet, und wenn man, gleichfalls mit dieser Religionsphilosophie, den Erfahrungsraum der Geschichte dem in der »natürlichen Religion« weit gefassten Gedanken der Vorsehung Gottes zuordnet, dann sind nicht die vielen alttestamentlichen Mahnungen und Erinnerungen und Applikationen in kontingenten Zeitumständen, die sich auf diese Themenkreise beziehen, Offenbarung, sondern dann muss Offenbarung noch etwas anderes sein. Das Gottesbild des barmherzigen und vergebenden Gottes, und das Gottesbild des auf diesem Fundament, aber nicht im Widerspruch zu ethischen Forderungen Weisung gebenden Gottes sind die zentralen Aspekte dessen, was man bei einer solchen Analyse Offenbarung im Alten Testament nennen könnte.

Nun bleiben hier mehr Fragen offen, als beantwortet werden. *Erstens*, wo kommt die Offenbarung her? Es wird aufgefallen sein, dass von Schulrichtungen und Lehrhäusern die Rede war, und zwar in erster Linie Lehrhäusern im antiken Juda, die ganz im Sinne von Jer 31,31f den Bogen »vom Exodus bis zur Zerstörung des Jerusalemer Tempels« schon hinter sich liegen haben. Die Offenbarung kommt danach aus dem Mut, vor einem solchen Erfahrungshintergrund Aussagen über ein Gottesbild zu machen, das nicht bei Gottes »Zorn und Wut und Groll« (nach Jer 32,37-41 oder Jes 54,7f oder Mi 7,18) stehen bleibt. Man mag hier an eine Äußerung wie Jer 20,9 denken: »und wenn ich sage, ich werde nicht an ihn denken und nicht mehr in seinem Namen sprechen, dann wird es in meinem Herzen wie brennendes Feuer [...]« – und man mag dann von einem »Erleben« oder von »Begegnung« sprechen, doch soll das Problem in diese Richtung jetzt nicht weiter erkundet werden. In keinem Fall ist auf die Frage »wo kommt die Offenbarung her?« eine Antwort zu gewinnen, die etwas beweisen könnte, und in jedem Fall ist die kontroverse Vielfalt von Texten zu

---

[35] Zitiert nach Septuaginta Deutsch, hg. v. Wolfgang Kraus und Martin Karrer, Stuttgart 2009. Vgl. weiter *Joseph Blenkinsopp*, Isaiah 40-55, Anchor Bible, New York 2000, 371f.

beachten, in denen Erkenntnisse mit Offenbarungsanspruch kommuniziert werden.
Zweitens, wie steht die Offenbarung zur Religionsphilosophie? Schöpfungstheologie, Vorsehung, Ethik sind keine Themen der Religionsphilosophie mehr wie im 18. Jahrhundert, weil es aus epistemologischen Gründen keine philosophische Erkenntnis geben kann, die Raum für einen spezifisch gefüllten Gottesbegriff lässt. Mit dem insistierenden Zitat von Lessing sollte bewusst auf eine Phase der Ideengeschichte angespielt werden, in der es weithin einen Konsens über eine »»der Vernunft zugängliche natürliche Religion«« gab, weil die Differenzierung zwischen den Themen der Existenz und der Attribute Gottes in jenem philosophischen Religionskonzept einerseits und der Frage nach einer spezifischeren Offenbarung andererseits sinnvoll ist. Rechnet man die Themen der frühneuzeitlichen vernunftgemäßen »natürlichen Religion« zur Offenbarung selbst, ist Lessings Frage als Frage umzuformulieren: Was ist eine Offenbarung, die nicht *mehr* offenbart?, und auch damit wäre ein Ausgangspunkt für die skizzierte Suchbewegung bezeichnet. Als ein weiterer Aspekt in diesem Problemfeld bleibt zu berücksichtigen, dass es unter den geänderten Bedingungen für die Philosophie als eine negative Religionsphilosophie wesentlich sein wird, Religionskritik als – um doch noch einmal in Anlehnung an Reimarus zu reden – Reflexion über die »Unmöglichkeit einer Offenbarung, die alle Menschen auf eine gegründete Art glauben könnten,« zu betreiben, um die Freiheit des Menschen gegen Unterdrückung durch die Verwalter einer Offenbarung zu verteidigen.[36] Von dieser Seite her gilt es in jedem Fall festzuhalten, dass einer Offenbarung durch die Ethik Schranken gesetzt sind, dass diese Schranken aber auch schon in der Offenbarung selbst liegen. Wenigstens wäre Jesaja nicht dafür zu haben, das Bittere süß zu machen und das Süße bitter.
Drittens, hat eine Offenbarung im Alten Testament einen selbstständigen Rang? Das »Alte Testament« ist eine Bezeichnung, die nicht hilfreich ist, aber insofern klar, als sie eine Sammlung von Schriften bezeichnet, die keine Überlieferungen über Jesus von Nazareth und keine Überlieferungen aus dem *kyrios Christos*-Kult enthält. Der vorliegende Beitrag geht von der Annahme aus, dass das Gottesbild einer »Offenbarung im Alten Testament« in sich Bestand hat, aber es gibt natürlich die hermeneutische These, dass es nur vom Neuen Testament her zu erschließen sei. So hat Hermann Spieckermann vor einigen Jahren mit Nachdruck formuliert, dass der »Realgrund und Erkenntnisgrund [der theologischen] Bestimmung des Inhalts *beider* Testamente in Person und Werk Jesu Christi liegen«, und dass »der Erkenntnisgrund für die *eine* Wahrheit der beiden Testamente [...] im

---

[36] In *Gotthold Ephraim Lessing*, Werke 1774-1778 (s. Anm. 5), 189-236.

Neuen Testament [liegt]«.[37] Diese These ist die klassische These der *Philologia Sacra*, in der es – für die lutherische Tradition repräsentativ etwa bei Salomon Glassius 1623 – heißt, dass die Verheißung des Messias »der ganzen Schrift des Alten Testaments Sonne und Kern« sei (»promissio de Messia, quae totius Scripturae V. T. Sol est et nucleus«).[38] Danach gilt die hermeneutische Regel: »in welchem prophetischen Text des Alten Testaments auch immer von der Gnade Gottes, von Sühne, von Erlösung, von Segen und von Vernichtung der Feinde gesprochen wird, so dass teils das Licht und die Erläuterung des Neuen Testaments, teils die Gegebenheit des Textes selbst und die Emphase der Wörter zeigen, dass er sich auf Christus und sein Verdienst und sein Leiden bezieht, da würde fälschlich eine andere Interpretation ersonnen und hineingetragen«.[39] Nach dieser These ist die neutestamentliche Rezeption alttestamentlicher Texte der Maßstab für die Deutung des Alten Testaments, und einer allfälligen »Offenbarung im Alten Testament« wäre keine Selbstständigkeit zuzugestehen. Auch Rudolf Bultmann ist dieser Tradition der *Philologia Sacra* verpflichtet, wenn er das Alte Testament in »eschatologischer Hoffnung« ausmünden lässt, auf die das Neue Testament mit der Bezeugung der »eschatologischen Tat« Gottes in Christus antworte.[40] Diesem hermeneutischen Modell gegenüber scheint jedoch der Ansatz richtiger, das Neue Testament als einen Fall einer weiteren, und mit dem Bezug auf Jesus Christus sehr spezifischen Auslegung des Gottesbildes der Offenbarung im Alten Testament zu lesen, für das Paulus als Leitsatz auf Jer 9,22f zurückgreifen konnte. Die Offenbarung im Alten Testament selbst ist von dieser besonderen Epiphanie der Gnade Gottes und ihrer theologischen Durchdringung nicht abhängig. Auch bleibt es eine Frage, ob etwa die Wendung in Ps 32,10 von der Gnade, die denjenigen »umgibt«, der auf Gott vertraut (hebr. *ḥesed jĕśôbĕbennû*; griech. *eleos kyklōsei*), weniger sagt als z. B. die Formulierungen des Paulus

---

[37] *Hermann Spieckermann*, Die Verbindlichkeit des Alten Testaments. Unzeitgemäße Betrachtungen zu einem ungeliebten Thema, in: Jahrbuch für Biblische Theologie 12: Biblische Hermeneutik, Neukirchen-Vluyn 1998, 25-51, die Zitate 28 bzw. 47 (Kursivierung C.B.); vgl. auch oben *Wilfried Härle*, Dogmatik (Anm. 4).
[38] *Salomon Glassius*, Philologia Sacra (Bd. 1, ¹1623), Leipzig 1743, 324. Vgl. *Christoph Bultmann*, Einfacher und doppelter Literalismus. Biblische Geschichte und biblische Prophetie in Salomon Glassius' Traktat »De Scripturae sensu dignoscendo«, in: *ders./Lutz Danneberg* (Hg.), Hebraistik – Hermeneutik – Homiletik. Die »Philologia Sacra« im frühneuzeitlichen Bibelstudium, Berlin 2011, 357-371.
[39] *Salomon Glassius*, a. a. O., 465.
[40] *Rudolf Bultmann*, Die Bedeutung des Alten Testaments für den christlichen Glauben, in: *ders.*, Glauben und Verstehen. Bd. 1, Tübingen (1933) ⁸1980, 313-336, hier 329-331. Die Ausführungen zu Jer 9 sind hier zu sprunghaft durch die Berücksichtigung ausgewählter Texte, bei denen ein Text wie Ps 32,10 nicht mitberücksichtigt wird.

in Röm 6,20-23 über das ewige Leben in Christus Jesus als die Gabe Gottes (vgl. auch Ps 86,13). Das Christuszeugnis des Neuen Testaments ist eine Form der Auslegung jenes Gottesbildes, das in den Schriften Israels Offenbarung zu nennen ist, wenn nach einer Offenbarung gesucht wird, die etwas offenbart, und insofern ist es ein ausgezeichnetes Beispiel für die Fruchtbarkeit des Wortes, das nicht »leer« zu Gott zurückkehrt.

Udo Schnelle

Offenbarung und/oder Erkenntnis der Vernunft?
Zur exegetischen und hermeneutischen Begründung
von Glaubenswelten*

I Einleitung

Es gibt Begriffe, die überraschend schnell ihre Plausibilität verlieren: ›Offenbarung‹ ist ein solcher. Noch vor 30-40 Jahren riefen die Formulierungen von Karl Barth allgemeine Zustimmung hervor: »Gottes Wort ist Gott selbst in seiner Offenbarung. Denn Gott offenbart sich als der Herr und das bedeutet nach der Schrift für den Begriff der Offenbarung, daß Gott selbst in unzerstörter Einheit, aber auch in unzerstörter Verschiedenheit der Offenbarer, die Offenbarung und das Offenbarsein ist.«[1] In anderer Diktion, aber nicht minder radikal, formuliert Rudolf Bultmann: »Wir wissen um Offenbarung, weil sie zu unserem Leben gehört. [...] Aber wie gehört sie dazu? Um Offenbarung wissen, heißt um uns selbst wissen als um solche, die auf Offenbarung angewiesen sind. Denn darin besteht ja [...] der Sinn von Offenbarung, daß wir durch sie zu unserer Eigentlichkeit gelangen, zu der wir von uns aus nicht gelangen können.«[2] Gehört Offenbarung wirklich zu unserem Leben? Handelt es sich nicht um bloße Postulate, die mit der Lebenswirklichkeit – Eigentlichkeit hin oder her – der Menschen gerade nichts zu tun haben?[3] Wird hier nicht die bloße

---

* Der Vortragsstil wurde beibehalten.
[1] *Karl Barth*, Die Kirchliche Dogmatik I/1, Zürich ⁵1947, 311.
[2] *Rudolf Bultmann*, Der Begriff der Offenbarung im Neuen Testament, in: *ders.*, Glauben und Verstehen III, Tübingen ³1965 (= 1929), 5f.
[3] Die Grundkritik an diesem exklusiven offenbarungstheologischen Konzept ist seit langem bekannt: Die behauptete Autonomie Gottes tritt an die Stelle der neuzeitlichen Autonomie des Menschen, ohne dass plausible Vermittlungskategorien übrig bleiben. Damit geraten sowohl die alltägliche Lebenswirklichkeit der Menschen als auch die Geschichte als Erfahrungs- und Deutungsraum aus dem

Behauptung, die äußere und vergängliche Autorität der Kirche/des Glaubens an die Stelle notwendiger Einsicht gesetzt?[4] Nicht nur die radikale Änderung der gesellschaftlich-religiösen Verhältnisse, sondern auch die nachlassende Plausibilität solcher Behauptungen führten in den letzten Jahrzehnten sowohl in der Exegese als auch in der Systematischen Theologie zu einer deutlichen Reserve gegenüber dem Offenbarungsbegriff.[5] Es gibt nur noch wenige, die ihr theologisches oder exegetisches Programm exklusiv vom Begriff der Offenbarung her entwickeln.[6]

Das Offenbarungskonzept verdankt sich der Vorstellung des großen Absenders[7], ein Kaiser oder ein Gott tut seinen Willen kund. Heute gibt es die Metaphysik des großen Absenders nicht mehr, sondern jeder will Absender sein und ist es im Computerzeitalter auch! Oder anders gesagt: Der Mensch (zumindest der westlichen Welt) lässt sich seine Autonomie von niemandem mehr streitig machen, auch nicht von Kirchen, Religionen oder von Gott. Er bestimmt das Verhältnis zu seiner eigenen Endlichkeit und zu Gott selbst. Die theologische oder kirchliche Disqualifizierung der menschlichen (religiösen) Wirklichkeit wird ebenfalls nicht mehr akzeptiert bzw. sie wird überhaupt nicht

---

Blick. Vgl. dazu *Trutz Rendtorff*, Radikale Autonomie Gottes, in: *ders.*, Theorie des Christentums, Gütersloh 1972, 161-181.

[4] Vgl. die Kritik bei *Wolfgang Trillhaas*, Dogmatik, Berlin ³1972, 68: »Wenn es wahr ist, dass wir es in dieser Welt mit Gott zu tun haben, und wenn es wahr ist, dass Gott in diese Welt eingegangen ist, um uns zu suchen, dann muss alles, was mit dem Anspruch, Offenbarung zu sein, auftritt, in seiner Relation zur Geschichte und zur Natur verständlich gemacht werden. Es ist keine Offenbarung als Ausgangspunkt der Theologie denkbar, die nur aufgrund von Autorität geltend gemacht wird.«

[5] Einen Überblick zum Offenbarungsbegriff in der Theologiegeschichte vermittelt *Christian Danz*, Einführung in die evangelische Dogmatik, Darmstadt 2010, 44-65.

[6] Eine Ausnahme bildet *Ferdinand Hahn*, Theologie des Neuen Testaments II, Tübingen 2002, 144: »Die grundlegende Bedeutung der Offenbarung hängt damit zusammen, dass Gott nach biblischer Tradition nicht spekulativ zu erschließen ist, sondern nur dadurch erfasst werden kann, dass und soweit er sich selbst zu erkennen gibt.« Vgl. ferner *Ferdinand Hahn*, Das Zeugnis des Neuen Testaments in seiner Vielfalt und Einheit, KuD 48 (2002), 240-260, hier 253, der herausstellt, dass auf der Basis des alt- und neutestamentlichen Kanons als übergeordnete Leitkategorie nur der Offenbarungsgedanke infrage kommt. »Die Orientierung am Offenbarungsgedanken hat Konsequenzen für den Aufbau: Es ist einzusetzen mit dem Offenbarungshandeln Gottes im alten Bund, es folgt das Offenbarungsgeschehen in der Person Jesu Christi und dann die soteriologische, die ekklesiologische und die eschatologische Dimension des Offenbarungshandelns Gottes in Christus. Die neutestamentliche Ethik ist dabei im Zusammenhang mit der Ekklesiologie zu behandeln.«

[7] Ich lehne mich hier an eine Formulierung von *Peter Sloterdijk* an; vgl. FAZ v. 9.11.2010, 35.

mehr zur Kenntnis genommen. Schließlich sind die Beiträge des Christentums für eine humane Gesellschaft längst ins Säkulare geronnen und werden als solche gar nicht mehr wahrgenommen.
Hinzu kommt eine grundlegende erkenntnistheoretische Einsicht: Wenn wir von Offenbarung reden, dann nehmen *wir* Zuschreibungen vor; wir sprechen nicht – gewissermaßen von uns selbst losgelöst – von höheren Wirklichkeiten, denen sich die Menschen zu unterwerfen hätten. Niemand kann ein anderer sein; mit dieser banalen, aber zugleich fundamentalen Feststellung verbinden sich Einsichten in das Wesen und die Grenzen des Denkens. Alles, was ich denke, bin ich! Dies gilt auch für den Offenbarungsbegriff; *ich* denke und behaupte Offenbarung![8] Hinzu kommt: Wir reden heute nicht mehr einfach von Offenbarung oder Wahrheit, sondern wir fragen nach den Konstruktionen von Offenbarung und Wahrheit. Damit verbinden sich Distanz und nicht selten die Vermutung, dass der Mensch von Offenbarung und Wahrheit redet, um seinen eigenen Einfluss zu sichern. Daraus ergibt sich das Grundproblem, wie der Wirklichkeitsbezug von Offenbarung zu denken und zu erfahren ist, wenn man über eine bloße Wiederholung biblischer Sätze und/oder erkenntnistheoretisch nicht haltbarer Postulate hinauskommen will.
Dieser fundamentalen Frage wollen wir uns heute stellen, indem wir zunächst den exegetischen Befund zum Thema ›Offenbarung‹ im Neuen Testament erheben, um dann hermeneutische und theologische Konsequenzen zu ziehen.

II Der exegetische Befund

Das Thema ›Offenbarung‹ ist eine Fragestellung der Gegenwart; dies zeigt sich schon darin, dass wir im Neuen Testament weder eine umfassende Darstellung der Kommunikationsformen zwischen Gott und Mensch haben noch einen übergreifenden Begriff dafür.[9] Vielmehr finden sich in den unterschiedlichen Schriftengruppen eine ganze Reihe von Termini: ἀποκαλύπτειν; ἀποκάλυψις; φανεροῦν; δηλοῦν; ἐπιφαίνειν; ἐπιφάνεια; ὁρᾶν; γνωρίζειν; γινώσκειν. Mit diesen Begriffen

---

[8] Anders *Ferdinand Hahn*, Theologie II, 151, der suggeriert, dass Offenbarung gewissermaßen etwas ›Objektives‹ sei: »Offenbarung bedeutet, dass Gott sich zu erkennen gibt. Der Mensch, der sich vertrauend der Zuwendung Gottes öffnet, gewinnt dadurch seinerseits Erkenntnis Gottes.«
[9] Überblicke vermitteln: *Markus Bockmühl*, Art. Offenbarung IV: Neues Testament, RGG[4] 6, Tübingen 2003, 470-473; *Ferdinand Hahn*, Theologie II, 148-151; *Martin Karrer*, Art. Offenbarung, Theologisches Begriffslexikon, Wuppertal 2005, 1409-1439.

lassen sich verschiedene Offenbarungskonzepte verbinden[10]: Vision, Audition, Epiphanie, Parusie, Gerichtshandeln, Eingebung, Träume, Gesichte, verbale Unterweisung, kosmische Umwälzungen. Für die Autoren der neutestamentlichen Schriften ist es selbstverständlich, dass sich Gott in seinen Worten und Taten offenbart, dass es eine Kommunikation zwischen Himmel und Erde gibt. Ebenso war es für Juden und Griechen selbstverständlich, dass Gott bzw. die Götter sich auf sehr verschiedenartige Weise offenbaren können.[11] Die Realität der Offenbarung ist somit für das Neue Testament keine Frage, sondern ein unhinterfragbares Axiom. Dennoch fällt auf, dass im Vergleich zu den Gesamtkonzeptionen der neutestamentlichen Autoren die Frage nach der Möglichkeit und den Modi der Offenbarung/Offenbarungen Gottes eher ein Nebenthema ist. Zwei grundlegende Konzeptionen möchte ich näher betrachten: den Offenbarungsbegriff bei Paulus und Johannes.

1. Paulus

Bei Paulus kommt das Thema Offenbarung in sehr verschiedenen Zusammenhängen zur Sprache.[12] Auffällig ist dabei die Häufung von ἀποκαλύπτειν (9 von 26 Belegen bei Paulus) und ἀποκάλυψις (10 von 18 Belegen bei Paulus). Ein besonderes Profil bekommt das Verb ἀποκαλύπτειν innerhalb der Berufungsoffenbarung des Apostels, wo sich Paulus in der Linie der großen Propheten stilisiert (vgl. Gal 1,15f; Röm 1,1f mit Jer 1,5; Jes 49,1.5f). Gott offenbarte an ihm nach Gal 1,16 den Sohn. Paulus kann in Gal 1,12 betonen, er habe das Evangelium nicht »von einem Menschen empfangen oder gelernt, sondern durch eine Offenbarung Jesu Christi«. Aus dem Objekt der Offenbarung (Gal 1,16) wird so sein Träger (Gal 1,12). Die in irdisches Leben eingreifende Macht der göttlichen Offenbarung zeigt sich auch in Röm 1,17 und 3,21. In Röm 1,17f erscheint die Offenbarung der Gerechtigkeit Gottes aus Glauben auf Glauben vor dem Hintergrund der Offenbarung des Zornes Gottes als Summe und Zentrum der paulinischen Theologie. Ebenso werden dem Offenbarwerden (πεφανέρωται) der Gerechtigkeit Gottes – ohne das Gesetz – in Röm 3,21 universale Dimensionen zugeschrieben; sogar das Gesetz und die Propheten bezeugen ihre eigene Unzuständigkeit! Eingebettet in ein

---

[10] Vgl. dazu *Marco Frenschkowski*, Offenbarung und Epiphanie I.II, Tübingen 1995.1997.
[11] Vgl. *Plato*, Symp 203a: »Denn Gott verkehrt nicht mit Menschen; sondern aller Umgang und Gespräch der Götter geschieht durch diese (= gute Geister), sowohl im Wachen als im Schlaf.«
[12] Vgl. dazu *Dieter Lührmann*, Das Offenbarungsverständnis bei Paulus und in paulinischen Gemeinden, WMANT 10, Neukirchen-Vluyn 1965; *Markus Bockmühl*, Revelation and Mystery in Ancient Judaism and Pauline Christianity, WUNT 2.36, Tübingen 1990.

eschatologisches und kosmologisches Szenarium kann Paulus von der Offenbarung der Existenz und Macht Gottes innerhalb der Weltschöpfung (Röm 1,19f) und von der Offenbarung Gottes in und durch das Wort der Schrift (vgl. I Kor 10,11; II Kor 1,20; Röm 15,4) reden. Auch die fortwährende Verkündigung des Evangeliums kann als Offenbarung bezeichnet werden (vgl. II Kor 2,14; 5,20; I Thess 2,13). Insbesondere die lebendige Erfahrung des Heiligen Geistes und die darin innewohnende Ermächtigung zur Kindschaft Gottes kann als Offenbarungsgeschehen verstanden werden (vgl. I Kor 12,8; 14,26-31; II Kor 12,1-9.12; Röm 8,15f.26f). Schließlich erscheint bei Paulus die Parusie als zukünftige Offenbarung von Jesus Christus als Richter und Erlöser (vgl. I Thess 1,9f; I Kor 1,7; Phil 3,20f). Angesichts des Gesamtbefundes der paulinischen Theologie kann aber nicht von einer übergreifenden Offenbarungstheologie gesprochen werden.

2. Johannes

Anders präsentiert sich der Befund in den johanneischen Schriften[13]; sie enthalten das wohl profilierteste Offenbarungs-Konzept im Neuen Testament. So positioniert sich I Joh 4,12 in der antiken Debatte um die Erkennbarkeit Gottes/des Göttlichen[14]: »Niemand hat Gott jemals gesehen. Wenn wir aber einander lieben, bleibt Gott in uns, und seine Liebe ist unter uns zur Vollendung gekommen.« Der I Joh geht von einer theoretischen Unsichtbarkeit, aber zugleich praktischen Sichtbarkeit Gottes aus. Gott wird dort sichtbar, wo die gegenseitige Liebe geübt wird; diese Wirklichkeit wird von Gott selbst, nämlich durch seine bleibende Immanenz im Sohn und in der Geistgabe (vgl. I Joh 4,13-15), zur Vollendung geführt. Die von Gott stammende und ausgehende Liebe zeigt und vollendet sich in der Liebesgemeinschaft der Glaubenden. Joh 1,18 formuliert das offenbarungstheologische Programm des Evangeliums: »Gott hat niemand jemals gesehen; der einziggeborene Gott, der an der Brust des Vaters ist, er hat Kunde mitgebracht.« Jesus erscheint hier als der Exeget Gottes, er allein vermag wirklich Kunde vom Vater zu bringen. Mit der Inkarnation ging auch die einmalige und unmittelbare Gotteserfahrung Jesu in die Geschichte ein und ist nun für die Menschen als Offenbarung des Gottessohnes vernehmbar. Wer Jesus sieht, hat den Vater gesehen (Joh 14,7.9; 12,45), d. h. Gott bleibt nicht jenseitig und verborgen, sondern lässt sich in Jesus Christus erkennen; nur im Sohn wird der Vater auf Erden sichtbar (vgl. Joh 8,19; 14,8)[15]. Jesus Christus offenbart seine göttliche

---

[13] Terminologisch sind besonders zu beachten: φανηροῦν 9mal im I Joh/9mal im JohEv; γινώσκειν 25mal im I Joh/57mal im JohEv.
[14] Vgl. dazu *Udo Schnelle*, Die Johannesbriefe, ThHK 17, Leipzig 2010, 152ff.
[15] Vgl. weiterhin *Rudolf Bultmann*, Art. γινώσκω, ThWNT I, Stuttgart 1933, 688-719, hier 711-713.

Herkunft und damit auch Gott selbst vor allem in seinen Zeichen (vgl. Joh 2,1-11; 4,46-54; 5,1-9; 6,1-15; 6,16-21; 9,1-41; Joh 11,1-44)[16] und in seinem Wort, speziell in den ›Ich-bin-Worten‹ (vgl. Joh 6,35a; 8,12; 10,7.11; 11,25 14,6; 15,1). Johannes beantwortet damit eine religionsphilosophische Grundfrage: Wer und wie ist Gott, wie und wo trete ich in Verbindung mit ihm, wie erkenne ich Gott? Seine Antwort: Gottes Wort kann auf Erden nur in Jesus Christus gehört, das Wesen des Vaters nur im Sohn geschaut werden. Im Hintergrund steht dabei die vollständige Willens- und Wirkkongruenz von Vater und Sohn (Joh 10,30: »Ich und der Vater sind eins«). Der Vater offenbart sich umfassend im Sohn, der beansprucht, in Einheit mit dem Vater/Gott zu sein und zu wirken (vgl. Joh 3,31-34; 5,31-36; 8,17f).

Für Johannes ist ›glauben an Jesus‹ gleichbedeutend mit Jesus ›erkennen‹ (vgl. Joh 14,7; Joh 10,14).[17] Die Glaubenden haben Jesus erkannt (I Joh 4,16; Joh 6,69), sie kennen ihn und wissen, wer er ist: der Gesandte Gottes, der Menschensohn, die Wahrheit (vgl. Joh 7,17, 8,28; 14,6.17.20; 17,7f.25; I Joh 2,4; 3,19; 5,20). Das johanneische Erkennen orientiert sich nicht am äußerlich Vorfindlichen, es dringt durch zum Wesen des Erkannten. In Jesus von Nazareth offenbart sich die Herrlichkeit Gottes, er ist der von Gott gesandte Retter der Welt (Joh 4,42). Deshalb beinhaltet ›erkennen‹ bei Johannes, Jesus als Herrn anzuerkennen und damit in ein persönliches Verhältnis zu ihm zu treten. Das Erkennen löst sich nicht vom Glauben, sondern der Glaube ist ein erkennender Glaube. Das ›Erkennen‹ vereint somit in der johanneischen Sichtweise gleichermaßen intellektuelle und emotionale Dimensionen.

Ein besonderes Profil erlangt die johanneische Offenbarungsvorstellung durch ihre Einbettung in den Liebesgedanken.[18] Die Offenbarung des Vaters im Sohn gründet ausschließlich in Gottes Liebe: »Denn so hat Gott die Welt geliebt, dass er seinen einzig geborenen Sohn gab, damit jeder, der an ihn glaubt, nicht verloren gehe, sondern ewiges

---

[16] Zur Analyse der johanneischen Wunderüberlieferung vgl. *William Nicol*, The Semeia in the Fourth Gospel, NT.S 32, Leiden 1972; *Udo Schnelle*, Antidoketische Christologie im Johannesevangelium, FRLANT 144, Göttingen 1987, 87-194; *Wolfgang J. Bittner*, Jesu Zeichen im Johannesevangelium, WUNT 2.26, Tübingen 1987; *Christian Welck*, Erzählte Zeichen, WUNT 2.69, Tübingen 1994; *Michael Labahn*, Jesus als Lebensspender, BZNW 98, Berlin 1999.

[17] Vgl. dazu *Heinrich Schlier*, Glauben, Erkennen, Lieben nach dem Johannesevangelium, in: ders., Aufsätze zur Biblischen Theologie, Leipzig 1968, 290-302; *Ferdinand Hahn*, Sehen und Glauben im Johannesevangelium, in: Neues Testament und Geschichte (FS Oscar Cullmann), hg. v. H. Baltensweiler/B. Reicke, Zürich/Tübingen 1972, 125-141; *Clemens Hergenröder*, Wir schauten seine Herrlichkeit, FzB 80, Würzburg 1996.

[18] Vgl. dazu *Enno Edzard Popkes*, Die Theologie der Liebe Gottes in den johanneischen Schriften, WUNT 2.197, Tübingen 2005.

Leben habe« (Joh 3,16; vgl. I Joh 4,9: »Denn darin ist offenbar geworden die Liebe Gottes unter uns, dass Gott seinen einzig geborenen Sohn sandte«). Die Liebe des Vaters zum Sohn (vgl. Joh 3,35; 10,17) ist Ausdruck der wesensmäßigen Verbundenheit zwischen ihnen, und deshalb zeigt der Vater dem Sohn alles, was er selbst tut (Joh 5,20). Vom Vater geht eine umfassende Liebesbewegung aus, die den Sohn (Joh 3,35; 10,17; 15,9.10; 17,23.26) ebenso umfasst wie die Welt (Joh 3,16) und die Jünger (Joh 14,21.23; 17,23.26). Sie setzt sich fort in der Liebe Jesu zu Gott (Joh 14,31) und den Jüngern (Joh 11,5; 13,1.23.34; 14,21.23; 15,12.13; 19,26), sowie der Liebe der Jünger zu Jesus (Joh 14,15.21.23) und zueinander (Joh 13,34.35; 15,13.17). Das johanneische Denken ist im Innersten vom Liebesgedanken geprägt. Die vom Vater ausgehende Liebe setzt sich im Wirken des Sohnes und der Jünger fort, bis schließlich trotz des Unglaubens vieler auch die Welt erkennt, »dass du mich gesandt hast und du sie geliebt hast, wie du mich geliebt hast« (Joh 17,23).[19]

Deshalb finden sich nicht zufällig die drei einzigen Definitionen Gottes in der johanneischen Literatur, voran das zweifache »Gott ist Liebe« ($\dot{o}\ \vartheta\varepsilon\dot{o}\varsigma\ \dot{\alpha}\gamma\dot{\alpha}\pi\eta\ \dot{\varepsilon}\sigma\tau\iota\nu$) in I Joh 4,8b.16b; ferner »Gott ist Licht« (I Joh 1,5: $\dot{o}\ \vartheta\varepsilon\dot{o}\varsigma\ \varphi\hat{\omega}\varsigma\ \dot{\varepsilon}\sigma\tau\iota\nu$) und »Gott ist Geist« (Joh 4,24: $\pi\nu\varepsilon\hat{\upsilon}\mu\alpha\ \dot{o}\ \vartheta\varepsilon\dot{o}\varsigma$). Dies entspricht der joh. Tendenz, begrifflich zu fixieren und geläufige religiöse Symbole aufzunehmen, um so Verstehen zu ermöglichen. Subjekt und Prädikat sind in der johanneischen Symbolsprache unumkehrbar; Symbole menschlicher Religiosität werden mit Gott verbunden, dürfen aber nicht mit ihm verwechselt werden.[20] Weil die Selbstmitteilung Gottes als umfassende Liebesbewegung verstanden wird, ist die Selbstdefinition Gottes als Liebe folgerichtig. Gottes Liebe bildet den Ausgangspunkt und das Zentrum eines Prozesses, der den Sohn ebenso umfasst wie die Glaubenden. Damit ist die Wendung ›Gott ist Liebe‹ aber noch nicht ausgeschöpft, denn sie sagt zuallererst etwas über Gott selbst aus: Das Sein, das Wesen und das Wirken Gottes ist von Liebe geprägt. Jenseits menschlicher Emotionen zielt Gottes Liebe darauf, alles Geschaffene in die Einheit von Vater und Sohn aufzunehmen und ihm so wahres Leben zu schenken.

Erkenntnis und Erfahrung verbinden sich auch mit der zweiten Definition: »Gott ist Geist« (Joh 4,24). Das ist ein Spitzensatz hellenistischer

---

[19] Zur johanneischen Theologie insgesamt vgl. *Udo Schnelle*, Theologie des Neuen Testaments, Göttingen 2007, 619-711.
[20] Vgl. *Craig R. Koester*, Symbolism in the Fourth Gospel, Minneapolis 1995, 4: »A symbol is an image, an action, or a person that is understood to have transcendent significance. In Johannine terms, symbols span the chasm between what is ›from above‹ and what is ›from below‹ without collapsing the distinction.«

Religionsgeschichte[21] und johanneischer Theologie, denn weil Gott Geist ist und nur im und aus dem Geist richtig erkannt und angebetet werden kann, kommt dem Geistbegriff eine Vermittlungsdimension zu. Der göttliche Geist ermöglicht und prägt das Erkennen des menschlichen Geistes; im Geist und durch den Geist treffen sich Göttliches und Irdisches. Glaube als Erkennen; Liebe als das Wesen Gottes und wahren Lebens; der Geist als Medium der denkenden Teilhabe; das Besondere des johanneischen Offenbarungsverständnisses liegt darin, dass es Raum für Erkenntnis, intellektuelle Vollzüge, lebensgeschichtliche Erfahrung und Partizipation lässt.

III Der Glaube als sinnvolle Deutung der Wirklichkeit

Die exegetische Beschreibung von Offenbarungskonzepten im Neuen Testament ist das eine, ihre Plausibilität und Überzeugungskraft im 21. Jahrhundert etwas anderes. Offenbarung und Verstehen, Glauben und Denken müssen überzeugend zugeordnet werden, denn sie geraten sonst in eine innere Spannung[22]: Wenn immer wieder auf das von uns Menschen ja nur postulierbare Handeln Gottes als Grund und Voraussetzung für unser Verstehen verwiesen wird; wenn zuallererst Gehorsam und Unterwerfung gefordert werden, ohne dass hinreichend deutlich wird, warum man dies tun soll. Es sind Menschen, die behaupten, das von ihnen Gesagte stamme gar nicht von ihnen, sondern – in letzter Konsequenz – von Gott. Weil die Offenbarung nur historisch fassbar ist, unterliegt sie der Fragwürdigkeit und dem Konstruktionscharakter alles Historischen. Diese Fragwürdigkeit lässt sich nicht mit wiederum historisch bedingten Zuschreibungen (z. B. die Bibel ist das Wort Gottes) überwinden. Es muss eine Schnittstelle gefunden werden, an der sich Offenbarung, Erfahrung, Deutung, Glaube und Denken vereinen, oder zumindest ein Bereich, wo sie sich treffen können.
Eine solche Schnittstelle könnte mit dem Begriff des religiösen Bewusstseins definiert werden.[23] Ausgangspunkt ist dabei eine anthropologische Grundeinsicht: Der Mensch ist ein deutendes Wesen (Arnold Gehlen); er ist auf Selbst- und Weltdeutung angewiesen, um sein

---

[21] Vgl. nur *Philo*, Det Pot Ins 21; Sen, Ep 42,1f; weitere Texte in: *Neuer Wettstein* I/2, hg. v. *Udo Schnelle* u. Mitarb. v. *Michael Labahn/Manfred Lang*, Berlin 2001, 226-234.
[22] Vgl. auch *Christian Danz*, Einführung (s. Anm. 5), 64, der betont, »dass der Offenbarungsgedanke strikt an den Vollzug des Sich-Verstehens des Menschen zu binden ist«.
[23] Vgl. dazu exemplarisch *Ulrich Barth*, Gott als Projekt der reinen Vernunft, Tübingen 2005.

Erleben, sich selbst und die anderen verstehen zu können. Dies gilt auch für den Bereich der Religion als einer fundamentalen Sinnerfahrung und Selbstdeutung. Eine Vermittlung zwischen der modernen religiösen Subjektivität und den biblischen Denk- und Lebenswelten kann nur gelingen, wenn die religiöse Selbstdeutung in der Vielfalt ihrer Formen und Inhalte ernst genommen wird. Dafür lassen sich gute Gründe anführen: Das religiöse Bewusstsein ist das Bedürfnis und die Fähigkeit des Menschen, sich selbst und das Bewusstsein über sich selbst zu transzendieren; es kann nur im Selbstbewusstsein existieren. Die tatsächlich gelebte Religion kann so wahr- und aufgenommen werden, und es entsteht ein erweitertes Offenbarungsfeld, in dem Kunst, Musik, Literatur, Kultur und auch andere Religionen als Zugänge zu Gott in den Blick kommen. Ein erweiterter und nicht exklusiv auf die Bibel bezogener Religionsbegriff erscheint geeigneter als ein strenger biblischer Offenbarungsbegriff, um menschliche Grunderfahrungen im Horizont religiöser (vor allem biblischer) Texte zu deuten. Das geistige Milieu dieses Argumentationstyps weiß sich einig in der Ablehnung der als doktrinär eingestuften Theologie Karl Barths und legt größten Wert auf die religiöse Subjektivität; es ist religionsphilosophisch ausgerichtet und offen gegenüber der Vielfalt kultureller und religiöser Lebensäußerungen.

Aber auch bei diesem Modell stellen sich schnell Probleme ein. Die Zuschreibungen, die für das ›Außen‹ der exklusiven Offenbarung nicht gelten sollen, können nicht plötzlich für das ›Innen‹ des religiösen Bewusstseins gelten. Auch das religiöse Bewusstsein bedarf einer Gründung, die es sich nicht selber geben kann.[24] Es bezieht sich auf etwas, was nicht aus ihm selbst erwächst, sondern ihm voraus liegt, ansonsten wäre es sein eigener Gott. In diesem Fall würde es einen Kategoriensprung für sich beanspruchen, der durch nichts zu begründen ist. Ein Glaubensbewusstsein, das selber eine Vermutung ausspricht oder eine Zuschreibung vornimmt, indem es behauptet, sich selbst gewiss zu sein, ist genauso gesichert oder ungesichert wie die Behauptung einer Offenbarung.[25] Die abgelehnte ›externe‹ Offenba-

---

[24] Keine Lösung der Probleme ist jedenfalls die Behauptung von *Friedrich Daniel Ernst Schleiermacher*, Reden über die Religion, Leipzig 1911 (= 1799), 91: »Der Mensch wird mit der religiösen Anlage geboren wie mit jeder anderen.«

[25] Hier legt sich natürlich der Verdacht einer bloßen Behauptung oder Projektion als Ursprung des Gottesgedankens nahe; vgl. die Kritik von *Wolfhart Pannenberg*, Problemgeschichte der neueren evangelischen Theologie in Deutschland, Göttingen 1997, 69, an *Friedrich Daniel Ernst Schleiermacher*, Der christliche Glaube I, hg. v. M. Redeker, Berlin 1960 (= 1830), § 4,4 (= S. 28f): »Wenn aber schlechthinnige Abhängigkeit und Beziehung mit Gott in unserm Satze gleichgestellt wird: so ist dies so zu verstehen, daß eben das in diesem Selbstbewusstsein mitgesetzte *Woher* unseres empfänglichen und selbsttätigen Daseins durch den Ausdruck Gott

rung würde hier gewissermaßen zur ›inneren‹ Offenbarung, auch wenn der Vorgang natürlich anders benannt wird. Wenn Gott zuallererst (oder ausschließlich?) im religiösen Selbstbewusstsein ist[26], wo ist er darüber hinaus zu finden? Auch das religiöse Bewusstsein ist historisch und biologisch bedingt; es weiß von Gott und von sich selbst nur, weil es ihm zuvor aus anderen Quellen (vor allem aus der Bibel) mitgeteilt wurde; es bildet sich immer in einem schon vorgängigen Wissen um Gott. Das Gottesbewusstsein ist ja nicht Gott selbst; es bleibt somit eine unaufhebbare Differenz, die vom Menschen nicht gefüllt werden kann.[27] Dieses Modell ist eine Art protestantische Ich-AG und auch mit massiven Behauptungen durchzogen; es lädt wegen seiner Geringschätzung der Bibel zur religiösen Selbstinszenierung ein und ist keineswegs plausibler als das bekämpfte externe Offenbarungsmodell.

Deshalb muss ein breiterer Ansatz gewählt werden, um den Wirklichkeitsbezug des Offenbarungsbegriffes einsichtig werden zu lassen. Wie kann verstehbar gemacht werden, was mit Offenbarung gemeint ist, wenn darunter mehr verstanden wird als Lebenseinschätzungen und subjektive Bewusstseinszustände? Dafür möchte ich zwei Begriffe stark machen: den Deutungs-[28] und den Sinnbegriff[29].

Jeder Wirklichkeitszugang des Menschen hat prinzipiell deutenden Charakter, er ist nicht einfach Wirklichkeitsabbildung, sondern Interpretationsleistung des erkennenden Subjekts, das seine eigene Lebensgeschichte immer mit- und einbringt. Deshalb ist Deuten unausweichlich ein subjektiver, aber nicht subjektivistischer, willkürlicher Vorgang, sondern immer an allgemeine Realitätsvorgaben, an Kommunizierbarkeit (Logik, Sprache, Kritik) und die kulturellen Standards einer Gesellschaft gebunden. Das Leben muss in seinen mannigfaltigen Bezügen gedeutet werden. Die gesamte Wirklichkeit des Menschen ist ein Auslegungsgeschehen, ein Interpretieren und ein Verstehen der

---

bezeichnet werden soll, und dieses für uns die wahrhaft ursprüngliche Bedeutung desselben ist.«

[26] So tendenziell *Ulrich Barth*, Die religiöse Selbstdeutung der praktischen Vernunft, in: *ders.*, Gott als Projekt (s. Anm. 23), 263-307, hier 307: »Die Idee des Absoluten bleibt allemal ein Projekt oder Selbstgeschöpf der reinen Vernunft.«

[27] Weitere Defizite dieses Modells sind offenkundig: 1) Die Christologie muss notwendigerweise minimiert werden, denn exklusive Mittler kann es bei diesem Konzept gar nicht oder nur eingeschränkt geben (Jesus als religiöser Genius); 2) eine Schriftlehre wird entweder gar nicht entwickelt, oder die Bibel wird religionswissenschaftlich in den Kanon der bedeutenden religiösen Gründungsdokumente gestellt; 3) eine umfassende Ekklesiologie kann bei diesem primär auf das religiöse Individuum bezogenen Konzept nicht entwickelt werden.

[28] Beim Deutungsbegriff folge ich: *Jörg Lauster*, Religion als Lebensdeutung. Theologische Hermeneutik heute, Darmstadt 2005, 9-30.

[29] Zum Sinnbegriff vgl. *Udo Schnelle*, Paulus. Leben und Denken, Berlin 2003, 2-25; *ders.*, Theologie des Neuen Testaments (s. Anm. 19), 15-46.

Wirklichkeit. Würde ich die Religion und das heißt hier den christlichen Glauben aus diesem Vorgang ausschließen, dann würde er nicht wirklich zu meinem Leben und zu meiner Wirklichkeit gehören. Einen Glauben ohne deutendes Verstehen kann es eigentlich gar nicht geben. Wer ausschließlich auf fremde Autorität hin glaubt und das eigene Nachdenken und Deuten des Glaubens unterlässt, der behandelt die Religion rein formal und integriert sie nicht in seine Wirklichkeit. Wird also Religion allein als Begegnung des Menschen mit einer ihn treffenden transzendenten Dimension gesehen, der er dann mit Dankbarkeit und Ehrfurcht folgt, besteht immer die Gefahr, das die Bereiche der Erfahrung und des Verstehens auseinandergerissen werden. Hinzu kommt der bereits erwähnte Tatbestand, dass die Behauptung einer übernatürlichen Offenbarung natürlich selbst eine Deutung ist und keineswegs jenseits des menschlichen Subjektes zugänglich ist.

Mit dem Deutungsbegriff ist der Sinnbegriff aufs engste verbunden, denn Sinn ist Deutungskraft zur Orientierung innerhalb der Lebenszusammenhänge.[30] Menschliches Sein und Handeln zeichnet sich durch *Sinn* aus.[31] Es gehört zum Wesen des Menschen, in all seinen Lebensbezügen auch nach sich und der Welt zu fragen. Der Mensch ist gewissermaßen immer auch eine Frage nach sich selbst, und ohne die Suche nach Antworten kann er nicht leben. Es lässt sich keine menschliche Lebensform bestimmen, »ohne auf Sinn zu rekurrieren. Es macht Sinn, Sinn als Grundform menschlichen Daseins zu verstehen.«[32] Schon die kulturanthropologische Unabweisbarkeit von Transzendenzvollzügen des Menschen mit sich selbst und seiner soziokulturellen Lebenswelt hat notwendigerweise Sinnbildungen zur Folge.[33] Zudem wird der Mensch immer schon in Sinnwelten hineingeboren[34], Sinn ist unab-

---

[30] Zum geschichtstheoretischen Sinnbegriff vgl. *Jörn Rüsen* (Hg.), Geschichtsbewußtsein, Köln/Weimar 2001; *ders.*, Zerbrechende Zeit. Über den Sinn der Geschichte, Köln/Weimar 2001.
[31] Vgl. dazu grundlegend *Alfred Schütz*, Der sinnhafte Aufbau der sozialen Welt, Tübingen 1974.
[32] *Günter Dux*, Wie der Sinn in die Welt kam und was aus ihm wurde, in: *Klaus E. Müller/Jörn Rüsen* (Hg.), Historische Sinnbildung, Reinbek 1997, 195-217, hier 195.
[33] Vgl. dazu *Alfred Schütz/Thomas Luckmann*, Strukturen der Lebenswelt II, Frankfurt a.M. ³1994, 139-200.
[34] Vgl. *Thomas Luckmann*, Religion – Gesellschaft – Transzendenz, in: *Hans-Joachim Höhn* (Hg.), Krise der Immanenz, Frankfurt a.M. 1996, 112-127, hier 114: »Sinntraditionen transzendieren die Nur-Natürlichkeit des Neugeborenen.« Dieser Vorgang kann auch im grundsätzlich anthropologischen Sinn mit dem Begriff der ›Religion‹ bezeichnet werden, der allerdings von den konkreten historischen Ausprägungen von Religionen als Konfessionen zu unterscheiden ist; vgl. *ders.*, a. a. O., 113: »Ich gehe davon aus, daß das menschliche Leben im Unterschied zu den Lebensformen anderer Gattungen durch eine grundlegende Religio-

wendbar, die menschliche Lebenswelt muss sinnhaft gedacht und erschlossen werden, denn nur so ist Leben und Handeln in ihr möglich.[35] Jede Religion, aber auch jede andere Form der Selbst- und Weltdeutung, ist als Sinnform ein solcher Erschließungsvorgang. Der Sinnbegriff macht die individuellen religiösen Überzeugungen überhaupt erst diskutier- und verstehbar.

Der Transzendenzbezug muss bei diesem Ansatz keineswegs ausgeblendet werden. Zunächst einmal ist zu betonen, dass jedes menschliche Leben durch Transzendierungen, d. h. durch Überschreitungen (transcendere) der normalen Erfahrung gekennzeichnet ist. Der Mensch lebt in einer Welt, die ihm letztlich entzogen ist, die vor ihm war und nach ihm sein wird.[36] Er kann die Welt erfahren, nicht aber mit ihr verschmelzen. Aus der Unterscheidung zwischen Ich-bezogenen und Ich-überschreitenden Erfahrungen ergeben sich nicht nur Differenz-, sondern auch Transzendenzerfahrungen. Jede Erfahrung verweist in ihrem Kern auf Abwesendes und Fremdartiges, die eine Miterfahrung von Transzendenz hervorrufen.[37] Zu den unsere Wirklichkeit übersteigenden Transzendenzen gehört (neben dem Schlaf und Krisen) vor allem der Tod[38], dessen Realität unbezweifelbar, aber dennoch unerfahrbar ist.

Auch religiöse Transzendenzerfahrungen sind, wie andere Wirklichkeitsdeutungen auch, zunächst Reaktionen auf Erfahrungen, auf ein Erleben, sie haben aber einen besonderen Deutecharakter. Sie sind Sinnbildungen, Konstruktionen des menschlichen Subjekts, die aber ihrer eigenen Deutung nach nicht in sich selbst ruhen, sondern sich immer auf etwas Vorgegebenes berufen, von außen angestoßen werden. Sie unterscheiden sich von anderen Wirklichkeitsdeutungen, weil sie über sich selbst hinausweisen. Bei religiösen Transzendenzerfahrungen werden Erlebnisse unter Rückgriff auf eine göttliche Dimension gedeutet. Der Mensch versteht die Wechselwirkung von Erlebnis und Deutung in einer ganz besonderen Weise, indem er sich von einer über ihn selbst hinausgehenden Wirklichkeit angesprochen und ergriffen fühlt. Er erlebt etwas, was er als Erfahrung des Göttlichen deutet. Weil Menschen diese Erfahrungen machen, sind sie immer auch eine

---

sität gekennzeichnet ist, nämlich durch Einbindung der Individuen in sinnhafte geschichtliche Welten.«

[35] Vgl. *Jörn Rüsen*, Was heißt: Sinn der Geschichte, in: *Klaus E. Müller/Jörn Rüsen* (Hg.), Historische Sinnbildung, 17-47, hier 38.

[36] Vgl. hierzu die Überlegungen von *Alfred Schütz/Thomas Luckmann*, Strukturen der Lebenswelt II, 139ff.

[37] *Thomas Luckmann*, Die unsichtbare Religion, Frankfurt a.M. 1991, 167f, unterscheidet zwischen ›kleinen‹ (Alltagserfahrungen) und ›großen‹ Transzendenzen (vor allem: Schlaf, Tod).

[38] Vgl. *Alfred Schütz/Thomas Luckmann*, Strukturen der Lebenswelt II, 173.

Art von Selbsterfahrung, gehen aber darin nicht auf.[39] Zum Wesen von Transzendenzerfahrungen gehört es, dass sie sich einstellen und den Menschen ergreifen. Der Deutungs- und Konstruktionscharakter[40] dieses Vorganges lässt sich dennoch nicht leugnen und muss auch nicht getilgt werden, denn wir sind und bleiben es, die deuten, religiöse Sinnwelten erstellen und Transzendenzerfahrungen haben. Zugleich gilt aber, dass wir diese Sinnwelten als Antwort und Reaktion auf eine ganz bestimmte Art und Weise der Welterfahrung deuten, nämlich der Erfahrungen des Göttlichen/Heiligen. Das Erleben einer transzendenten Wirklichkeit, das Bezogensein auf eine andere Dimension sind nicht Erfahrungen zweiter Klasse, sondern sie haben die Gewissheit allen personalen Geschehens: Sie basieren auf Vertrauen.

Warum aber führt ein Mensch bestimmte Erfahrungen auf eine externe Instanz zurück? Warum nimmt er religiöse Deutungen vor? Offenbar, weil er solche Deutungen für hilfreich und plausibel hält. Weil er das, was der christliche Glaube zum Verstehen von Lebenssituationen und Lebenssinn sagt, für einleuchtend, hilfreich und gut hält. Damit sind wir bei dem entscheidenden Punkt: Nicht formale Kriterien, wie die Autorität der Bibel oder der Kirche, aber auch nicht die Einsichten in die internen Strukturen menschlicher Sinnbildung, sondern *allein die Inhalte* können die Verwendung des Offenbarungsbegriffes begründen.[41] Um welche Inhalte geht es? Um zentrale Lebensfragen: Unter welchen Ideen und Wertvorstellungen erlebe und deute ich die Welt und das eigene Leben? Es geht um die Frage, nach welchen Werten man sein Leben führen will, welchem ethischen Codex man folgt. Wie die Erfahrungen mit Freude, Glück und Sinn, aber auch mit Schuld, Niederlage und dem Tod gedeutet werden sollen. Ob man ein Leben mit Gott als eine – den Naturwissenschaften gegenüber – minderwertige Weltdeutung ansieht oder davon überzeugt ist, dass nur mit dem Rückbezug auf Gott das zerstörerische ökonomisch-naturwissenschaft-

---

[39] Vgl. *Jörg Lauster*, Religion als Lebensdeutung (s. Anm. 28), 25f.
[40] Zu Möglichkeiten und Grenzen konstruktivistischer Ansätze vgl. *Andreas Klein/Ulrich H.J. Körtner* (Hg.), Die Wirklichkeit als Interpretationskonstrukt? Herausforderungen konstruktivistischer Ansätze für die Theologie, Neukirchen-Vluyn 2011.
[41] Die von Rudolf Bultmann betonte Unanschaulichkeit der Offenbarung ist hermeneutisch wie historisch unangemessen und wirkt heute eher merkwürdig als erhellend; *Rudolf Bultmann*, Theologie des Neuen Testaments, hg. v. Otto Merk, Tübingen [7]1977, 419, in Bezug auf das Johannesevangelium: »Johannes stellt also in seinem Evangelium nur das Daß der Offenbarung dar, ohne ihr Was zu veranschaulichen.« Faktisch vertritt Bultmann damit eine Substitutionstheorie; vgl. *ders.*, Das Verhältnis der urchristlichen Christusbotschaft zum historischen Jesus, in: *ders.*, Exegetica, hg. v. E. Dinkler, Tübingen 1967, 445-469, hier 468: »Wenn es nun so ist, dass das Kerygma Jesus als den Christus, als das eschatologische Ereignis verkündigt, wenn es beansprucht, dass in ihm Christus präsent ist, so hat es sich an die Stelle des historischen Jesus gesetzt; es vertritt ihn.«

liche Weltbild verändert werden kann. Daraus folgt die grundlegende Frage: Wie ist Gott zu denken, und welche Grundlagen gibt es für mein Gottesbild?

IV Gottesbilder und Lebensmodelle

Im Alten und im Neuen Testament (ebenso im Koran) redet nicht Gott unmittelbar selbst, sondern wir haben es mit Gottes-Bildern zu tun. Gottesbilder, die von Menschen stammen und deshalb natürlich verglichen und beurteilt werden können. Jeder Mensch hat ein Bild, ein Modell von Gott; auch der Atheist, nämlich dass es Gott nicht gibt, nicht geben darf. Der Skeptiker, dass es ihn vielleicht gibt, vielleicht aber auch nicht. Der Gleichgültige, dass ihn Gott nicht zu interessieren hat. Jede Weltanschauung, jede Philosophie und natürlich jede Religion hat ein Modell von Gott.[42] Was ist das Besondere des christlichen Gottesmodells? Die Antwort findet sich in einem einzigen Halbvers: »Gott ist Liebe« (I Joh 4,8b). Hier greifen wir auf das johanneische Modell zurück, dessen zentrale Einsicht lautet[43]: *Die Liebe, die sich auf die Welt richtet, lässt Gott in die Welt kommen. In seinem Sohn erweist sich Gott als Liebe und als Liebender, indem er seine Liebe schenkt und in der Geschwisterliebe zur Erfüllung und zur Vollendung kommen lässt.* Dieses Konzept weist auch eine religionsphilosophische Potenz auf: Gott kann nur als Liebe gedacht werden; jede andere Definition verfehlt sein Wesen. Diese Anschauung besticht nicht nur durch ihre prägnante Einfachheit, große Tiefe und schlichte Wahrheit, sondern ist m. W. ohne eine explizite religionsgeschichtliche Parallele[44], d. h. *hier wird nichts weniger als ein neues Gottes-Modell in die Geistesgeschichte eingeführt*!

Dieses Gottesmodell bleibt aber weder bei Paulus noch bei Johannes bei einem abstrakten Liebesgedanken stehen, sondern es wird geschichtlich und personal gedacht: Gott ist einer, aber nicht allein; er hat einen Namen, eine Geschichte und ein Gesicht: Jesus Christus. Gott ist ein persönlicher Gott, der in der Geschichte handelt und sich um die Menschen kümmert. Er ist weder weltabgewandt noch weltimmanent, sondern in Jesus Christus weltzugewandt (vgl. Gal 4,4f; Röm 8,3), der

---

[42] Bereits die Darstellung von *Cicero*, De Natura Deorum (um 44 v. Chr.) ist von dieser Einsicht bestimmt, indem der Skeptiker Cicero alle Gottes- und Weltmodelle im Dialog auf ihre Stimmigkeit befragen lässt.
[43] Vgl. *Udo Schnelle*, Die Johannesbriefe (s. Anm. 14), 162-167.
[44] Nahe kommt der johanneischen Aussage *Plato*, Nomoi 900 D: Die Götter »sind in jeder Tugend vollkommen gut und haben daher die Fürsorge für das gesamte All als ihr ureigenstes Amt inne«; sie sind »gut und vollkommen« (901 E).

gewissermaßen die innerweltliche Transzendenz Gottes verkörpert. Das neue Gottesbild ist nicht nur eine Wertidee, sondern es hat sich im Leben, Sterben und der Auferstehung Jesu Christi geschichtlich realisiert und wurde zum Ausgangspunkt einer einzigartigen historischen Entwicklung. Jesus verkörpert in einzigartiger Weise das Modell von Gott als Liebe, darin besteht seine bleibende Bedeutsamkeit. Das Besondere des christlichen Gottesmodells besteht also darin, dass die denkerische Idee von Gott als Inbegriff der Liebe und des Guten sich in einer historischen Person vollständig realisiert hat. Das Gedachte und das Geschehene fallen in Jesus Christus zusammen.[45] Hier liegt die unaufgebbare Bedeutung der Person Jesu Christi für die Bestimmung des Gottesbildes. Wenn ich ihn aus der Bestimmung dessen, was Gott sein soll, herausnehme – was in weiten Kreisen der Kirche und der Theologie zur Zeit passiert –, bekomme ich ein anderes Bild von Gott. Ein Modell, das um seine historische Verifikation gebracht wird; es ist dann jedenfalls nicht mehr der Gott des Neuen Testaments, sondern eine neuzeitliche Selbstinszenierung. Das Neue Testament hingegen vertritt durchgängig einen christologischen Monotheismus, d. h. das Wirken Jesu Christi wird als authentische Auslegung des einen Gottes Israels und der ganzen Menschheit verstanden, die in Kreuz und Auferstehung von diesem Gott selbst beglaubigt wurde. Deshalb erschöpft sich die Bedeutung des Neuen Testaments nicht in Bestimmungen wie ›religionsgeschichtliches Dokument‹ oder ›Kulturgut‹, sondern sein – für christliches Denken – maßgeblicher Status ergibt sich aus seinen Inhalten.[46] Zweifellos können und sollen die vielfältigen Deuteleistungen des Neuen Testaments einer Prüfung unterzogen werden; sie können aber nicht beliebig mit dem Hinweis auf ihre zeitbedingten Entstehungsbedingungen verändert werden[47], denn dadurch würde das historisch und theologisch Einmalige des Christusgeschehens durch unsere, sich ständig ändernden und natürlich auch zeitbedingten Aneignungsbemühungen ersetzt.

---

[45] *Christian Danz*, Einführung (s. Anm. 5), 141, bleibt hinter dieser zentralen Einsicht zurück, wenn er die Bedeutung der historischen Dimension jeder Christologie minimieren will: »Die dogmatische Christologie ist keine Beschreibung einer historischen Gestalt, sondern die Selbstbeschreibung des Glaubens als einem individuellen Geschehen.«
[46] Zum Status der Bibel vgl. die Überlegungen bei *Jörg Lauster*, Religion als Lebensdeutung (s. Anm. 28), 31-88 (die Bibel als maßgebliche Ursprungserinnerung); *ders.*, Zwischen Entzauberung und Remythisierung. Zum Verhältnis von Bibel und Dogma, Leipzig 2008.
[47] Für problematisch halte ich die Formulierung von *Christian Danz*, Einführung (s. Anm. 5), 87: »Der Glaube als das Geschehen des Sich-Verstehens des Menschen ist nicht nur, was seine Entstehung betrifft, unableitbar, sondern ebenso sind die inhaltlichen Formen, in denen der Glaube sich deutet, kontingent. Sie könnten damit grundsätzlich auch anderes sein.« Natürlich können auch die Inhalte anders sein, sie sind dann aber nicht mehr christlicher Glaube!

»Gott ist Liebe« – wenn ich dieses Gottesmodell überzeugend finde und zu meinem eigenen mache, trete ich in einen umfassenden und mir vorausliegenden Deutungs- und Sinnprozess ein. Von der gegenwärtigen Kraft und denkerischen Plausibilität der Überlieferung schließe ich auf ihren Ursprung; ich bekräftige die Zuschreibungen, die bereits vor mir gemacht wurden. An diesem Punkt können der Sinn-, Deutungs- und Offenbarungsbegriff miteinander verbunden werden. Der eine Gott hat sich in dem einen Menschen Jesus von Nazareth umfassend und endgültig als Gott der Liebe offenbart, wobei mit ›Offenbarung‹ ein Geschehen gemeint ist, das mir vorausliegt und sich nicht erdenken, sondern nur erschließen lässt.[48] Dieser Erschließungsvorgang vollzieht sich in Deutungen und Sinnbildungen, wodurch eine verstehbare Aneignung des Offenbarungsbegriffes möglich ist, d. h. Offenbarung und Vernunft schließen sich keineswegs aus.[49] Der Glaube ist in dem Sinn vernünftig, dass er eine alle Bereiche der Wirklichkeit integrierende Sinndeutung vermittelt. Er bietet eine umfassende Selbst- und Weltdeutung, die weit mehr ist als ein Mittel zur Kontingenzbewältigung oder ein bloßes Schwellenritual. Welches Weltmodell bietet der christliche Glaube? Während fast alle philosophischen und politischen Weltmodelle anthropozentrisch-materialistisch strukturiert sind, stehen im Mittelpunkt des biblischen Weltmodells Gott als Schöpfer der Welt und Geber des Lebens, Jesus Christus als *die* authentische Gottesauslegung und der Mensch als geliebtes, verantwortlich handelndes, aber auch fehlbares, erlösungsbedürftiges und vergängliches Geschöpf.

Vor allem Paulus und Johannes erfassen den Menschen aus der Perspektive ihrer Christushermeneutik neu und nehmen denkerisch höchst anspruchsvolle Zuschreibungen vor: Sie propagieren nicht die selbst zu realisierende, sondern die geschenkte Autonomie. Der antike griechische Mensch geht (wie der moderne Mensch) von der Überzeugung aus, dass er aus eigener Kraft durch sein Denken und Handeln seine Lebensbestimmung erreichen kann.[50] Das frühe Christentum entwirft ein anderes, neues Bild: Der ›neue Mensch‹ muss nicht vom Menschen konstruiert und damit manipuliert werden, sondern er wird von Gott

---

[48] Vgl. *Wilfried Härle*, Dogmatik, Berlin ²2000, 82f.
[49] Dies betont nachdrücklich *Christian Danz*, Einführung (s. Anm. 5), 63.
[50] *Musonios*, Diatr 2: »Von Natur aus sind wir Menschen alle so veranlagt, dass wir frei von Verfehlungen (ἀναμαρτήτως) und tugendhaft leben könnten; jeder hat diese Möglichkeit.« Für Epiktet hat das Glück nicht eine externe, sondern eine interne Grundlage; er sagt zu seinen Schülern: »Glück sucht ihr, wo es nicht zu finden ist […] Im Körper liegt es nicht […] Im Besitz liegt es nicht […] In der Herrschaft liegt es nicht […] Worin liegt also das Gute […]? Wolltet ihr nämlich, so würdet ihr es in euch selbst finden, würdet nicht draußen herumirren und nach Fremden streben als ob es euer wäre« (Dissertationes III 22,26.27.29.38).

geschaffen (vgl. II Kor 5,17; Joh 3,3.5).[51] Alle Attribute, die Menschen in der Regel ihrer eigenen Subjektivität zuschreiben, werden bei Paulus und Johannes Gott zugeschrieben: Liebe, Freiheit, Gerechtigkeit und Sinn. Allein Gott als externer Grund menschlicher Existenz vermag die Freiheit und Würde des menschlichen Subjekts zu begründen und zu bewahren. Dem Menschen wird der Gedanke zugemutet, sich in Gott zu verankern, um wirklich selbst und frei zu sein.[52]
Im Zentrum dieses Welt- und Menschenbildes steht somit eine für die Neuzeit anstößige These: Das Humanum wird nicht durch das gute Wollen des Menschen bewirkt, sondern allein durch die Befreiung in Jesus Christus. Warum? Weil der Mensch jenseits des Glaubens nicht den Sinn seines Lebens empfängt, sondern ihn selbst erschaffen muss. Dieses Schaffen vollzieht sich immer als Erweiterung des eigenen Handlungs- und Erkenntnisspielraumes, als Verbrauch der Natur und des Lebens. Paulus und Johannes blenden die menschliche Destruktivität gerade nicht aus; sie nennen sie Sünde und sehen in ihr eine falsche Ausrichtung der Existenz.[53] Dies ist keine pessimistische, sondern eine realistische Sicht der Dinge. Wenn der Mensch sich hingegen Gott unterstellt, gewinnt er Freiheit von sich selbst und damit die Möglichkeit, sich dem Menschen und der Schöpfung in Liebe zuzuwenden. Wo Gott nicht mehr als Freiheitsspender und Sinngeber erscheint, muss sich der Mensch selbst neu orientieren. Er tritt ungewollt oder zunehmend gewollt an die Stelle Gottes und verwirklicht sich selbst im Prozess der aktiven Weltgestaltung, der Weltbemächtigung und des Weltverbrauches. Das subjektiv gute Wollen des Einzelnen ändert aus christlicher Sicht nichts daran, dass die vom Menschen selbst produzierte Freiheit jenseits des Glaubens an Gott in Unfreiheit führen wird. Allein die Bindung an Gott stellt den Menschen in den Raum der Freiheit, wo er dem anderen in Liebe zum Mitmenschen wird und die Schöpfung als Gabe zu respektieren lernt.

---

[51] Vgl. hier *Johannes Beutler* (Hg.), Der neue Mensch in Christus, QD 190, Freiburg 2001.
[52] Vgl. dazu *Samuel Vollenweider*, Freiheit als neue Schöpfung, FRLANT 147, Göttingen 1989; *F. Stanley Jones*, »Freiheit« in den Briefen des Apostels Paulus, GTA 34, Göttingen 1987.
[53] Zum paulinischen Sündenverständnis vgl. *Günter Röhser*, Metaphorik und Personifikation der Sünde, WUNT 2.25, Tübingen 1987; *Helmut Umbach*, In Christus getauft – von der Sünde befreit. Die Gemeinde als sündenfreier Raum bei Paulus, FRLANT 181, Göttingen 1999; zum johanneischen Sündenverständnis vgl. *Martin Hasitschka*, Befreiung von Sünde nach dem Johannesevangelium, IST 27, Innsbruck 1987; *Rainer Metzner*, Das Verständnis der Sünde im Johannesevangelium, WUNT 122, Tübingen 2000; vgl. ferner *Matthias Pfeiffer*, Einweisung in das neue Sein. Neutestamentliche Erwägungen zur Grundlegung der Ethik, BEvTh 119, Gütersloh 2000, 76-151.

V Fazit

Wenn Menschen zu diesen Einsichten gelangen und diese Erfahrungen machen, dann spricht das Neue Testament vom Wirken des Geistes Gottes, des Heiligen Geistes. Der Geistbegriff könnte eine weitere Schnittstelle sein, wo sich Erfahrung, Glaube und Denken vereinen.[54] Sowohl im Judentum als auch im griechisch-römischen Bereich wurde die Präsenz Gottes/der Götter vor allem als Geistgegenwart gedacht.[55] Das Christentum nimmt diese Vorstellung der schöpferischen Kraft Gottes auf und definiert den Heiligen Geist als Geist der Freiheit (vgl. II Kor 3,18). Das Verhältnis zu Gott wird nicht durch eine Priesterklasse oder durch unfehlbare Offenbarungsschriften bestimmt, sondern durch Gottes schöpferisches Handeln selbst. Die von Gott geschenkte Erkenntnis im Geist eröffnet ein Verstehen des Handelns Gottes, das die menschliche Erkenntnis/Vernunft mit einbezieht und zu einem neuen Handeln führt, ohne jedoch die Eigenverantwortlichkeit des Menschen zu minimieren oder aufzuheben. Der christliche Glaube ist dann keine Fremdbestimmung, sondern eine auf Erfahrung und Erkenntnis basierende Deutung des Menschen und der Welt mit Rückgriff auf eine die eigene Wirklichkeit übersteigende Dimension.

Im Geistbegriff vereinen sich Offenbarung und Vernunft. Es ist der Geist Gottes, der an Menschen handelt und sie zu Einsichten führt (= Offenbarung); zugleich gilt aber, dass sich der Wirklichkeitsbezug von Offenbarung nicht jenseits von Deuteleistungen des menschlichen Geistes denken lässt (= Vernunft). Unsere Ausgangsfrage ist also klar mit einem *und* zu beantworten: Offenbarung und Vernunft. Dabei bleibt unbestritten, dass in letzter Konsequenz alles unsere Zuschreibung bleibt. Dies geht aber gar nicht anders und gilt für alle zentralen personalen Lebensbereiche: Liebe, Glück, Hoffnung, Sinn. Alle großen Lebensbereiche und Lebensfragen sind mit Zuschreibungen verbunden und basieren auf Vertrauen und Erfahrung. Entscheidend ist dabei immer, ob sich diese Zuschreibungen lebensgeschichtlich bewahrheiten. Ob sie überzeugende Antworten auf die Ursprungs- und Orientierungsfragen zu geben vermögen, die von den Natur- oder Wirtschaftswissenschaften nicht beantwortet werden können und zumeist in ein geistiges Niemandsland ausgebürgert wurden. Die Wissenschaften produzieren keinen Meta-Sinn, der eine umfassende und historisch bewährte Begründungs- und Orientierungsfunktion hätte. Der christliche Glaube hingegen nimmt diese Fragen auf und

---

[54] Vgl. hier *Friedrich Wilhelm Horn*, Das Angeld des Geistes, FRLANT 154, Göttingen 1992; *Udo Schnelle*, Johannes als Geistheologe, NovT 40 (1998), 17-37.

[55] Vgl. hier zuletzt *Gitte Buch-Hansen*, »It is the spirit that gives life«, BZNW 173, Berlin 2010.

stellt sie in einen biblischen Deutehorizont: Es geht um Offenheit für Transzendenz, das Bezogensein auf eine andere Dimension; es ist die Einsicht, dass der Mensch sich nicht selbst verdankt; es ist das Bewusstsein der Endlichkeit aller Dinge; es geht um ethische Orientierung; es ist die Erfahrung, Krisen des Lebens besser bestehen zu können, es ist das Gefühl des Getragenseins und der Beständigkeit. Gerade weil sich menschliches Leben nur im Horizont einer sinnhaften Orientierung vollziehen kann, ist das christliche Denken nach wie vor ein bewährtes und höchst anspruchsvolles Deutungsmodell, das im Liebesgedanken sein Zentrum hat.

Wodurch unterscheidet sich die hier entfaltete Glaubenswelt von der eher doktrinär bestimmten Welt der ›objektiven‹ Offenbarung und der eher ›subjektiv‹ gestimmten Welt der Bewusstseinsanalytiker? Mit den Letzteren stimmt sie darin überein, dass Religion, Glaube und Vernunft keine Gegensätze sind und der neuzeitliche religiöse Individualismus ernst genommen werden muss. Sie glaubt allerdings nicht, dass das Diesseits authentischer und besser wird, wenn wir auf das Jenseits verzichten. Sie meint auch nicht, dass intellektuelle Wahrhaftigkeit durch eine ständige Reduktion religiöser Inhalte erreicht werden kann. Vielmehr sieht sie – mit dem externen Offenbarungskonzept – im Neuen Testament jene grundlegenden Zuschreibungen der Erstzeugen vollzogen, die auch ihre gegenwärtige Erfahrung bestimmen und ihr eigenes Denken leiten: In Jesus Christus vollzog sich die grundlegende Selbstbekundung Gottes, die in der Zusage der Liebe zu den Menschen ihre unaufhebbare Mitte hat. Dieses Modell hat die Qualität einer Offenbarung!

Die Autoren

Emil Angehrn, Dr. phil., geb. 1946,
seit 1991 Ordinarius für Philosophie an der Universität Basel. Studium der Philosophie, Soziologie und Volkswirtschaftslehre an den Universitäten Louvain/Leuven und Heidelberg. 1982 Promotion in Heidelberg, 1983 Habilitation an der Freien Universität Berlin. 1980-1986 Hochschulassistent/Privatdozent am Institut für Philosophie der Freien Universität Berlin. 1989-1991 Professor für Philosophie an der Johann Wolfgang Goethe-Universität Frankfurt.
Buchveröffentlichungen (Auswahl): Freiheit und System bei Hegel, Berlin/New York 1977; Geschichte und Identität, Berlin/New York 1985; Geschichtsphilosophie, Stuttgart/Berlin/Köln 1991; Die Überwindung des Chaos. Zur Philosophie des Mythos, Frankfurt a.M. 1996; Der Weg zur Metaphysik. Vorsokratik, Platon, Aristoteles, Weilerswist 2000; Interpretation und Dekonstruktion. Untersuchungen zur Hermeneutik, Weilerswist 2003; Die Frage nach dem Ursprung. Philosophie zwischen Ursprungsdenken und Ursprungskritik, München 2007; Wege des Verstehens. Hermeneutik und Geschichts-denken, Würzburg 2008; Sinn und Nicht-Sinn. Das Verstehen des Menschen, Tübingen 2010.

Christoph Bultmann, Dr. theol., geb. 1961,
seit 2001 Professor für Bibelwissenschaft am Martin-Luther-Institut der Universität Erfurt. Promotion 1990 und Habilitation 1997 an der Theologischen Fakultät der Georg-August-Universität Göttingen.
Buchveröffentlichungen: Die biblische Urgeschichte in der Aufklärung. Johann Gottfried Herders Interpretation der Genesis als Antwort auf die Religionskritik David Humes, Tübingen 1999; Hg. zus. mit F. Vollhardt, Lessings Religionsphilosophie im Kontext. Hamburger Fragmente und Wolfenbütteler Axiomata, Berlin 2011; Hg. zus. mit L. Danneberg, Hebraistik – Hermeneutik – Homiletik. Die »Philologia Sacra« im frühneuzeitlichen Bibelstudium, Berlin 2011.

Jochen Cornelius-Bundschuh, Dr. theol., geb. 1957,
seit 2009 Leiter der Abteilung Theologische Ausbildung und Prüfungsamt der Evangelischen Landeskirche in Baden; apl. Professor im Fach Praktische Theologie an der Theologischen Fakultät der Universität Heidelberg. Nach dem Studium der Evangelischen Theologie in Göttingen, Tübingen, Edinburgh und Heidelberg Vikariat in Obervellmar bei Kassel, Hochschulassistent an der Theologischen Fakultät der Universität Göttingen, Pfarrer der Evangelischen Kirchengemeinde Fuldabrück und von 2001 bis 2009 Direktor des Predigerseminars der Evangelischen Kirche von Kurhessen-Waldeck in Hofgeismar. 1988 Promotion, 2000 Habilitation an der Theologischen Fakultät der Universität Göttingen.
Buchveröffentlichungen: Liturgik zwischen Tradition und Erneuerung. Probleme protestantischer Liturgiewissenschaft in der ersten Hälfte des 20. Jahrhunderts dargestellt am Werk von Paul Graff, VEGL 23, Göttingen 1991; hg. zus. mit Christoph Bizer und Hans-Martin Gutmann, Theologisches geschenkt, FS Manfred Josuttis, Bovenden 1996; Die Kirche des Wortes: zum evangelischen Predigt- und Gemeindeverständnis, APT 39, Göttingen 2001.

Christoph Kähler, Dr. theol., geb. 1944,
seit 2009 Landesbischof i.R.; 1962-1964 Lehre als Elektromonteur, Theologiestudium 1964-1969 in Jena und Greifswald, 1969-1973 Forschungsstudent in Jena, 1974 Promotion, 1973-1977 Assistent, 1977-1981 Pfarrer in Leipzig, gleichzeitig Lehrauftrag für Neues Testament am Theologischen Seminar Leipzig (spätere Kirchliche Hochschule), 1981 Dozent, 1986-1988 Rektor des ThSL, Mai 1989 Gastdozent in Bern, 1992 Habilitation in Jena, 1992 Ordinarius für Neutestamentliche Wissenschaft an der Universität Leipzig, 1994-1996 Dekan, 1997-2000 Prorektor für Lehre und Studium der Universität Leipzig, 2001-2009 Landesbischof der Evangelisch-Lutherischen Kirche in Thüringen/in der Ev. Kirche in Mitteldeutschland. 1984-1989 Mitglied der 22. Ev.-Luth. Landessynode Sachsens, 1990-1991 Mitglied der Bundessynode des Bundes der Evangelischen Kirchen in der DDR, 1997-2001 Mitglied der Generalsynode der Vereinigten Evangelisch-Lutherischen Kirche Deutschlands, 1991-1993 Mitglied der Sächsischen Hochschulkommission, 1994-2000 Mitglied (und 1994-97 Vorsitzender) des wissenschaftlichen Beirates des Hannah-Arendt-Instituts für Totalitarismusforschung an der TU Dresden, 2003-2009 Mitglied und stellvertretender Vorsitzender des Rates der EKD, Mitglied und Vorsitzender verschiedener Stiftungs-, Verwaltungs- und Aufsichtsräte, seit 2008 Mitglied des Deutschen Ethikrates.
Veröffentlichungen (Auswahl): Jesu Gleichnisse als Poesie und Therapie. Versuch eines integrativen Zugangs zum kommunikativen

Aspekt von Gleichnissen Jesu, WUNT 78, Tübingen 1995; Die Mauern von Jericho. Montagspredigt in der Leipziger Nikolaikirche am 13. November 1989: in: Gerhard Rein (Hg.), Die protestantische Revolution. 1987-1990 ein deutsches Lesebuch, Berlin 1990, 291-293).

Andreas Klein, Dr. theol., geb. 1967, Studium der Ev. Theologie in Wien. Promotion an der Theologischen Fakultät in Wien 2002 mit dem Thema: (Radikaler) Konstruktivismus, Neurobiologie und Theologie. Darstellung und kritische Reflexion konstruktivistischer und neurobiologischer Theoriebildungen und Aspekte theologischer Anschlußmöglichkeiten. Seit 2000 Assistent am Institut für Systematische Theologie in Wien. Habilitation 2009 mit dem Thema: Willensfreiheit auf dem Prüfstand. Studien zu einem anthropologischen Grundbegriff in Philosophie, Neurobiologie und Theologie. Seit 2008 im Vorstand der Rudolf-Bultmann-Gesellschaft für Hermeneutische Theologie. Veröffentlichungen (Auswahl): Willensfreiheit auf dem Prüfstand. Ein anthropologischer Grundbegriff in Philosophie, Neurobiologie und Theologie, Neukirchen-Vluyn 2009; »Die Wahrheit ist irgendwo da drinnen ...?« Zur theologischen Relevanz (radikal-) konstruktivistischer Ansätze unter besonderer Berücksichtigung neurobiologischer Fragestellungen, Neukirchen-Vluyn 2003; Verabschieden wir uns von der Willensfreiheit?, in: Patrick Becker/Ursula Diewald (Hg.), Zukunftsperspektiven im theologisch-naturwissenschaftlichen Dialog, RThN (Religion, Theologie und Naturwissenschaft), Göttingen 2011, 227-245; Konstruktivistische Diskurse und ihre philosophische und theologische Relevanz, in: Andreas Klein/Ulrich H.J. Körtner (Hg.), Die Wirklichkeit als Interpretationskonstrukt? Herausforderungen konstruktivistischer Ansätze für die Theologie, Neukirchen-Vluyn 2011, 13-44; Christliche Existenz zwischen Philosophie und Neurobiologie. Anmerkungen zu aktuellen Herausforderungen der Neurobiologie aus evangelisch-theologischer Perspektive, in: Frank Vogelsang/Christian Hoppe (Hg.), Ohne Hirn ist alles nichts. Impulse für eine Neuroethik, Neukirchen-Vluyn 2008, 106-127; Evolution und Ethik auf dem Laufsteg, in: Ulrich H.J. Körtner/Marianne Popp (Hg.), Schöpfung und Evolution – zwischen Sein und Design. Neuer Streit um die Evolutionstheorie, Wien/Köln/Weimar 2007, 159-211; Etsi deus non daretur. Zum Ende einer Arbeitshypothese, in: Andreas Klein/Matthias Geist (Hg.), »Bonhoeffer weiterdenken ...« Zur theologischen Relevanz Dietrich Bonhoeffers (1906-1945) für die Gegenwart, Theologie: Forschung und Wissenschaft 21, Wien 2006, 67-95; Wie »natürlich« sind Bewußtsein und Glaube? Zu den neurophilosophischen Herausforderungen für eine christliche Theologie, in: Ulrich H.J. Körtner/Andreas Klein

(Hg.), Die Wirklichkeit des Geistes. Konzeptionen und Phänomene des Geistes in Philosophie und Theologie der Gegenwart, Neukirchen-Vluyn 2006, 19-64.

Christof Landmesser, Dr. theol., geb. 1959,
Studium der ev. Theologie und Philosophie in München und Tübingen. 1988-1990 Vikariat in Tübingen, anschließend Assistentenzeit in Tübingen. Promotion 1998 und 2000 Habilitation an der Evangelisch-theologischen Fakultät in Tübingen. 2003-2006 Professor für Neues Testament an der Johannes-Gutenberg-Universität Mainz, seit Oktober 2006 Universitätsprofessor für Neues Testament an der Evangelisch-theologischen Fakultät der Eberhard Karls Universität Tübingen. Seit 2008 Vorsitzender des Vorstands der Rudolf-Bultmann-Gesellschaft für Hermeneutische Theologie.
Buchveröffentlichungen: Wahrheit als Grundbegriff neutestamentlicher Wissenschaft, WUNT 113, Tübingen 1999; Jüngerberufung und Zuwendung zu Gott. Ein exegetischer Beitrag zum Konzept der matthäischen Soteriologie im Anschluß an Mt 9,9-13, WUNT 133, Tübingen 2001; (Hg., zus. mit H.-J. Eckstein u. H. Lichtenberger), Jesus Christus als die Mitte der Schrift. Studien zur Hermeneutik des Evangeliums, BZNW 86, Berlin 1997; (Hg., zus. m. St. Chapman u. Chr. Helmer), Biblischer Text und theologische Theoriebildung, BThSt 44, Neukirchen-Vluyn 2001; (Hg., zus. m. Chr. Helmer), One Scripture or Many? Canon from Biblical, Theological, and Philosophical Perspectives, Oxford/New York 2004; (Hg., zus. m. A. Großmann), Rudolf Bultmann – Martin Heidegger, Briefwechsel 1925-1975, Frankfurt/Tübingen 2009.

Matthias Petzoldt, Dr. theol., geb. 1948,
seit 1994 Professor für Fundamentaltheologie und Hermeneutik an der Theologischen Fakultät der Universität Leipzig und seit 2006 daselbst Inhaber des Lehrstuhls für Dogmatik. Nach dem Studium der Evangelischen Theologie an den Kirchlichen Hochschulen in Leipzig und Naumburg Assistent an der Kirchlichen Hochschule in Leipzig, Vikar und Pfarrer der Evang.-Luth. Landeskirche Sachsens (im Neubaugebiet Bautzen-Gesundbrunnen), Dozent und Professor der Kirchlichen Hochschule Leipzig. 1984 Promotion an der Universität Leipzig, 1992 Habilitation an der Augustana-Hochschule Neuendettelsau. Vorsitzender der Fachgruppe Systematische Theologie der Wissenschaftlichen Gesellschaft für Theologie, 2008-2011 stellv. Vorsitzender der Rudolf-Bultmann-Gesellschaft für Hermeneutische Theologie, Vorsitzender des Kuratoriums der Evangelischen Zentralstelle für Weltanschauungsfragen der EKD (Berlin).

Buchveröffentlichungen (Auswahl): Gottmensch und Gattung Mensch. Studien zur Christologie und Christologiekritik Ludwig Feuerbachs, Berlin 1989; Christsein angefragt. Fundamentaltheologische Beiträge, Leipzig 1998; (Hg.), Evangelische Fundamentaltheologie in der Diskussion, Leipzig 2004; Gehirn – Geist – Heiliger Geist. Muss der Glaube die Willensfreiheit verteidigen?, Hamburg 2008; (Hg.), Paradigma Evolution, Frankfurt a.M. 2009.

Udo Schnelle, Dr. theol., geb. 1952,
Studium der ev. Theologie in Göttingen. Promotion 1982 und Habilitation 1985 in Göttingen; von 1984-1986 Pastor in Gieboldehausen bei Göttingen; 1986-1992 Professor für Neues Testament in Erlangen; seit 1992 Professor für Neues Testament an der Martin-Luther-Universität Halle-Wittenberg.
Veröffentlichungen (Auswahl): Gerechtigkeit und Christusgegenwart. Vorpaulinische und paulinische Tauftheologie, Göttingen ^{2}1986; Einführung in die neutestamentliche Exegese, Göttingen ^{7}2008; Antidoketische Christologie im Johannesevangelium, Göttingen 1987; Wandlungen im paulinischen Denken, Stuttgart 1989; Neutestamentliche Anthropologie. Jesus – Paulus – Johannes, Neukirchen-Vluyn 1991; Einleitung in das Neue Testament, Göttingen ^{7}2011; Das Evangelium nach Johannes, Leipzig ^{4}2009; Paulus, Berlin u. a. 2003; Theologie des Neuen Testaments, Stuttgart 2007; Die Johannesbriefe, Leipzig 2010; Herausgeber des Neuen Wettstein.